历史文化名城
整体性保护的法治思考

Thinking on the Rule of Law for the Holistic Conservation of Historic Cities

石磊◎著

北 京

图书在版编目（CIP）数据

历史文化名城整体性保护的法治思考／石磊著.
北京：中国经济出版社，2018.5（2024.1重印）
ISBN 978-7-5136-4850-9
Ⅰ.①历… Ⅱ.①石… Ⅲ.①文化名城—保护—法律—研究—中国 Ⅳ.①D922.164
中国版本图书馆 CIP 数据核字（2017）第 224662 号

责任编辑　赵静宜
责任印制　巢新强
封面设计　久品轩

出版发行　中国经济出版社
印 刷 者　大连图腾彩色印刷有限公司
经 销 者　各地新华书店
开　　本　710mm×1000mm　1/16
印　　张　18.25
字　　数　259 千字
版　　次　2018 年 5 月第 1 版
印　　次　2024 年 1 月第 2 次
定　　价　78.00 元
广告经营许可证　京西工商广字第 8179 号

中国经济出版社 **网址** www.economyph.com **社址** 北京市东城区安定门外大街 58 号 **邮编** 100011
本版图书如存在印装质量问题，请与本社销售中心联系调换（联系电话：010-57512564）

自序

2017年12月14日，诗人余光中先生永远地离开了我们，但他却永远地留下了一首《乡愁》——“小时候，乡愁是一枚小小的邮票，我在这头，母亲在那头。长大后，乡愁是一张窄窄的船票，我在这头，新娘在那头。后来啊，乡愁是一方矮矮的坟墓，我在外头，母亲在里头。而现在，乡愁是一湾浅浅的海峡，我在这头，大陆在那头。”乡愁，homesickness，是对过去的事物留给我们的一种文化的怀念，是一种无法释怀的情感。美国建筑师格雷弋·林恩说：“建筑是一种思乡病（Architecture is an expression of homesickness.）。”历史文化名城就是承载着乡愁的最直接的载体，是中国城市传统文化的直接体现。而实际中历史文化名城的保护却面临着前所未有的危机，这已经是一个重要的待解决问题。“这种实用主义价值观的流行，带来的将是对都市的文化场所特性的忽视，以安全性等物质标准衡量价值的态度，最终导致文化遗产建筑的消亡。”（日本建筑师铃木博之语）

如同人都会死亡一般，城市最终也会趋于消逝。人类在一路走来的沿途中，有无数像烟花般绽放的美丽城市，有的留存了下来，有的渐渐退出了历史舞台。城市，从其产生、存在的那一天开始就意味着与乡村的不同，乡村与自然的天然联系更密切，自给自足的经济方式就可以满足基本的生活需要，而城市是完全需要供给的，在我看来，城市总是会与人的欲望共生。随着人类历史的不断演进，更加证明了这一点，在城市的发展过程中，城市风格的新陈代谢就成了必然的规律。

建筑，是城市的皮肤，也是城市的气质。建筑是人们为灵魂构筑的空间结构。建筑不仅体现了人们希望如何生活，也体现了人们希望如何与他人、与环境一起生活的愿望和形式。每个国家的城市建筑风格千差万别，形成的总体风格也是各有不同。但是，在经济高速发展的过程中，城市在源远流长的文化传承中留下来的独特风格却面临着越来越严重的破坏。

基于人类是具有审美需求的特征，对城市历史建筑遗产进行必要的保护是必然的规律。“仓廪实而知礼节，衣食足而知荣辱”，这是中国古代文化传统对人的基本需求的一种朴素的论断。在城市遗产保护的问题上，这个道理同样适用。当我们的历史发展到一定的阶段，人们解决了基本的生产生活时，便开始寻找人类赖以存在的精神家园，开始对历史进行审美判断，面对快速的古旧建筑被拆除的现象，开始了更理性、更深层次的思考。历史文化名城从整体上失去城市特色，历史内涵的不断消褪，都已成为当前历史文化名城发展过程中普遍存在的问题，如何保持历史文化名城的城市特色、增强历史文化名城的历史内涵，成为中国当前建筑遗产保护领域必须面对的现实问题。解决该问题只能通过“整体性保护”理念的不断强化、“整体性保护”措施的不断完善，才能从根本上保证历史文化名城的城市内涵、城市特色不会在历史长河中逐渐消失。

现今世界范围内的保护规律已从对建筑物的单体保护向整体环境的保护不断发展演进，时至今日，建筑遗产的整体性保护已是成为一条基本的保护原则。1982 年，我国建立的历史文化名城保护制度其实就是以整体性保护理念表达了对城市历史遗产的保护态度，该制度从一开始就将一座古城整体作为保护对象予以保护。《文物保护法》第 14 条是对历史文化名城制度的基本规定：“保存文物特别丰富并且具有重大历史价值或者革命纪念意义的城市，由国务院核定公布为历史文化名城。保存文物特别丰富并且具有重大历史价值或者革命纪念意义的城镇、街道、村庄，由省、自治区、直辖市人民政府核定公布为历史文化街区、村镇，并报国务院备案。历史文化名城和历史文化街区、村镇所在地的县级以上地方人民政府应当组织编制专门的历史文化名城和历史文化街区、村镇保护规划，并纳入城市总体规划。历史文化名城和历史文化街区、村镇的保护办法，由国务院制定。”

经历了建国后种种发展、波折之后，历史文化名城制度这种新的文化保护政策是人民政府正视历史、追求审美的一种标志，时至今日，历史文化名城保护制度已有30多年的历史，在这30多年的保护过程中，有一些城市的保护工作名副其实，取得了美学意义与经济效益的双丰收，如苏州、平遥，而有些城市由于早期发展过程中并没有特别关注整体性保护的作用，导致今日历史文化名城的发展陷入了发展的“瓶颈期”，如大同、开封。这些城市对于中国的历史文化名城保护工作都有重要的借鉴意义，而究其根本不难发现，解决历史文化名城整体性保护这个难题的重要保障应是相关法治措施的完善。

《中国文物古迹保护准则（2015）》第39条规定：“历史文化名城、名镇、名村的保护：除了对文物古迹各构成要素的保护，还须考虑对整体的城镇历史景观的保护。保护不仅要考虑城市肌理和建筑体量、密度、高度、色彩、材料等因素，同时也应保护、延续仍保持活力的文化传统。从环境景观的角度还需考虑对视线通廊、周围山水环境等体现城镇、村落选址、景观设计意图等要素的保护。”《历史文化名城名镇名村保护条例》第21条规定：“历史文化名城、名镇、名村应当整体保护，保持传统格局、历史风貌和空间尺度，不得改变与其相互依存的自然景观和环境。”以上都是对“历史文化名城整体性保护”的相关法律规定，从而明确了“整体性保护”在历史文化名城保护过程中的重要地位和作用。但与此同时，也反映出我国历史文化名城整体性保护法律体系的不健全，除该规定之外并没有配套法律法规对整体性保护问题进行进一步立法规定。

在城市整体性保护的问题上，意大利的博洛尼亚做出了完美而理性的表率，博洛尼亚的城市保护既反映出了对城市过去的尊重，更体现了对城市未来的关怀。保护城市的过去更是为了我们的子孙看到城市的希望。

黑川雅之先生在其新作《依存与自立》中提到的基本观点，强调文化应回归其最初的本性，即便日后的飞跃和超越也不能脱离这个最初的本性，在强调“全球化”的过程中，各国能够保持自我文化的传统特质是一件不容易的事情，建筑文化更是如此。

或许是带着强烈的忧虑，在欲望膨胀的城市里，到处都是为了获利而彰显出来的商业气息，有幸被保存下来的建筑遗产也不可幸免地被商业化充分利用着。人，身在其中，更不能感受到因传统遗留下来的旧有的美和悠然。旧有的建筑独立地被保存下来已经完全没有了历史遗产应该具有的审美意义，我们见多了现代化的高楼大厦中、高架桥的缝隙中藏着的那幢瘦小的不起眼的古建筑，那并不是一种美。时代要求人类在保护传统建筑的过程中更需要用长远的眼光看到整体性保护的意义所在，因为，保护下来的古建筑如果没有居住其中的人、没有周围必不可少的旧有的环境，那这些保留下来的古建筑的美学价值将会大打折扣。

在本书中，我选择了中国历史文化名城中较具代表性的几座城市——北京、大同、平遥，如果说平遥是历史文化名城整体性保护最优秀的楷模的话，那大同就是历史文化名城保护中的“异军突起”，近十年发生在大同古城保护过程中的种种问题和经验教训，也是其他历史文化名城将要或正在面临的问题，而北京，不吝说是历史文化名城整体性保护过程中最值得借鉴的教训，也或许在城市建设的问题上，它确实实现了首都建设的宏伟突破，但作为一座拥有着最珍贵的历史瑰宝的文化名城，它却以过往教训宣示着历史文化名城保护过程中的精华理念——整体性保护。中国古代城市与西方历史城市的格局完全不同，历史传统不同，城市作为人们生活的轨迹承载的更多的是文化的因素，保护历史文化名城不仅要保护名城的基本格局，更需要保护基本的文脉以及居于文脉中的人的生活轨迹。在这本书中，我能带给读者什么？除了对三个城市的保护现状的思考，更多的应该是对现有保护法律制度的反思，在保护历史文化名城的过程中这些法律制度是否发挥了应有的作用，如果没有，那又是什么因素影响了法律的规范作用，这些因素是否可以被改变或弱化？从历史传承角度而言历史文化名城的保护必然应以整体性保护为基本出发点，现有的法律是否强化了这个观点，如果没有该如何改进？

学术，意味着独立思考问题，找到问题的解决方案，给实践以切实可行的理论指导，本着这个思路，我决定努力写下这本拙作，以表达我对“历史文化名城整体性保护”的一种思考。我是一名普通的中国公民，我所做的思考仅代表个人的一些想法，有时候我更愿意将其称为“责任感”。

许多人都说我们这个时代是一个好时代，也是一个坏时代，我更倾向于前者。在这样的时代中，我们可以表达对国家的热爱，对时代的使命感。在今日中国，整体性保护不吝为一种奢侈却意义非凡的举措，虽艰难，却必须尽早提上日程，惟其如此，城市的美才有未来。

石　磊

2017 年书于北京

目 录 Rethinking China's Urbanization and Metropolis

·第一章· 历史文化名城保护的几个基本问题

中国是一个历史悠久的文明古国，我们的祖先曾给后人留下了数以万计的建筑瑰宝。可是在刚刚过去的一段不算久远的日子里，对一些有着悠久历史的文化名城而言，历史成了最不受珍贵的东西。而现在，那点幸存下来的文物古迹，又在实利主义的原则指导下被改建成了少数人的时尚消费空间。

——张松《历史城市保护学导论》

第 1 节

什么是历史文化名城

一、 历史文化名城

历史文化名城一定是“城”，并且是从古代城市发展而来的。中国城市大抵都是从古代城市发展而来，在侯仁之老先生《北平历史地理》中的观点来看，中国城市最基本的特征就是环绕其四周的护城墙。① 他特意引用了瑞典学者喜仁龙先生的一段描述：“正是那一道道、一重重的墙垣，组成了每一座中国城市的骨架或结构。它们环绕城市，并把它划分为地段或场院。墙垣比任何其他建筑都更能反映中国居民区的共同基本特征。在中国北方，没有任何一座真正的城市没有城墙。中文里，‘城市’和‘城墙’这两个概念都是用‘城’这同一个词来表示，因为在中国不存在不带城墙的城市，正如没有屋顶的房子是无法想象的一样。一个居民区，无论它多大、多重要，也无论它治理得有多好，只要没有城墙为其确定范围并把它围绕起来，那它就不能算作一个传统意义上的城市。”站在今天的角度来看，我们现在讨论的历史文化名城基本上都是从古代城市演化而来的，那时城市规划的基础是古代“礼制”，服务对象则是古代帝王的统治秩序。

① 侯仁之．北平历史地理［M］．北京：外语教学与研究出版社，2014（1）：184.

图 1-1　商丘古城城墙 1（石磊拍摄于 2015 年）

图 1-2　商丘古城城墙 2（石磊拍摄于 2015 年）

城市是多种文化的集合体，城市更是有生命的有机体，一代代人创造了城市之后纷纷离去，把记忆都留在了城市中，这些记忆幻化成历史延续的痕迹汇集在一起，使城市形成了自己独特的生命轨迹。在城市巨大的肌理中通过“文脉”表达着城市经历过的风雨兼程和沧桑岁月。在保留着大量历史遗产的城市中，如何对待那些历史久远、遗存丰富、特色鲜明的城市，如何保护全人类的珍贵物质财富，如何对待城市中的历史遗产，是一种态度也是一种责任。如果城市里的一切都慢了下来，那一切所谓的保护都不称其为问题了。而现实却恰恰相反，地球是一个共同体，在同一个历史时代，其他国家经历过的，我们的国家同样需要经历，此时，我们正在经历“现代化”。这个过程并没有确切的起点和标识，只是一个大略模糊的时代作为开端，有的学者认为是 1840 年鸦片战争后，有的学者认为是 1911 年辛亥革命后，还有许多学者认为应该从新中国成立以后算起。如此算来中国的现代化历程在 100~150 年。现代化最重要的事情就是工业化，社会分工细致，机械化程度不断提高，社会关系中更注重对个体权利的尊重与保障，国家是保护公民的权力组织，这些现代化的核心理念与中国古代社会完全不同。

图 1-3　商丘古城外的护城河（石磊拍摄于 2015 年）

图 1-4　商丘古城保存完好的街道历史格局（石磊拍摄于 2015 年）

历史文化名城保护这个话题的起点，应该是“什么是历史文化名城?”“我们要保护什么?”只有回答了这两个问题后续的研究才会真正具有意义。

1. 历史文化名城的出现

历史文化名城是我国文化遗产保护领域一个独特的概念。它的出现要追溯至 1982 年 2 月 8 日，国务院发布《国家建委、国家城建总局、国家文物局关于保护我国历史文化名城的请示的通知》，公布北京等 24 座城市为我国第一批历史文化名城，此时标志着我国历史文化名城保护制度的创立。但是在当时的情况下历史文化名城并没有确切的含义，也没有明确的入选条件，据权威人士回忆说，使用“历史文化名城”这个概念是因苏联实行了国家公布历史城市的制度。1949 年 10 月，苏联首次正式公布 20 座“历史城市”名单（包括莫斯科、列宁格勒等），“作为具有全苏联意义的城市”。这些城市置于“建筑纪念物保管总局的管理之下”，“当这些城市进行‘设计 · 规划’工作的时候，对集中在这些城市中具有历史 · 建筑艺术的建筑组合体和个别建筑纪念物的保护和展示，进行特别的监督”。因此在起草相关文件时，我国的专业人士参考了苏联的做法，选择了相似的概念。① 这的确是一个独特的现象。

国务院要求各级人民政府切实加强领导，搞好历史文化名城规划，做好保护和管理工作。② 首批历史文化名城公布后，1982 年底颁布的《文物保护法》第 14 条规定：“保存文物特别丰富并且具有重大历史价值或者革命纪念意义的城市，由国务院核定公布为历史文化名城。”至此“历史文化名城”才被定义为保存文物特别丰富，具有重大历史文化价值和革命意义的城市。“保存文物特别丰富、具有重大历史文化价值和革命意义”是历史文化名城的法定必备要件。

为什么会出现历史文化名城这个概念？重读当时有关国家机关申请第一批历史文化名城的请示，我们就会发现历史文化名城最初的出现是为了抵御在经济发展过程中对文物的破坏和毁灭而产生的。下述的申请请示文件的内容讲得非常清楚，并且对每个城市的历史文化或者革命历史意义进行了详细的介绍，属于罗列式定义。

国家基本建设委员会、国家文物事业管理局、国家城市建设总局

关于保护我国历史文化名城的请示

（1981 年 12 月 28 日）

我国是一个历史悠久的文明古国，许多历史文化名城是我国古代政治、经济、文化的中心，或者是近代革命运动和发生重大历史事件的重要城市。在这些历史文化名城的地面和地下，保存了大量历史文物与革命文物，体现了中华民族的悠久历史、光荣的革命传统与光辉灿烂的文化。做好这些历史文化名城的保护和管理工作，对建设社会主义精神文明和发展我国的旅游事业都起着至关重要的作用。但是随着经济建设的发展，城市规模一再扩大，在城市规划和建设过程中又不注意保护历史文化古迹，

① 《罗哲文历史文化名城与古建筑保护文集［M］. 北京：中国建筑工业出版社，2003：8-12.

② 邹德慈. 新中国城市规划发展史研究——总报告及大事记［M］. 北京：中国建筑工业出版社，2014，10（1）：233.

致使一些古建筑、遗址、墓葬、碑碣、名胜遭到了不同程度的破坏。近几年来，在基本建设和发展旅游事业的过程中，又出现了一些新情况和新问题。有的城市新建了一些与城市原有格局很不协调的建筑，特别是大工厂和高楼大厦，使城市和文物古迹的环境风貌进一步受到损害。如听任这种状况继续发展下去，这些城市长期积累起来的宝贵的历史文化遗产，不久就会被断送，其后果不堪设想。

世界上许多国家都十分注意保护历史名城。意大利的威尼斯完全保存了原来的风貌；法国巴黎旧城区基本保存了原有的布局；美国按照独立战争前的样子，恢复和保护了威廉斯堡18世纪风光的古城镇；日本在1971年专门发布了《关于古都历史风土保存的特别措施法》；苏联在1949年公布了历史名城名单，把这些城市置于建筑纪念物管理总局的特殊监督之下。

经过商议和征求有关省市自治区建委、文物局、文化局、城建局的意见，我们选择了24个有重大历史价值和革命意义的城市（名单附后），作为国家第一批历史文化名城（台湾的历史文化名城待台湾回归祖国后另行公布），加强管理和保护。对于这些城市，我们的意见是：

一、城市的性质和发展方向，要根据其历史特点和在国民经济中的地位与作用加以确定。今后的建设中，既要考虑如何有利于逐步实现城市的现代化，又必须充分考虑如何保存和发扬其固有的历史文化特点，力求把两者有机结合起来。搞现代化，并不等于所有的城市都要建设很多工厂、大马路和高层建筑。特别是对集中反映历史文化的老城区、古城遗址、文物古迹、名人故居、古建筑、风景名胜、古树名木等，更要采取有效措施，严加保护，绝不能因进行新的建设使其受到损害或任意迁动位置。要在这些历史遗迹周围划出一定的保护地带。对这个范围内的新建、扩建、改建工程应采取必要的限制措施。

二、过去在市区已经建成的工矿企业或其他单位，凡三废污染严重的，要限期治理，危害特别严重的，要结合经济调整，实行关停并转或搬迁；正在建设的工程，凡是有损于这些名城保护的，要妥善处理。今后在这些城市安排较大的基本建设项目，事先应征得当地城建、文物部门同意。

三、认真执行《国务院批转国家文物事业管理局、国家基本建设委员会关于加强古建筑和文物古迹保护管理工作的请示报告》。在城市的规划和建设中，要切实做好历史和革命文物以及名胜古迹的保护，禁止乱占、乱拆、乱挖、乱建。对非法占用文物古迹、风景园林，不利于文物安全和妨碍旅游开放的，不论涉及哪个部门、单位，都应限期迁出。

四、各有关省、市、自治区的城建部门和文物、文化部门应即组织力量，对所在地区的历史文化名城进行调查研究，提出保护规划。在接到本通知 1 年左右的时间内，将历史文化名城的保护规划说明和图纸（万分之一比例尺）以及城市的重点文物、名胜古迹的保护规划说明和图纸（千分之一或五百分之一比例尺）报国家城市建设总局和国家文物事业管理局审查。

五、考虑到历史文化名城目前维护建设的任务较重，经征得财政部同意，从 1982 年起，对扬州、景德镇、绍兴三个城市分别实行每年从上年工商利润中提成百分之五的办法，以增加其维护、建设资金的来源（其余城市已先后实行这个办法或已另有规定）。

以上报告当否，请批示。

附：

国家第一批历史文化名城名单（24 个）

北　京　燕、蓟重镇，辽的陪都，金、元、明、清的故都，地上地下文物保存非常丰富，为世界闻名的历史文化古城。有天安门、人民英雄纪念碑、毛主席纪念堂、故宫、北海、天坛、颐和园、十三陵、万里长城和中国猿人遗址等重要革命和历史文物。

承　德　位于河北省北部。古代属幽燕地区，清代为直隶承德府。现在除保存古长城外，还有避暑山庄（又称承德离宫或热河行宫）、外八庙等大量具有历史艺术价值的古建筑。

大　同　位于晋北大同盆地。古称平城，是北魏初期的国都，辽、金陪都，有 453−495 年北魏时期开凿的云岗石窟。古建筑很多，如上下华严寺、善化寺、九龙壁等。

南　京　为东吴、东晋、南朝、明朝等建都的历史名城，素有虎踞龙盘之称。文物古迹很多，有石头城、南朝陵墓、石刻和明孝陵、明故官遗址、太平天国天王府、孙中山临时大总统办公处、中山陵等。

苏　州　春秋时为吴国都城，隋、唐为苏州治所，宋代为平江府。历来是商业手工业繁盛的江南水乡城市，与杭州齐名，并称“苏杭”。保存着许多著名的古代园林，集中了我国宋、元、明、清建造的园林艺术精华。

扬　州　春秋吴王夫差开始在这里筑“邗城”，隋朝开凿大运河以后，更成为南北交通的要冲，工商业发达，文化繁荣，是历史上闻名的商业城市和中外友好往来的港口。有唐城遗址、史公祠、平山堂、瘦西湖、何园、个园等文物古迹。

杭 州 我国古都之一，秦置钱塘县，隋为杭州治，五代时是吴越国都，南宋时以此为行都，是世界著名的游览城市。西湖风景秀丽，名胜古迹很多，如灵隐寺、岳庙、六和塔等。

绍 兴 春秋时为越国都城，有著名的兰亭、清末秋瑾烈士故居、近代鲁迅故居和周恩来同志祖居等，是江南水乡风光城市。

泉 州 位于福建省晋江下游北岸。唐时设州。南宋和元朝曾为我国最大的对外贸易港口，为著名的侨乡。现存名胜古迹很多，著名的有清净寺、开元寺、洛阳桥、九日山摩崖石刻、清源山等。

景德镇 位于江西省东北部，是古代的瓷都，保存很多古代窑址、明代民居以及宋塔等古建筑。现在是以生产瓷器为主的工业城市。

曲 阜 位于山东省中部偏南。春秋战国时为鲁国都城，秦置鲁县，隋改曲阜。有孔子故里，孔府、孔庙、孔林和鲁国故城遗址。

洛 阳 为我国著名的九朝故都。名胜古迹以市南龙门石窟最有名。城东白马寺是我国第一座佛寺。还有汉魏故城遗址、西周王城、隋唐故城遗址、关林以及大量的古墓葬。

开 封 古称汴梁。五代后周、北宋均建都于此，称东京，为著名古都之一。文物古迹有铁塔、繁塔、龙亭、禹王台、大相国寺和北宋汴梁城遗址等。

江 陵 位于湖北省中部偏南。春秋楚国都城郢都在此。汉置江陵县，唐为江陵府，清为荆州府治。现存有楚纪南城遗址、明代城垣和大量古墓群等。

长 沙 秦置长沙郡，辖今湖南东部，隋改今名，唐天宝年间曾改为潭州，明改为长沙府。有毛泽东同志早期从事革命活动的中国共产党湘区委员会旧址（清水塘）、湖南第一师范学校、爱晚亭、船山学社等。还有麓山寺、岳麓书院、马王堆西汉古墓等古迹。

广 州 秦为南海郡郡治所在，五代十国时为南汉都城，一直是我国对外交通贸易的港口和城市。近代反帝反封建斗争迭起，是第一次国内革命战争的策源地。有光孝寺、南海神庙、六榕寺花塔、镇海楼、三元里平英团旧址、广州公社旧址等文物古迹。

桂 林 历史上是广西政治、文化中心和军事重镇。秦始皇时在此开凿了著名的水利工程——灵渠。漓江流经市中，还有独秀峰、叠彩山、七星岩、月牙山、芦笛岩等，山青水秀，素有“桂林山水甲天下”之称。

成　都　秦汉以后，一直是西南的政治、经济和文化中心。名胜古迹很多，著名的有杜甫草堂、武侯祠、王建墓、望江楼、青羊宫等等。

遵　义　位于川、黔交通线上，向为黔北重镇。1938 年 1 月，中国工农红军长征途中，在此召开了中国共产党中央政治局扩大会议，确立了毛泽东同志在全党的领导地位，在中国共产党历史上具有伟大意义。城内和周围有遵义会议会址、毛泽东同志旧居、红军坟、娄山关等。

昆　明　汉代为建伶、谷昌县地，唐为益宁县，元置昆明县，为中庆路治所。有汉、彝、回、苗、白、傣等民族。有滇池、西山、翠湖、园通山、金殿、大观楼、黑龙潭等文物古迹。

大　理　位于云南省大理白族自治州中部、洱海之滨。为南诏及宋代大理国都城所在地，又是我国与东南亚诸古国文化交流、通商贸易的重要门户。现保存的南诏太和城遗址、大理三塔、南诏德化碑等，是体现云南与中原地区文化密切关系的重要文物。

拉　萨　位于雅鲁藏布江支流拉萨河北岸，从公元 7 世纪初，就是西藏地区的政治经济中心，是座历史悠久的古城。市内尚保存着宏伟的布达拉宫、大昭寺和罗布林卡园林等重要古建筑。

西　安　位于关中平原渭河南岸，原名长安。周、秦、汉、西晋、前赵、前秦、后秦、西魏、北周、隋、唐都建都于此，是世界闻名的历史古城。遗存有大量地上地下文物，如西周的丰、镐，秦阿房宫，汉长安城，唐大明宫遗址、大雁塔、小雁塔以及明钟楼、鼓楼、碑林等。周围还有秦俑博物馆、古咸阳城、半坡遗址等。

延　安　在陕北延河之滨。城区有宝塔山、凤凰山和清凉山对峙，是我国革命圣地。1937—1947 年，中国共产党中央和毛泽东同志在此领导全国革命。解放后建有革命纪念馆。

仔细重读这份请示文件，我们会发现在这份请示文件中我们看到了当时的有关管理部门对于意大利、法国、美国、日本以及苏联保护历史城市成果的肯定，同时也发现保护历史文化名城的最初愿望确实是希望保留住城市的传统格局和历史风貌，如提到了“意大利的威尼斯完全保存了原来的风貌。法国巴黎旧城区基本保存了原有的布局。美国按照独立战争前的样子，恢复和保护了威廉斯堡18世纪风光的古城镇。日本在1971年专门发布了《关于古都历史风土保存的特别措施法》。苏联在1949年公布了历史名城名单，把这些城市置于建筑纪念物管理总局的特殊监督之下。”“风貌、布局、风土、历史城市”这些特定的词汇表达的都是历史城市整体性的面貌，在请示文件中使用这样的词汇表达对于历史文化名城保护的必要性的论证，可以说明使用“历史文化名城”这个概念的初衷就是要保护一整座城。

请示是20世纪80年代初提出的，当时正值中国刚刚粉碎“四人帮”后不久，经济体制改革刚刚开始，国家进入经济复苏及发展时期，从另一个角度也看到了发达国家在文化遗产保护方面的优秀经验对当时中国的影响。国务院的批复通知内容如下：

关于保护我国历史文化名城的请示的通知

（国务院1982年2月8日发布）

国务院同意国家基本建设委员会、国家文物事业管理局、国家城市建设总局《关于保护我国历史文化名城的请示》，现发给你们，请研究执行。

我国是一个历史悠久的文明古国。保护一批历史文化名城，对于继承悠久的文化遗产，发扬光荣的革命传统，进行爱国主义教育，建设社会主义精神文明，扩大我国的国际影响，都有着积极的意义。各级人民政府要切实加强领导，采取有效措施，并在财力、物力、人力等方面给予应有的支持，进一步做好这些城市的保护和管理工作。

国务院

国务院又于1986年和1994年先后公布了第二批和第三批国家历史文化名城，共99座。此后，分别于2001年增补2座，2004年增补1座，2005年增补1座，2007年增补7座，2009年增补1座，2010年增补1座，2011年增补6座，2012年增补2座，2013年增补4座，2014年增补2座，2015年增补3座，2016年增补1座，共计130座（此处为琼山和海口分开计算)。后琼山市已并入海口市，两者算一座。截至 2017 年，国务院已将 132 座城市列为中国历史文化名城，并对这些城市的文化遗迹进行了重点保护（见表 1-1)。但是，历史文化名城与实际的行政区划意义上的“市”还有极大差别，有些时候它只是“县”，更准确地说，历史文化名城是一种文化概念，“北京历史文化名城”与“北京市”的区域范围大相径庭，前者的范围指向的是北京旧城范围，而平遥、大同、开封等的名称都具有这个特点。所以，历史文化名城就指一个城市范围内的旧城或古城范围，所包含着丰富的历史信息的区域。

学界一般将国家历史文化名城分成七类：

（1）历史古都型：以都城时代的历史遗存物、古都的风貌为特点的城市，如北京、南京、西安等。

（2）传统风貌型：保留了一个或几个历史时期积淀的完整建筑群的城市，如大理、商丘、平遥等。

（3）一般史迹型：分散在全城各处的文物古迹为历史传统主要体现方式的城市，如成都、济南、长沙等。

（4）风景名胜型：建筑与山水环境的叠加而显示出鲜明个性特征的城市，如桂林、苏州等。

（5）地域特色型：地域特色或独自的个性特征、民族风情、地方文化构成城市风貌主体的城市，如丽江、拉萨等。

（6）近代史迹型：反映历史上某一事件或某个阶段的建筑物或建筑群为其显著特色的城市，如上海、天津、重庆等。

（7）特殊职能型：某种职能在历史上占有极突出的地位的城市，如“瓷都”景德镇、“盐城”自贡等。

表 1–1 国家历史文化名城一览表

序号	行政区划	第一批（1982 年）	第二批（1986 年）	第三批（1994 年）	增补	小计
1	北京	北京				1
2	天津		天津			1
3	河北	承德	保定	正定、邯郸	山海关（2001 年）	5
4	山西	大同	平遥	祁县、新绛、代县	太原（2011 年）	6
5	内蒙古		呼和浩特			1
6	山东	曲阜	济南	青岛、聊城、邹城、淄博	泰安（2007 年） 蓬莱（2011 年） 烟台（2013 年）	9
7	广东	广州	潮州	肇庆、佛山、梅州、雷州	中山（2011 年）	7
8	广西	桂林		柳州	北海（2010 年）	3
9	海南			琼州（后与海口合并）	海口（2007 年）	2
10	陕西	西安、延安	榆林、韩城	咸阳、汉中		6
11	甘肃		武威、张掖、敦煌	天水		4
12	青海			同仁		1
13	宁夏		银川			1
14	新疆		喀什		吐鲁番（2007 年） 特克斯（2007 年） 库车县（2012 年） 伊宁县（2012 年）	5
15	辽宁		沈阳			1
16	吉林		吉林、吉安		长春（2017 年）	3
17	黑龙江			哈尔滨	齐齐哈尔市（2014 年）	2
18	上海		上海			1

续表

序号	行政区划	第一批（1982年）	第二批（1986年）	第三批（1994年）	增补	小计
19	江苏	南京、扬州、苏州	镇江、常熟、淮安、徐州		无锡（2007年） 南通（2009年） 宜兴（2011年） 泰州市（2013年） 常州市（2015年） 温州（2016年） 高邮（2017年）	14
20	浙江	杭州、绍兴	宁波	衢州、临海	金华（2007年） 嘉兴（2011年） 湖州市（2014年）	8
21	安徽		亳州、寿县、歙县		安庆（2005年） 绩溪（2007年）	5
22	福建	泉州	福州、漳州	长汀		4
23	江西	景德镇	南昌	赣州	瑞金市（2015年）	4
24	河南	洛阳、开封	安阳、南阳、商丘	郑州、浚县	濮阳（2004年）	8
25	湖北	江陵（荆州）	武汉、襄樊	钟祥、随州		5
26	湖南	长沙		岳阳	凤凰（2001年）	3
27	重庆		重庆			1
28	四川	成都	阆州、自贡、宜宾	乐山、都江堰、泸州	会理县（2011年）	8
29	贵州	遵义	镇远			2
30	云南	昆明、大理	丽江	建水、巍山	会泽县（2013年）	6
31	西藏	拉萨	日喀则	江孜		3
合计		24	38	37	32	132

2. 历史文化名城的历史基础——文化因素

我国著名的考古学家徐苹芳先生曾在《论历史文化名城北京的古代城

市规划及其保护》① 一文中明确地提到了自己的观点，中国古代的城市与西方城市是不同的模式。我国的历史文化名城大多数都是从古代城市发展而来，这些城市从规划、建城基础、城市功能的角度均与古代西方城市完全不同。因此，理解中国的历史文化名城必须从这些城市的建城源头考证，如何保护这些城市必须遵循这些城市自身的成长规律。

从历史学、地理学和心理学的角度来说，城市是人类文明进步的产物，它可能起源于古代战争防御的堡垒、自由交易物品的场所、祭神拜祖的圣地以及共同生产生活和游戏娱乐的聚居地等多种原因。从根本上来看，城市既是物质的，又是精神的。它是自然和人工场所构成的物体形态，也是文化所形成的心理状态。② 汤因比认为，城市发展是一个“灵妙化”（Etherealization）过程，就城市物质结构而言，就是容器变薄而磁力增强。“灵妙化”被认为是城市发展的必然依据之一，因为“任何物质财富无法取代美、欢乐和亲情带给人的精神慰藉”。③ 城市发展不仅是一个经济命题，同时也是一个人文命题，一座座建筑遗产凝结着人的情感记忆，丰富着城市建筑文化的内涵，从文化城市向文明城市的过渡，不是一个自发的变迁过程，而是一个积极推动的过程。文化可以轰轰烈烈，文明必须潜移默化。文化是知名度，文明是美誉度；文化是认同感，文明是归属感；文化是创兴感，文明是幸福感。在西方，建筑遗产往往被看作社会文明的素养，而不仅仅是旅游地资源，特别是文明品质是城市发展的价值核心、根本动力，人文底蕴无疑就是城市文明的基础。④ 一个城市如果没有经过人文洗礼，就不会涵养城市的气质与品位。建筑关乎人文、关乎心灵，对人的关注如果能在城市建设的细节中得到提升，即使简约质朴也会

---

① 徐苹芳．论历史文化名城北京的古代城市规划及其保护［J］．文物，2001：（1）：64-73.

② 李玉峰．新遗产城市——世界遗产观念下的城市类型研究［M］．北京：中国建筑工业出版社，2012：15.

③ 李玉峰．新遗产城市——世界遗产观念下的城市类型研究［M］．北京：中国建筑工业出版社，2012：15.

④ 葛承雍．古迹新知——人文洗礼下的建筑遗产［M］．北京：文物出版社，2013：4.

默默感染着每一个公民，更会让奔忙的四海宾客洗去尘嚣、宁神静虑，不知不觉地接受一种人文精神熏陶。一个国家的城市建筑遗产，如果得到欣赏和赞美，就是人文品德的体现。①

我国设立的132座历史文化名城都有各自悠久的建城历史，历史文化名城保护制度应该遵从城市发展的人文规律，注重城市人文底蕴的保护与延续。保护历史文化名城说到底就是保护这些城市所蕴含的“文化”因素，并且保证随着岁月的流逝这些文化因素不仅不被埋没，而且会被一代一代地记忆下去、延续下去，就像大树的根络一样，深深地扎进泥土中，成为城市精神赖以延续下去的历史基础。

历史文化名城是我国文化遗产保护过程中一项重要的城市遗产保护内容，保护好一座名城就会为后世保留一份文化的脉络，保护历史文化名城是一件关乎民族文化延续、关乎国家文化精神发展的百年大计。

二、 与历史文化名城相似的几个概念

1. 历史城市

历史城市，简言之便是“拥有历史的城市”。常见于关于城市保护的各个国际法律文件中，最早使用“历史城镇及地区”的是在1987年国际古迹遗址理事会通过的《保护历史城镇与城区宪章》中，在宪章的序言中提到了如下内容：

（1）所有城市社区，不论是长期逐渐发展起来的，还是有意创建的，都是历史上各种各样的社会的表现。

（2）本宪章涉及历史城区，不论大小，其中包括城市、城镇以及历史中心或居住区，也包括其自然的和人造的环境。除了它们的历史文献作用之外，这些地区体现着传统的城市历史文化的价值。今天，由于社会到处实行工业化而导致城镇发展的结果，许多这类地区正面临着威胁，遭到物理退化、破坏甚至毁灭。

---

① 葛承雍．古迹新知——人文洗礼下的建筑遗产［M］．北京：文物出版社，2013：4.

(3) 面对这种经常导致不可改变的文化、社会甚至经济损失的惹人注目的状况，国际古迹遗址理事会认为有必要为历史城镇和城区起草一国际宪章，作为“国际古迹保护与修复宪章”（通常称为“威尼斯宪章”）的补充。这个新文本规定了保护历史城镇和城区的原则、目标和方法。它也寻求促进这一地区私人生活和社会生活的协调方法，并鼓励对这些文化财产的保护。这些文化财产无论其等级多低，均是构成人类的记忆。

(4) 正如联合国教育、科学及文化组织于1976年华沙·内罗毕会议“关于历史地区保护及其当代作用的建议”以及其它一些文件所规定的，“保护历史城镇与城区”意味着这种城镇和城区的保护、保存和修复及其发展并和谐地适应现代生活所需的各种步骤。

历史城镇这一概念，后来渐渐变为“历史城市”，相当于一种行业统称，见诸于国内外各种研究文献中使用，我国建筑遗产保护领域的学者也很偏向于使用此概念。苏联也曾使用“历史城市”这一概念，并对中国“历史文化名城”概念的形成产生重要的影响。历史城市这一概念表达的更多的是一种对城市除了生活、经济等基本功能之外的历史价值的彰显，强调的是历史文化传统在城市文化延续过程中的“润物无声”的意义。

2. 古都

“古都”一词，更多见于日本相关法律规定中。1966年，日本颁布了《古都保存法》，目的是“保护位于古都内的历史风土——作为固有的文化资产，国民在同等享受它的恩泽的同时应完好地传承到后代”。其中的“历史风土”是指“在历史上有意义的建筑物、遗迹等与周围的自然环境已成为一体，具体体现并构成了古都传统和文化的土地状况”。1966年，日本指定京都市、奈良市等六市为“古都”。在我国关于历史文化名城的诸多学术论文中常常会看到“古都”这个特殊的名词，更多时候指称“北京、南京、开封”等具有极其悠久的建都史的历史城市。

3. 旧城

旧城，是一个规范的法律概念，在2005年的《北京历史文化名城保护条例》第 11 条规定：“旧城，是指明清时期北京城护城河及其遗址以内（含护城河及其遗址）的区域。”并指出“旧城的保护内容包括：历史河湖水系、传统中轴线、皇城、旧城‘凸’字形城廓、传统街巷胡同格局、建筑高度、城市景观线、街道对景、建筑色彩、古树名木等。”《保护条例》明确提出：“旧城保护应当坚持整体保护的原则，针对不同区域采取不同的方式进行保护。”

《北京城市总体规划（1991—2010 年）》和《北京城市总体规划（2004—2020 年）》中均使用“旧城”这个概念，“旧城”更多地强调城市的更新改造，重点是通过基础设施的完善实现城市功能的完善。在过去相当长一段时间，“旧城改造”一直是北京以及大多数拥有悠久历史的城市面临的难题。政府确实希望通过改造旧城完善城市功能，满足城市发展和居民生活，但事实证明，“旧城改造”确实是一个世界级难题，尤其是针对中国独特的历史背景以及特有的中国国情，单纯依靠改造“旧城”，只可能是越改结果越糟。在本书中有些地方我们仍然使用了“旧城”一词，一方面因为所引用的文献或者当时的专家都在使用这个词语，以保证理论阐述上的一致性；另一方面，“旧城”一词是过去相当长一段时间国内研究历史城市保护过程中所秉承的基本思路。“旧”与“新”是相对而言的，在历史文化名城保护古城中有些城市确实幸运地选择了“新”“旧”分开的发展思路，使旧城完整地保存了下来，新城也获得了最充分的发展，当然这并不是所有城市的幸运所在。

4. 老城

2017 年《北京城市总体规划（2016—2035 年）》和 2017 年 6 月 19 日北京市第十二次党代会报告中，“老城”的概念正式登上历史舞台，代替了以往各个时期的城市总体规划。“老城”这个概念更符合中国国情。“老城”是与城市副中心、卫星城等相对应，更加注重城市功能优化与空间重组，重点是进一步聚焦核心功能，通过空间上的优化布局推动功能疏解。“老城”凸显的是城市的历史感，蕴含着城市历史文化的保护与发展的职责与使命。从这个角度而言，“老城”就对应着“历史文化名城”，对于许多在城市规划道路上走过弯路的历史城市而言，“历史文化名城”就指称这个城市的“老城”，北京、平遥、苏州、南京等城市均在此列。因此，“老城”是一个任重而道远的新概念，承载着历史文化名城保护的实质重任，也是正视历史的必然结果。在本书中“旧城”就指“老城”，从理论研究上来看二者的内涵并无改变，因此“老城”与“旧城”是同一个概念，但是具有不同的历史内涵，所反映的是一种完全不同的保护理念。在有些时候我们还会使用“古城”这个概念，意义大致相同。

在本书中我们会使用“旧城”“老城”以及“古城”，这些概念均表示同一个内涵，不同之处则在于不同城市的相关法律规范中的规范术语的差异，并不影响中心问题的释义，也不会产生歧义。

5. 世界遗产城市

就国际社会而言还有一个较为重要的概念。全世界究竟哪些城市最具有保护价值，这个标准在不同的领域中入选者也完全不同，较具权威性的则是“世界遗产城市”。世界遗产城市是指城市类型的世界遗产，一定程度上类似于中国的“国家历史文化名城”，也可以说是世界级的历史文化名城。1993 年 9 月 8 日，世界遗产城市联盟（Organization of World Heritage Cities）在摩洛哥的非斯成立，总部设在加拿大的魁北克市。该组织是联合国教科文组织的下属组织机构，是一个非营利性、非政府的国际组织，宗旨是负责沟通和执行世界遗产委员会会议的各项共约和决议，借鉴各遗产城市在文化遗产保护和管理方面的先进经验，进一步促进各遗产城市的保护工作。其中，我国山西省平遥已入选世界遗产城市，世界遗产委员会评价：“平遥古城是中国境内保存最为完整的一座古代县城，是中国汉民族城市在明清时期的杰出范例，在中国历史的发展中，为人们展示了一幅非同寻常的文化、社会、经济发展的完美画卷。”入选的另一座城市为丽江古城。

三、历史文化名城的精华——以传统格局传承历史风貌

我国的历史文化名城大多具有悠久的历史，有的数千年，有的数百

年。《周礼·考工记》曰："匠人营国，方九里，旁三门，国中九经九纬，经涂九轨，左祖右社，面朝后市。"这也就决定了历史文化名城中许多城市都是按照儒家的规划理念，按照统治阶级的需要和意图，从政治军事统治的要求角度规范布局这些城市，而且大多处于大一统时期，经济文化方面具有较好的延续性，因此，这也是中国历史城市与欧洲历史城市的重要区别。

我国 2008 年《历史文化名城名镇名村保护条例》第 3 条提到"历史文化名城的保护应当保持和延续其传统格局和历史风貌"。古城的传统格局和历史风貌是历史文化名城的精华所在，这也是历史文化名城保护过程中的两项基本内容。历史文化名城以物质性的可见的传统格局展示出精神性的历史风貌，同时各种不同的历史风貌映衬着传统格局的文化独特性。在历史文化名城保护过程中，"传统格局"是历史文化名城保护的物质基础，"历史风貌"是历史文化名城保护的精神基础，在延续保持历史文化名城的传统格局的过程中传承着历史文化名城的精神气质——历史风貌。

《历史文化名城名镇名村保护条例》第 7 条进而对这两项基本的保护内容进行进一步的规定——历史文化名城应该具备的条件：①保存文物特别丰富；②历史建筑集中成片；③保留着传统格局和历史风貌；④历史上曾经作为政治、经济、文化、交通中心或者军事要地，或者发生过重要历史事件，或者其传统产业、历史上建设的重大工程对本地区的发展产生过重要影响，或者能够集中反映本地区建筑的文化特色、民族特色。申报历史文化名城的城市，在所申报的历史文化名城保护范围内还应当有两个以上的历史文化街区。

《上海市历史文化风貌区和优秀历史建筑保护条例》（2002 年 7 月 25 日公布）第 8 条规定："历史建筑集中成片，建筑样式、空间格局和街区景观较完整地体现上海某一历史时期地域文化特点的地区，可以确定为历史文化风貌区。"《历史文化名城名镇名村保护条例》第 47 条第（1）项规定："历史建筑是指经城市、县任命政府确定公布的具有一定保护价值，能够反映历史风貌和地方特色，未公布为文物保护单位，也未登记为不可移动文物的建筑物、构筑物。”《中华人民共和国文物保护法》以及《中华人民共和国文物保护法实施条例》中也多次提到“历史风貌”一词，但并没有明确的概念界定。

“风貌”一般泛指一个地方的人文特征和地质风貌。因此，“历史风貌”就是指一个城市的历史气质，是其经年累月沿承下来的风格、特色和主要体现在建筑物上。瑞士建筑评论家希格弗莱德·吉迪恩说过：“建筑是对我们所处时代生活方式的诠释。”尽管关于历史文化名城的相关法律法规中，并没有以标准法律语言对“历史风貌”一词予以界定，但是从汉语的语意上可以解读历史风貌是指一个城市以建筑物的历史风格为载体所体现出的城市历史气质。“历史风貌”的核心所在是人的存在。日本历史学家和辻哲郎提出的“风土”就是指“历史风貌”。“风土是对某一地方的气候、气象、地质、地力、地形、景观等的总称。过去亦称之为水土。”①“风土”是人类自我发现的一种方式。人具有个人和社会双重性，其自我发现同时也是带有历史性的。所以，既没有脱离历史的“风土”，也没有脱离“风土”的历史。展现历史风貌的一定是因为有了人的存在以及经年累月的人文因素的浸润。

《历史文化名城名镇名村保护条例》第 7 条第一款规定了申报历史文化名城、名镇、名村的条件，按照本款规定，申报历史文化名城、名镇、名村，应当同时符合第 7 条第一、二、三项要求，并具备第四项所列条件之一，即一方面，保存文物特别丰富、历史建筑集中成片、保留着传统格局和历史风貌；另一方面，历史上曾经作为政治、经济、文化、交通中心或者军事要地，或者发生过重要历史事件，或者其传统产业、历史上建设的重大工程对本地区的发展产生过重要影响，或者能够集中反映本地区建筑的文化特色、民族特色。本条第二款则是关于历史文化名城申报条件的特殊规定。按照该规定，申报历史文化

① ［日］．北京：和辻哲郎．风土［M］．北京：商务印书馆，2006：4.

名城的，不仅要符合本条第一款规定的四项条件，在所申报的历史文化名城保护范围内还应当有 2 个以上的历史文化街区。否则，就与本条例所规定的条件不符，是不能够公布为历史文化名城的。这一规定实际上使得历史文化名城的核心条件更加严格。从各地情况来看，一些城市只有一个或者没有历史文化街区，虽然存在一定数量的文物，但是，这些文物不足以反映城市传统风貌、格局，相较而言，历史文化街区能够较好地代表和反映传统风貌和特色。①

图 1-5　哈尔滨中央大街 1

① 《历史文化名城名镇名村保护条例》释义［M］．北京：知识产权出版社，2009：39-41.

图 1-6　哈尔滨中央大街 2

图 1-7　哈尔滨中央大街 3

对于历史文化名城是否必须具有2个以上历史文化街区的基础条件，我国著名学者徐苹芳先生则有着完全不同的看法，他认为，历史街区是一个完全从外来文化中引进的概念，历史街区是欧洲城市发展的必然结果，欧洲城市在历史发展的过程中稳定性较弱，因此城市内街道的发展延伸是较为自由的，这一点与中国古代城市以围墙为主要形式的城郭形式完全不同，因此不能机械地套用外来文化来保护我们自己的历史城市，徐苹芳先生一直以来坚定地认定主要以整体城市为载体保护历史文化名城。2011年，徐苹芳去世的时候，整体保护思想已经成为北京历史文化名城保护过程中的主要原则，尽管有许多保护工作还需要不断地继续努力，但单纯地保护城市内的历史遗迹、文物遗存对于保护历史文化名城而言却是远远不够的。

对于历史文化名城而言，既包括物质形态方面的内容，也包括非物质形态方面的内容，也就是物质实体范畴和社会文化范畴两方面的内容。前者包括文物古迹、历史街区的保护，后者主要指古城风貌特色的保持与延续以及历史传统文化的继承和发扬。对于历史文化名城而言，古城风貌是它的灵魂，名城通过古城空间格局、自然环境以及城市建筑风格来体现其独有的气质。中国是世界上建筑文化遗产数量最多的国家，在漫长的5000年演进过程中，中华民族的文化始终一脉相传，并没有发生根本性的改变，在这样一种文化特质的基础上产生的建筑遗产，其文化根源具有同质性。在历史文化名城保护的过程中，城市本身被视为一个整体，一个不可分割的饱含着历史底蕴和价值的城市个体。自1978年改革开放以来，伴随着经济大发展的同时，城市中的建筑文化遗产受到了极大破坏。为了更好地保护城市文化遗产，形成了“历史文化名城”保护制度。历史文化名城保护制度的初衷就是设立一项保护措施，从城市角度来保护文化遗产。①

历史文化名城保护制度在保护我国历史文化遗产的过程中，发挥

① 王景慧．历史文化名城的概念辨析［J］．城市规划，2011，12：9-12.

着越来越重要的作用，将一个城市视作一个有机整体进行保护，不仅可以有机地保护城市中存在的大量的文物古迹，同时也能够从宏观上延续城市具有的古城风貌和历史传统。正如我们常说的“气质美女”这个词语，一个美丽的女人，容颜的姣美固然重要，更重要的是她由内而外散发出来的独特特征和优雅气场。理想的历史文化名城就应该带给人们美的享受，保护历史文化名城不仅具有历史文化传承的意义，更重要的是传达了中华美的美感精神，这也是我们国家文化建设过程中内在文化发展的根本动力所在。

第2节

历史文化名城的保护

一、 保护历史文化名城的意义

我国的历史文化名城多具有悠久的历史，保留了大量文化遗产的精华，有的是历代王朝的旧都古城，有的是兵家必争的军事重镇，有的是自古繁荣的商贸中心，有的是悠久厚重的文化古城，有的是中外交流的重要港埠，有的是风景秀丽的古迹胜地，还有的是民族特色的边疆古城。历史文化名城集中体现了中华民族的悠久历史、灿烂文化和光荣革命传统，是全国人民极其宝贵的物质和精神财富，是我国历史文化遗产的重要组成部分。保护历史文化名城，就是留住城市的珍贵记忆，就是留下城市的历史痕迹，就是维护城市的特有魅力。

保护历史文化名城更重要的一个原因则是强大的经济效益、社会效益和文化效益。平遥、丽江、苏州、杭州、北京、上海等历史文化名城，均以其独特的历史城市遗产为珍贵的旅游资源，为城市的建设提供了强大的经济效益来源。同时，历史文化名城的存在可以极好地抵抗城镇现代化进程中“千城一面”的尴尬局面，扩马路、架高桥、拆古建的现象也可以得到有效地遏制。

二、 历史文化名城保护的原则

《历史文化名城名镇名村保护条例》第3条规定："历史文化名城、名镇、名村的保护应当遵循科学规划、严格保护的原则，保持和延续其传统格局和历史风貌，维护历史文化遗产的真实性和完整性，继承和弘扬中华民族优秀传统文化，正确处理经济社会发展和历史文化遗产保护的关系。"本条就是关于历史文化名城保护基本原则的规定。

1. 科学规划原则

历史文化名城保护规划是历史文化名城保护与监督管理工作的前提和依据。保护规划是驾驭历史文化名城监督管理工作的基本依据，是在一定空间和时间范围内对各种规划要素的系统分析和统筹安排。制定规划是一项综合性、政策性和技术性很强的工作，只有一个科学的、切实的规划才能使历史文化名城保护工作更加适应社会发展的需要，才能真正成为保护和监督管理的依据。制订科学的规划应当对历史文化名城的资源、环境、历史、现状、经济社会发展态势等进行充分研究，正确处理城乡建设和历史文化保护的关系，明确保护原则和工作重点，制定严格的保护措施。

2. 严格保护原则

历史文化遗产是不可再生的珍贵资源。随着经济全球化趋势和现代化进程的加快，我国的文化生态正在发生巨大变化，历史文化遗产及其生存环境受到了严重威胁，不少历史文化名城整体风貌遭到严重破坏。因此必须把严格保护作为历史文化名城保护工作的基本原则。历史文化遗产的不可再生性决定了必须将保护放在第一位。只有在严格保护好历史文化遗产的前提下合理利用，才能实现历史文化名城的可持续发展。

3. 保护和延续传统格局和历史风貌原则

历史文化名城的传统格局和历史风貌是其历史文化价值的集中体现，保护历史文化名城必须保护其传统格局和历史风貌。传统格局是指历史上形成的由街巷、建筑物、构筑物本身特征结合自然景观构成的布局形态，主要构成要素包括轴线、道路、水系、山丘等。历史风貌是指反映历史文化特征的城镇、乡村景观和自然、人文环境的整体面貌。按照这一原则应当对反映历史文化名城特色的整体的空间尺度和周边环境要素予以保护，要突出相应的保护原则和具体的保护要求。

4. 维护历史文化遗产的真实性和完整性原则

保护历史文化名城必须坚持真实性与完整性原则，这也是历史文化名城保护过程中最重要的一项原则。

建筑遗产的真实性和完整性一直以来都是国际公认的保护对象。真实性原则和完整性原则都是建筑遗产保护过程中的基本原则，也是建筑遗产保护的基本要求。真实性原则要求在保护遗产的过程中“修旧如旧”，尊重其真实性。完整性原则强调建筑遗产保护的过程中不仅保护建筑体自身，更要关注其周围的环境以及居住其中的人群。完整性原则的提出是随着建筑遗产保护的进程以及人们对于建筑遗产的深入认识而逐渐确立的，从早期的“单体保护”到现在的“整体保护”，是人们对于建筑遗产价值认识逐渐完善的过程。整体性保护是完整性原则的必然要求，为了保证建筑遗产的“真实性”和“完整性”，在保护建筑遗产的过程中，将建筑遗产及其周围的环境和居于建筑遗产中的人视为一个整体进行保护，这个保护理念已经成为世界共识的保护方式和保护理念，保护建筑遗产已经从单体保护过渡到整体保护，也是任何一个拥有悠久历史的国家不容忽视的问题。

图 1-8　博洛尼亚历史城区

对于历史文化名城保护而言，完整性保护是首当其冲的原则。一个历史文化遗存是连同其环境一同存在的，保护不仅是保护其本身，还要保护其周围的环境，特别是对于城市、街区、地段、景区、景点，要保护其整体的环境，这样才能体现出历史的风貌。整体性还包含其文化内涵、形成的要素。任何历史遗存均与其周围的环境同时存在，失去了原有的环境，就会影响对历史信息的正确理解。

历史城市的规划设计课题包含了对历史上留存下来的环境空间如何继承与发展，还考虑市民的生活，即城市社交网络的设计。这就是所谓整体性保护理念的核心所在。拥有欧洲最古老大学和步行列柱廊廓街道空间的意大利中世纪城市博洛尼亚，以市中心历史街区保护和平民阶层的住宅供给为手段，既继承了历史遗产又培育发展了在这些历史遗产中的市民生活，直到今天这座古老的城市依然生机勃勃。从 20 世纪 60 年代后期开始，博洛尼亚的建设，不仅包括历史保护，而且在更广泛、一般性的城市设计方法和过程中，都做了先驱性的探索。① 有一些历史文化名城仅仅保护单个的文物古迹或者仅保护单个的街区，而随意改变周边环境，反而丧失了原来的历史氛围。这种做法就违背了维护历史文化遗产完整性的原则。

历史文化名城的灵魂是它独有的风貌，这个风貌可以理解为“风土或风情的面貌”。历史文化名城整体性保护不是把历史名城全部作为“博物馆”而原封不动地保留下来，在谈及历史文化名城整体性保护规划时要包括对历史文化名城三个层次（文物古迹的保护、历史街区的保护以及历史文化城市的整体保护）的历史遗存的全部保护规划和名城整体空间环境的保护规划。这也是《历史文化名城名镇名村保护条例》里明确提到的内容。对于这个问题，许多学者的看法也是完全不同的。徐苹芳先生非常反对“历史街区”“历史地段”提法，他认为中国古代城市的历史沿承以及城市肌理与西方国家城市发展历程呈现出来的整体风貌完全不同，不能机械地照搬西方的城市保护理论，仍然应以中国古代传统文化中城市文化底蕴为基础建立更适合中国国情的历史文化名城保护理论。历史文化名城这个概念最初提出的时候，其保护对象是将古城视作一个整体予以保护，具有着懵懂的整体保护城市的理念，虽然“完

① 张松．历史城市保护学导论——文化遗产和历史环境保护的一种整体性方法［M］．上海：同济大学出版社，2008：57.

整性”原则是从欧洲发展而来，但在中国历史城市保护过程中，整体性保护理念也是一以贯之的。空间即意义。在空间中，人们对于自身和周围的环境予以意义的解读。人们通过建筑的形式重新定义了空间，并赋予空间以“人”本身的意义所在。因此，建筑是历史的，是以人为本的，在解读建筑以及保护建筑的过程中必须给以历史的关照、审美的关注和人性的解读。

2017 年 7 月 8 日，联合国教科文组织世界遗产委员会第 41 届大会审议在波兰古城克拉科夫持续举行，继中国青海“可可西里自然保护区”之后，申遗 9 年的鼓浪屿亦以“历史国际社区”列入世界文化遗产名录。至此，中国和意大利以各拥有 52 处世界遗产，并列成为拥有世界遗产最多的国家。中共厦门市委书记裴金佳于 2017 年 8 月 2 日表示，鼓浪屿“申遗”成功之日，就是履行责任之时，厦门将严格按照联合国教科文组织世界遗产委员会评估意见、建议，认真践行中国政府在世界遗产委员会大会上的承诺，不断提高鼓浪屿文化遗产保护管理和利用水平。鼓浪屿申遗成功最重要的原因是它延续了传统、延续了文脉，在 21 世纪的今天依然保持了对文化的包容以及对人类遗产的保护与尊重，更重要的是鼓浪屿作为一种文化形式的整体得以保护，如果没有一个完整的鼓浪屿，而仅是几个单体近现代西式建筑，相信世界文化遗产的桂冠一定不会落在鼓浪屿上。因此这要得益于“整体保护原则”。“整体性保护”的理念成为当下城市建筑遗产保护过程的一项重要的保护原则和保护方法。

图 1-9　鼓浪屿街区

图 1-10　鼓浪屿的天际线

5. 继承和弘扬中华优秀传统文化原则

我国历史文化名城体现了中华民族的悠久历史和灿烂文化，在历史文化名城中除有形的文物古迹外，还拥有丰富的传统文化内容，它们和有形的文物、历史建筑相互依存、相互烘托，共同反映着历史文化名城的历史文化积淀，共同构成珍贵的历史文化遗产。历史文化名城的保护内容既包括物质性要素——格局风貌、与历史发展和文化传统相关联的自然环境景观、反映空间特征和传统风貌的历史地段和历史建筑群、文物保护单位等；还包括非物质性要素——地方民俗、民间工艺、节庆活动、传统戏剧、传统风俗等。

中华传统优秀文化蕴含着中华民族特有的精神价值，体现着中华民族的生命力和创造力，是各民族智慧的结晶，也是全人类文明的瑰宝。继承和弘扬中华优秀传统文化，把历代的精神财富流传下来，是连结民族情感纽带、增进民族团结和维护国家统一及社会稳定的重要文化基础，也是维护世界文化多样性和创造性，促进人类共同发展的前提。

6. 正确处理经济社会发展和历史文化遗产保护的关系原则

历史文化遗产主要包括历史文化价值、科学价值和经济价值。

（1）历史文化价值主要指，历史文化遗产是一个民族、一个地区文明发展的见证，也是历史研究的重要依据，作为过去的象征和记忆符号而变得强有力和不可替代。同时历史文化遗产凝聚着古代工匠的创造智慧，能带给人以美的享受。

（2）科学价值主要指，历史建筑、构筑物等所体现的建造技术和工艺代表了一定历史时期科学技术的发展水平，保护历史文化遗产，对科学研究具有重要的意义。

（3）经济价值主要指，历史文化遗产是发展旅游业的重要资源，如果合理利用，历史文化遗产能给社会带来巨大的经济利益。

三、 历史文化名城的保护主体

1. 国家文物局

中华人民共和国国家文物局，是中华人民共和国国务院下设的一个国家局，由中华人民共和国文化部管理。主要工作是指导、协调文物的管理、保护、抢救、发掘、研究、出境、宣传等业务工作。在保护国家文物、继承中华民族的历史文化瑰宝方面起到了巨大作用。国家文物局负责机关文电、会务、机要、档案和保密、信访、政务公开工作；负责机关财务、基建等工作，指导监督事业单位财务工作；负责文物和博物馆业务统计工作；承担对外和对港澳台地区的交流与合作工作。

在历史文化名城保护过程中，国家文物局的主要职责有以下几点：

（1）研究拟定文物、博物馆事业发展规划，拟定文物认定、博物馆管理的标准和办法，组织文物资源调查，参与起草文物保护法律法规并负责督促检查。

（2）协调和指导文物保护工作，履行文物行政执法督察职责，依法组织查处文物违法的重大案件，协同有关部门查处文物犯罪的重大案件。

（3）负责世界文化遗产保护和管理的监督工作，组织审核世界文化遗产申报，协同住房和城乡建设等部门审核世界文化和自然双重遗产申报，协同住房和城乡建设部门负责历史文化名城（镇、村）保护和监督管理工作。

（4）负责管理和指导全国考古工作，组织、协调重大文物保护和考古项目的实施，承担确定全国重点文物保护单位的有关工作。

（5）负责推动完善文物和博物馆公共服务体系建设，拟定文物和博物馆公共资源共享规划并推动实施，指导全国文物和博物馆的业务工作，协调博物馆间的交流与协作。

（6）负责文物和博物馆有关审核、审批事务及相关资质资格认定的管理工作。

（7）组织指导文物保护宣传工作，拟定文物和博物馆有关人才队伍建设规划。

（8）编制文物和博物馆科技、信息化、标准化的规划并推动落实，组织开展重大文物保护科技创新工程，促进文物保护科技成果的转化和推广。

（9）管理、指导文物和博物馆外事工作，开展文物对外及对港澳台地区的交流与合作，负责文物进出境有关许可和鉴定工作。

（10）承办国务院及文化部交办的其他事项。

2. 住房和城乡建设部

中华人民共和国住房和城乡建设部，是2008年中央“大部制”改革背景下新成立的中央部委，是中华人民共和国负责建设行政管理的国务院组成部门，负责国家建设方面的行政管理事务。其前身是1979年3月12日中共中央批准成立的“国家城市建设总局”，直属国务院，由国家基本建设委员会代管。2008年3月15日，根据第十一届全国人大第一次会议通过的国务院机构改革方案，“建设部”改为“住房和城乡建设部”。

1979年3月12日，国务院发出通知，中共中央批准成立“国家城市建设总局”，直属国务院，由国家基本建设委员会代管。

1982年5月4日，“国家城市建设总局”“国家建筑工程总局”“国家测绘总局”“国家基本建设委员会”的部分机构和“国务院环境保护领导小组办公室”合并，成立城乡建设环境保护部。

1988年5月，第七届全国人民代表大会第七次会议通过《关于国务院机构改革方案的决定》，撤销“城乡建设环境保护部”，设立“建设部”，并把国家计委主管的基本建设方面的勘察设计、建筑施工、标准定额工作及其机构划归“建设部”。

2008年3月15日，根据第十一届全国人大第一次会议通过的国务院机构改革方案，“建设部”改为“住房和城乡建设部”。

在历史文化名城保护过程中住建部的主要职责为：

（1）依法组织编制和实施城乡规划，拟定城乡规划的政策和规章制度，会同有关部门组织编制全国城镇体系规划，负责国务院交办的城市总体规划、省域城镇体系规划的审查报批和监督实施，参与土地利用总体规划纲要的审查，拟定住房和城乡建设的科技发展规划和经济政策。

（2）研究拟定城市建设的政策、规划并指导实施，指导城市市政公用设施建设、安全和应急管理，拟订全国风景名胜区的发展规划、政策并指导实施，负责国家级风景名胜区的审查报批和监督管理，组织审核世界自然遗产的申报，会同文物等有关主管部门审核世界自然与文化双重遗产的申报，会同文物主管部门负责历史文化名城（镇、村）的保护和监督管理工作。

（3）承担规范村镇建设、指导全国村镇建设的责任。拟定村庄和小城镇建设政策并指导实施，指导村镇规划编制、农村住房建设和安全及危房改造，指导小城镇和村庄人居生态环境的改善工作，指导全国重点镇的建设。

3. 公众参与

随着社会的进步，保护文化遗产过程中越来越多的学者、建筑师、城市设计师以及人民群众都自发地加入到这个"保护主体大军"中来，以自己特有的知识、技能、思想热情参与到这项历史性的保护文化遗产的工作中来。历史文化名城不仅是一项"自上而下"的行政主导型的工作，更是一项"自下而上"的社会参与型的工程。历史文化名城的公众参与越来越凸显其重要性和积极性。

四、 历史文化名城保护的内容

坚持真实性与完整性，在保护历史文化名城的传统格局和历史风貌的基础上，保护历史文化名城体现在三个层次的内容上，即单体文物保护单位的保护、历史文化街区的保护以及历史文化名城整体性的保护。这个保护层次也是历史发展的结果。历史文化名城保护大致经历的阶段及过程如下：

1. 1982 年以前的文物单体保护时代

我国真正意义上的文物保护始于 20 世纪 20 年代，1922 年北京大学设立考古研究所，后又设立考古学系，成为我国最早的文物保护学术研究机构。1929 年，朱启钤、梁思成、刘敦桢等成立了中国营造学社，对我国古建筑等不可移动的文物保护进行了研究，并运用现代科学方法进行保护，为古城保护打下了一定的基础。

我国对文物建筑实施保护和管理始于民国时期，1930 年 6 月，当时的国民政府颁布了《古物保存法》，这是中国历史上第一个由中央政府颁布的文物保护法律；1931 年 7 月，颁布了《古物保存法实施细则》；1932 年，设立中央古物保管委员会，开展全国范围内的文物调查，并就境内盗掘和毁坏文物案件予以追查。但是，由于时局动荡，文物古迹保护在整体上并没有形成一个长期稳定的机制，而上述法规也基本没有得到有效地执行，各地大量文物古迹仍处于管理不善之中。

1949 年新中国成立后，针对战争所造成的大量文物毁损及文物流失现象，中央政府及相关部门立即开始推动文物保护工作的全面展开。1950 年 7 月，政务院颁布的《关于保护文物建筑的指示》中指出："凡全国各地具有历史价值及有关革命史实的文物建筑……及上述建筑物内之原有附属物，均加以保护，严禁破坏。"1956 年国务院开展了第一次全国文物普查。1958 年《中华人民共和国宪法》中规定："国家保护名胜古迹、珍贵文物和其他重要历史文化遗产。"1961 年国务院颁布了《文物保护管理暂行条例》，这是新中国成立后关于文物保护的概括性法规，同时公布了第一批 180 个全国重点文物保护的单位，实施了以命名"文物保护单位"来保护文物古迹的制度，初步建立起具有中国特色的文物保护法规制度。

这一时期尤其值得一提的是对我国古建筑和文化遗产保护做出突出贡献的著名建筑史学家梁思成先生。1948 年 11 月，梁思成主编了《全国重要文物建筑简目》，后来成为国家公布第一批全国重点文物保护单位的重要依据。1950 年 2 月，梁思成、陈占祥对古都北京规划建设提出"避开旧城，开辟新城"的建议（"梁陈方案"），方案中包含了整体保护的理念，在当时世界范围内也属先进之列，但可惜该方案没有获得采纳，古都北京也因此失去了最早的整体保护的机会。

1966—1976 年的"文华大革命"运动对文物保护工作以及历史文化名城的保护都是致命性的毁灭，后世无法进行补救，成为了历史的遗憾。

1978 年后文物保护工作逐渐开始恢复，1980 年国务院发布了《关于加强历史文物保护工作的通知》。1982 年 11 月 19 日，全国人大常委会通过了《中华人民共和国文物保护法》，从而奠定了国家文物保护法律制度的基础，标志着我国文物保护制度的创立。

2. 1982—2008 年历史文化名城整体保护初创时期

20 世纪 50 年代北京拆除了城墙后，全国各地在经济发展的过程中，陆陆续续开始了拆墙扩路给经济发展创造条件的过程，在城市扩建过程中，一些珍贵的建筑遗产以及建筑遗产周围的环境被大面积拆除，或者正在拆除过程中。而此时有一些专家、学者意识到了问题的严重性，以个人力量为基础，呼吁社会、呼吁政府，终于抢救了一批重要的历史文化名城，平遥、丽江等即在其中。在这样的情形下，知名学者、专家如阮仪三向国家呼吁不仅要保护单体文物古迹，更要从整体上保护历史文化名城。

1982 年 2 月，国务院公布北京等 24 座城市为我国第一批历史文化名城，后于 1986 年和 1994 年先后公布了第二批、第三批国家历史文化名城。此时的中国政府似乎并没有真正意识到保护历史文化名城必须要从“一整座城”入手，这也是导致后来对于历史文化名城整体性保护的方法与内容的分歧和争端的主要源头。梁思成先生从一开始就呼吁历史文化名城抑或古都都是需要以一座城为单位进行整体保护的，但这个想法对于当时的中国国情而言，既显得不合时宜又有心有余而力不足的无奈。在历史文化名城保护的问题上，从一开始就显示出城市整体规划的重要作用，而这个问题也是中国在后续的十几年间才逐渐意识到的。

1994 年 9 月，建设部、国家文物局共同发布了《历史文化名城保护规划编制要求》，进一步明确了保护规划的内容、深度和成果，成为编制历史文化名城保护规划的重要依据。

2005 年 10 月 1 日，《历史文化名城保护规划规范》正式施行，确定了保护原则、措施、内容和重点。

2008 年 7 月 1 日，《历史文化名城名镇名村保护条例》正式施行，规范了历史文化名城、名镇、名村的申报与批准。如果历史文化名城的布局、环境、历史风貌等遭到严重破坏的，国务院有权撤销其历史文化名城的称号。

历史文化名城制度自1982年设立以来已有35年的历史，在此过程中，历史文化名城制度对城市历史文化遗产的保护工作发挥了重要的作用，使城市历史文化遗产从最开始的保护单体文物古迹不断转向保护历史地段，进而保护和延续古城的格局和风貌特色，继承和发扬优秀历史文化传统。我国的《文物保护法》《城乡规划法》确定了历史文化名城保护的法律制度，并明确规定由国务院制定保护办法。当历史文化名城随着经济发展的车轮滚滚向前之际，许许多多的“历史”，有形的、无形的渐渐地被车轮碾压化为尘土，变得越来越少。作为整体的历史文化名城却再也不可能是一个历史性的整体，问题谈到这里的时候，凡是有历史责任感的人们，都意识到应该做些什么阻止或是放慢这种毁坏的进程。2008年，《历史文化名城、名镇名村保护条例》应运而生，但愿为时已晚。越保护反而破坏的速度越快，造成这种局面的原因就是城镇化速度的加快，全国各地的大小城镇都在加速经济发展，而古城或老城范围内的土地资源稀缺，必然会带来要发展还是要文化的两难局面。从1982年开始设立“历史文化名城”这个制度以来，理想的保护状态应该是“保留一座城，留住一份乡愁”，而实际的状态却是古城范围内拆迁的速度越来越快，越是大城市速度越快。在这样的状态下，必须要重新思考关于历史文化名城制度中一些基本问题是否合理，是否要随着时代的发展作出必要的调整，历史文化名城究竟要保护什么？是一整座城的风貌，还是零星存在的文物或街区？这真的是一个非常严峻的问题。

3. 2008年至今历史文化名城整体保护深化时期

历史文化名城必须要整体保护，这不仅仅是《中华人民共和国历史文化名城名镇名村保护条例》第21条明确规定的内容，更是早在20世纪90年代就有学者不断地呼吁“历史文化名城必须进行整体性保护”，但长期以来，整体性保护重视程度不够，相关法律虽有规定，但并没落实到位，以至于产生了许多现实问题，“千城一面”就是最大的恶果，历史文化名城很有可能在未来就是有名无实。如何解决这个世界性的难题，其问题的关键在于如何理解“历史文化名城的整体性保护”的内涵。

当前我国相关的法律法规以及政策措施虽然都在提倡整体保护，但由于没有将名城整体保护的内涵界定清晰，导致在实际操作过程中只注重了历史名城实体文化遗迹的保护工作的落实，而忽视了对历史文化名城空间要素的保护，因此导致整体保护流于形式，在2008年《历史文化名城名镇名村保护条例》已出台的情况下，历史文化名城的保护工作却仍然差强人意，甚至呈现每况愈下的趋势。

而实际上，对于这个保护对象应该进一步明确其内涵，历史文化名城三个层次的保护内容均属于对历史文化名城实体文化遗迹的保护，与此同时还应该保护历史文化名城的空间要素。只有赋予这三者历史文化空间的意义，才会产生历史空间环境意向，所谓的“乡愁”才会有所依据，人民的心灵才会有真正的归属感。因此，历史文化名城的整体性保护既要保护古城中的文物古迹、古街，更要保护其周边的历史环境，只有这样保护，历史名城的城市记忆才不会断裂、呈碎片状，历史文化名城的传统格局、历史风貌和空间尺度才会获得最大限度的保护。笔者认为，更为科学的历史文化名城保护对象应该是“由面至点”，面指历史文化名城的传统风貌和整体格局，点就是单体文物保护单位，而不提倡设置历史文化街区这个中间保护层次的保护对象，其作用只会适得其反。

历史文化名城的整体性保护对于中国而言，是一个充满历史使命感的事业，这项事业不仅关乎我们如何面对过去的历史，更关乎我们如何应对中国的未来。在全球化的过程中，如何在纷争的世界局势中处于不败之地，其最终的关键要素取决于是否自身具有生命力的文化因素。对于中华民族而言，历史留下的任何遗产都承载着悠久的历史文化精神和具有灵魂，建筑遗产作为遗产中的重要形式，更具有重要的传统文化生命力的传承意义。

第 3 节

依法护城的历史意义

一、 历史文化名城保护过程中存在的问题

保护历史文化名城就是围绕着保护传统格局和保护历史风貌开展的保护工作。从新中国成立后至今 68 年的发展历程中，总体的趋势就是因经济发展的需要破坏了历史文化名城的传统格局和历史风貌，这期间既有新中国成立后至 20 世纪 50 年代第一次经济复苏发展的需要，又有 20 世纪 90 年代至今第二次经济大飞跃发展的现实所导致的对历史文化名城的风貌破坏。其主要表现在以下几方面：

（1）由于保护措施不力，管理不到位，过度开发和不合理地利用，许多重要的历史文化遗产正在消失，传统格局和历史风貌遭到严重破坏。

（2）保护规划的编制、修改工作之后，规划缺乏科学性和合理性，权威性不够。

（3）市政基础设施落后，历史建筑年久失修，居住环境差，甚至存在很大的安全隐患。

（4）对于破坏传统格局、历史风貌和历史建筑的违法行为，缺乏相应的法律责任。

上述存在的问题可以归结为一种社会现象，就是“建设性破坏”，所谓“建设性破坏”是指在城市发展过程中为了追求经济建设的高速发展而忽视对历史文化名城的保护的现象，也是历史文化名城保护过程中存在的最大的问题和威胁。我们身处城市之中，更是深有感受。这也是造成历史文化名城的整体性保护不足的原因所在。在“建设性破坏”浪潮的过程中出现了大量城墙被拆除、老城区内扩建大量道路建设工程、老城区内建设大量楼堂会馆、城市特色被“千城一面”逐渐取代等现象，造成上述现象的根本原因就是在保护历史文化名城的过程中由“无法可依”向“有法不依”愈演愈烈的过程。

因此，在回答了“什么是历史文化名城”“要保护历史文化名城的什么内容”之后，最重要的问题就是该如何保护历史文化名城。而建立一个良性的可持续发展的保护制度便是保护历史文化名城的关键所在。

二、 依法护城是保护历史文化名城的历史必然趋势

大家都知道中医是一种医疗方法，但是大家却未必都能理解，中医还是一种哲学理论，这个理论的核心问题是“人的身体是一个完整的系统”。既然是一个系统，那就按照系统论的角度来看待人的身体出现的病症，因此也就导致了中医重在调理、平衡身体的状态，而西医更注重“头疼医头、脚疼医脚”的局部诊疗方式。在中国古代的城市规划思想中，城本身也是被看作一个完整的整体，城墙、街道构成的格局是它的骨架；城中的建筑是支撑它的骨骼，生活于其中的人民是其血肉，而这一切构成的城市氛围也就是我们称为“风貌”的事物，即城市的精神。所以我们不难理解，为什么来到北京的人们，会为皇家的恢弘气魄所震撼；而去到上海的时候就会被精致的海派浪漫优雅的情调所吸引；去到山西平遥的时候，朴素的北方城市特有的敦厚朴实、实用经济的建筑风格则会跃然眼前。诸如此类，都是因为城市是有灵性的，保护历史城市就应该以对待人的方式去面对它，而不能不顾它的感受一味地为了追赶经济利益而拆掉旧的、建设新的，这样毁掉的既是城市本身的记忆，也有生活其中的世世代

代人们的故乡的记忆。

在后文的论述中将涉及三个城市：平遥、北京、大同。这三个城市从20世纪50年代的经济建设开始，直至世纪初的50多年中，作为历史文化名城它们都经历了自己独特的拆城历程，有的城市如平遥就被及时地阻拦了拆城进程，完整地保留下来，变成了世界遗产城市；有的城市虽然也经历了被阻拦的过程，但是阻拦的人付出了极大的代价，最后却也无果而终，如北京,；因此导致北京在后来申报世界文化遗产过程中失意淘汰，其原因就在于它失去了作为世界历史文化遗产的最主要的特征——历史遗存的完整性；相较而言，大同这座城市最具典型性，它是第一批历史文化名城入选者，所排地位非常靠前，在当时的申请名单中的第三位，半个世纪过去了，2007年之前大同却变成了一个早已失去其独有的历史面貌的文化名城。阮仪三先生也曾经希望能够挽救大同，但是还没等他插手其中，古城的城墙、城市肌理已经迅速遭到了彻底的毁损，随着经济建设的发展，大同古城内已完全看不到旧有的格局和面貌。2008年，以政府推进的“古城修复计划”开始了重建大同古韵的浩大工程，2017年，城墙正式合璧，古城内的多个古迹均在原遗址上获得了复建和重建。这是一次旷世的大工程，文物保护专家、政府以及百姓对这次工程的看法完全不同，其原因在于各自所取的角度和立场均有不同。

但其中可以肯定的一点是，历史文化名城的保护一定与经济建设相矛盾，而怎样解决这个矛盾，怎样平衡因这个矛盾所产生的“城市病”，笔者认为以中国古代中医的思维方式去寻找解决途径，要比完全地借鉴西方的经验更具有可行性。如果一定希望从外来文化中学习些什么内容，笔者认为学习其中的保护精神比学习具体的保护方法更符合国情。

因此，反思当前已有的历史文化名城的保护制度，提高名城整体性保护的力度，加大对历史名城空间要素的保护，营造各具特色的历史文化名城空间环境意向，才能从根本上让历史文化名城活起来、活下去。“让历史文化名城保护走上法治轨道”，是历史文化名城整体保护落实到位的基本制度保障。①

“法治”一词，区别于“法制”，更强调运用宪法、法律治理国家，依托公民自觉的法律意识、健全的法律心理形成的一个社会系统工程，在法治中除了“法律制度”还有法律文化或法律观念。因此，法治更强调一个动态的依法治理国家的模式。在中国当下的语境中强调“法治”，则意味着从上而下和从下而上同时孕育一种“依法治国”的理念，这种理念的核心问题就是恰当地运用权力、规范权力，从而更好地为民众服务，保持良好的政治秩序和政治稳定。在建筑遗产领域强调依法治理虽然不是中国特有的模式，但是鉴于中国当下紧迫的建筑遗产的破坏趋势，只有通过法治模式才能够为渐渐消失的珍贵的建筑遗产寻找到更有效、更规范化的保护模式。这也是在本书中强调的“法治”的真正意义所在。

图 1-11　鼓浪屿重点历史风貌建筑标识（石磊拍摄于 2014 年）

① 2002 年 9 月 19 日《北京日报》焦点新闻“让历史文化名城保护走上法治轨道”——北京市规划委员会负责人谈《北京历史文化名城保护规划》，文中也提到了保护规划中的重点，其中第一条就是“要从整体上保护北京旧城”，具体体现在历史水系、传统中轴线、皇城、旧城“凸”字型城廓、道路及街巷胡同、建筑高度、城市景观线、街道对景、建筑色彩、古树名木等 10 个方面的内容。

图 1-12　哈尔滨历史建筑标识（石磊拍摄于 2014 年）

· 第二章 · 平遥历史文化名城的整体性保护

“（平遥）……这样一座不大的城市，拥有这么多的珍贵文物和古建筑，且历经浩劫未遭损毁，真是难得。尤为重要的是平遥县城从城墙到城内街道、住宅、庙宇、楼塔，基本上保存了较为完整的古代城市格局和风貌，更难能可贵。”

——阮仪三《古城笔记》

第1节

平遥历史文化名城保护完整的传统格局和历史风貌

一、 平遥古城的传统格局

平遥县位于山西省晋中地区南部，东连祁县，北接文水，西临汾阳，南靠沁源，西南与介休接壤，东南与武乡、沁县毗邻。① 平遥始称“古陶”，相传县城附近为帝尧的封地。其始建于西周宣王时期（公元前 827 年—公元前 782 年），春秋时代为晋国古邑，战国时为赵地。秦统一六国后废封国立郡县，在文水县境内置县平陶。西汉时又在现境内置京陵、中都二县；经三国、两晋，北魏时中都县迁至榆次县境，移平陶县至此地。后因避讳太武帝拓跋焘名（“焘”音同“涛”），改称平遥县，京陵县废至平遥，遂成现在的建制，至今已有 1500 余年的历史。

现存的平遥古城重建于明洪武三年（公元 1370 年），基本保持了原有格局。于景德、正德、嘉靖、乾隆和万历年间进行过 10 次的补建和修葺，完善为砖石砌面，并筑瓮城，建吊桥于六门外。康熙、道光、咸丰、同治、光绪各时期均进行过大的修理，才得以保存至今。古城平面呈正方形，占地约 2. 25 平方千米，东西北三面基本为直线，“唯南面顿缩崛纮，

① 宋昆，张玉坤．古城平遥［M］．北京：中国建筑工业出版社，2016：5.

若龟状”，以中都河蜿蜒而建。城墙周长6100余米，墙身底宽9~12米，顶款3~6米，高6~10米不等；墙内为素土夯实，外包砖石，顶面铺砖；顺内侧墙有排水沟至墙下。城墙上外侧砌有高2米的垛口3000个，内有女儿墙高0.6米；每隔40~100米，筑有向外突出的墩台——马面，可供瞭望及发射侧火力。在马面之上设有供士兵避风雨、驻兵器之用的小屋，称堞楼。全墙共筑有马面72个，堞楼71座（其中一座马面之上为魁星楼），与3000个垛口一起，据说是象征孔夫子七十二贤人和三千弟子，其中由于子路尚武，被孔子列入别册，因此不在贤人之列，故为71堞楼。城墙现有瓮城6座，在下东门瓮城建有关帝庙，原有的6座城楼和4座角楼均已不存，城墙东南隅原建有魁星、文昌二阁楼，均已毁坏。而后在原址上新建一魁星楼。城墙外四周有宽深各4米的护城河，沿河遍植杨柳。

图13　平遥的古城墙
（石磊拍摄于摄于2017年）

图2-2　平遥的市楼（石磊摄于2017年）

图2-3　平遥传统街道（石磊摄于2017年）

平遥城内的重点民居，大多建于公元1840—1911年。民居建筑布局严谨，轴线明确，左右对称、主次分明、轮廓起伏，外观封闭，大院深深。精巧的木雕、砖雕和石雕配以浓重乡土气息的剪纸窗花，惟妙惟肖、栩栩如生，集中体现了公元14~19世纪汉民族的历史文化特色，对研究这一时期的社会形态、经济结构、军事防御、宗教信仰、传统思想、伦理道德的人类居住形式具有重要的参考价值，是迄今为止汉族地区保存最完整的古代居民群落。

图2-4　平遥民居1

图2-5　平遥民居2

图2-6　平遥民居3

图2-7　平遥民居4

图 2-8　平遥民居 5

图 2-9　平遥民居 6

图 2-10　平遥民居 7

图 2-11　平遥被改造为民宿的民居

平遥古城素有“龟城”之称，比喻长生不老，固若金汤。据传古城六座城门各有象征和寓意；南门（迎薰门）为龟头，面向中都河，可谓“龟前戏水，山水朝阳，城之修建，以此为胜”。南门外原有两眼水井，喻为龟之双目；北城门（拱极门）为龟尾，是全城最低处，城内所有积水都经此流出。东西四座瓮城两两相对，上西门（永定门）、下西门（武仪门）和上东门（太和门）的外城门向南而开。形似龟之三脚向前屈伸，唯有下东门（亲翰门）的外城门径直向东而开，据说是古人建造城池时，怕“龟”爬走，而将其左右脚拉直，并用绳索绑好，拴在距城 8 千米处的麓台塔上。这真的是一个美好的传说，龟在民间信仰中有着长生不老、福禄高寿的象征，以城市附会龟形，也是一种美好的愿望，取吉祥之意以表达良好愿望。

自明清以来，平遥未经战火，而近几十年，整个平遥城由于工业、交通不发达，也较少有建设活动，街道房舍也没有拓宽翻修。在“文化大革命”的浩劫中，由于平遥县较为偏远，没有外地“红卫兵”的干扰，居民们也都精心保护他们祖传的房屋，将房檐上的木雕花饰、墙上的砖刻等用黄泥涂抹掩盖，防止了那些无知的狂热分子的破坏，使这座城市从里到外，基本上保存了明清时期的风貌，这在全国城镇中是为数极少的。① 山西平遥被称为“保存最为完好的四大古城”之一，也是中国仅有的以整座古城申报世界文化遗产获得成功的两座古城市之一。平遥古城是中国汉民族城市在明清时期的杰出范例，在中国历史的发展中，为人们展示了一幅非同寻常的汉族文化、社会、经济及宗教发展的完整画卷。

二、 平遥古城历史风貌的保护过程

对于世界而言，平遥最伟大的价值就是完整地保护了一座明清风格的古城，并在现代化的进程中完美地保留了她优雅的底蕴和内涵，更重要的是它同时保护了居住于其中的人的生活方式，再现了悠悠历史中平遥古城

① 阮仪三著．古城笔记［M］．北京：同济大学出版社，2013：219.

的魅力和历史的精华，这也是整体性保护的价值所在。文化构成是历史文化名城的精神与灵魂所在，完美地保存了历史文化名城必定会实现历史文化名城的整体性保护。平遥古城的存在就充分地证明了历史文化名城保护是一个整体性的系统工程。

平遥古城为什么会如此完好地保存下来？同一时期中国许多的县城都曾经修建过这种完整的古城，能够保留至今确实不是一件容易的事情。阮仪三先生在他的《护城纪实》中详尽地介绍了这一段来之不易的保护经过。[①] 1981 年初，同济大学建筑系接受山西省建设委员会的委托去榆次市做城市总体规划工作。而此时的平遥有了大力发展经济建设的“宏伟”计划，在当时的“平遥县总体规划”中计划在古城中间开几条纵横交错的大马路，城中心也要开辟广场，在原有的市楼周围做成环形的交叉口，还要建设新的商业街。而当时的山西省建委建议专家们顾问一下，阮仪三先生一行专家立即赶到平遥，当时的古城西部已经按照这个规划正在实施，城墙上已经扒开了一个口子，马路也正在拓宽，拆去了大约 180 米左右道路两旁的传统民居，当时的文管所负责人说拆除的全部是明清时代的老房子。这个所谓的按照“规划”的拆除行为就是今天所讲的“建设性破坏”。当时的专家们立即向平遥县政府建议停止拆除工作，并且和山西省建委商定由专家来做“平遥县总体规划”。而这份新规划中明确指出：“平遥古城是不可多得的重要历史文化遗产，必须给予很好的保护，而这种保护应该是整体性的。”同时规划中为了满足古城内人民生活改善的需要，在不破坏古城格局的前提下，开通了一条环形的车行道，也安排了给排水及电力、电讯工程管网等。更为重要的是“平遥县总体规划”中第一次真正落实了“新旧截然分开，确保老城，开发新区”的建设方针，在古城的西面和南面开辟了一块新区，城市新的建设和发展全部放在新区进行推进。

这份规划是专家学者在顶着艰苦的条件努力争取的情况下，引起了原建设部高级工程师、当时全国政协城建组组长郑孝燮老先生，以及文化部

① 阮仪三著．护城纪实［M］．北京：中国建筑工业出版社，2003：17-27.

高级工程师、当时全国政协文化组组长罗哲文的支持与共鸣，他们先后考察平遥并引起省和县领导的重视，山西省也很快批复了这个规划，并要求平遥县的建设要按规划实施。在罗哲文先生的斡旋努力下，文化部又拨专款供平遥修复城墙，这样平遥古城总算保留了下来。这也成为历史上“刀下留城”的文保佳话。郑孝燮先生对平遥保护古城规划方案上的评议意见是：“这个规划起到了‘刀下留城’的作用，为保护祖国文化遗产作出了重要贡献。”

为了很好地实施保护古城的规划意图，提高平遥县技术干部的业务水平，阮仪三先生主持的同济大学城建干部培训中心连续几年免费和优先邀请平遥有关干部来参加城建局长班和历史文化名城班培训，先后有十多个干部来学习过，这些人后来都成为了保护古城的骨干。在阮仪三先生亲自整理资料、竭力推荐的努力下，1986 年平遥成为第二批国家级历史文化名城。在这个过程中，来平遥旅游参观的人越来越多，古城里的县招待所要扩建成四层楼的现代楼房。以及当时设在文庙里的平遥中学要建五层楼高的教学楼，都被阮仪三先生阻止了。房子被降了两层，没有破坏古城风貌。在这样的努力下，1997 年平遥申报了世界文化遗产，并被评委会一致认为平遥古城完整地保留了明清古建筑的原有风貌和格局，成功地入选了世界遗产城市名录。

平遥古城得以完整保存的过程是一个惊心动魄的抢救过程，在这个过程中，以阮仪三先生为首的专家学者发挥了极其重要的作用，某种程度上可以称为在危难中抢救了这座珍贵的古城。当时出现的问题也说明考古专家、文保专家意识到平遥古城的珍贵历史价值，而地方政府并没有意识到古城的价值，其原因很简单，政府并不具有欣赏平遥古城审美价值的能力。后来在专家学者的推动下，山西省政府意识到了保护平遥古城的意义所在，并推动了专家学者在保护古城过程中的作用比例，增强了学者们参与保护古城的力度。因此说明了在古城保护过程中政府职能履行的重要作用。

试想如果当时平遥政府并没有邀请同济大学的专家们来做城市总体

规划，专家们也就不知道平遥古城可能会被毁灭性地破坏，而当时的地方政府并没有能力判断这座古城的“美感”，即便有人知道，也会为了经济发展的需要而放弃保护古城，那么平遥古城的传统格局和历史风貌必然会为经济建设所损坏。幸运的是，当时有良知、有社会责任感和使命感的一大批学者努力地为地方政府培养着这种审美能力，无论是出于主动地培养还是被动地学习，对于平遥古城以及中国的城市发展历史来说都是一次极其幸运的历史机遇。

因此，培养政府及民众的美感才是保护这座历史文化名城的重要基础，只有这样，作为历史主体的人才会自发地在任何情况下都努力保护自己的历史，就算面对经济发展的极大诱惑，依然可以不动摇这份最初的良知。

第2节 平遥历史文化名城整体性法律保护的成功经验

平遥历史文化名城保护的成功经验说明了两个问题：第一，中国的历史文化名城必须整体保护；第二，历史文化名城保护过程中政府职能的完美履行是根本条件。

一、历史文化名城保护是一个审美范畴

城市是审美对象之一，城市美是真实存在的，面对城市我们依然会产生一种称为“美感”的感受。“经过精心规划和设计而具有强烈个性特色的城市艺术形象的城市，在城市美的层次上是最高层次的。”① 一个能够引起美感的城市大致应具备以下五个方面的基本条件：第一，美的景色；第二，良好的城市面貌；第三，给人以美好的城市印象；第四，具有感人的城市形象；第五，成功的城市艺术形象。何为美？美，必出自内心，是基于对事物真实性基础之上的主观判断，其对立面为丑。人面对美的时候都会产生审美的过程，满足人的内心的需求就会进行对“美”的判断。一座优美的城源自于它带给游人赏心悦目的美和心灵的安宁。当我们跋山涉水满怀期待地来到梦寐以求的城市时，多么期待迎接我们的是我们梦境中这

① 马武定．城市美学［M］．北京：中国建筑工业出版社，2005：20.

个城市最美的样子，而这个最美的样子就是以文化底蕴为依托、以文化魅力为表征。现实中随着经济的快速发展，“千城一面”的城市发展现状却令人感觉差强人意。城市和美人相似，西施与貂蝉，其气质、谈吐，一笑一颦又怎能以完全相同的面貌昭于世人，之所以成为绝世美人，必定由于她不同凡俗的超脱气质和绝世姿色，这些对于一个城市而言，就是文化。

历史文化名城就是一个审美范畴，历史文化名城的发展必然是“得文化者得天下”。这里的文化既包括历史文化名城的物质文化——城墙、庙宇、钟鼓楼、历史街区、城市格局等，同时也包括历史文化名城的精神文化——包括传统工艺、艺术形式等等。历史文化名城的价值以及灵魂就在于名城本身保留下来的文物古迹、城市整体格局以及各个时期遗留下来的城市发展遗迹，这些要素的完整才能保证历史文化名城价值的完整。在《中国文物古迹保护准则》（2015 年）第 39 条中规定，“历史文化名城、名镇、名村的保护：除了对文物古迹各构成要素的保护，还须考虑对整体的城镇历史景观的保护。保护不仅要考虑城市肌理和建筑体量、密度、高度、色彩、材料等因素，同时也应保护、延续仍保持活力的文化传统。从环境景观的角度还需考虑对视线通廊、周围山水环境等体现城镇、村落选址、景观设计意图等要素的保护。”《历史文化名城名镇名村保护条例》第 21 条也明确规定：“历史文化名城、名镇、名村应当整体保护，保持传统格局、历史风貌和空间尺度，不得改变与其相互依存的自然景观和环境。”这就是历史文化名城整体性保护，基于人的审美需求以及古城存在的基础，历史文化名城的整体性就是对它审美过程中最直接的载体。

对于中国这样一个政府主导型的国家而言，在推动历史文化名城保护的过程中，需要推行这个策略的主导者必须具有足够的审美层次以及自觉审美的要求。也就是说，政府所具有的审美程度直接决定着其所产生的保护策略是否具有真正意义上的保护价值。

1986 年 1 月 10 日，在厦门市八届人大常委会第十八次会议上，时任厦门市委常委、副市长的习近平提出，需要警惕对历史文物的“建设性破坏”，“厦门是不能以这种代价（指“建设性破坏”）来换取其他方面发展的”。1990年4月，习近平主政具有2000多年历史的国家历史文化名城——福州之后，保护历史文化名城、保护文物及文化遗产工作在习近平心中的分量更重了。1991年3月10日下午，在“三坊七巷”召开的市委市政府文物工作现场办公会上，时任福州市委书记习近平说：“评价一个制度、一种力量是进步还是反动，重要的一点是看它对待历史、文化的态度。要在我们的手里，把全市的文物保护、修复、利用搞好，不仅不能让它们受到破坏，而且还要让它更加增辉添彩，传给后代。”1992年1月24日，福州城市建设如火如荼之际，习近平在《福建日报》上发表署名文章《处理好城市建设中八个关系》，高屋建瓴地论述了推进城市建设这项“复杂的社会系统工程”，必须妥善处理好的八个关系：“上与下、远与近、旧与新、内与外、好与差、大与小、建与管、古与今”。其中，“古与今”着重论述的是如何处理传统历史风貌保护与现代城市建设的关系。习近平说：“我们认为，保护古城是与发展现代化相一致的，应当把古城的保护、建设和利用有机地结合起来。”那几年，福州市城建提速，为历史名城增添了现代都市的色彩，但是并没有破坏“三山两塔”的基本格局和“三坊七巷”的古城风貌。正因为较好地处理了“古与今”的关系，才有了相得益彰的结果，即历史名城在发展中得到保护，在保护中得到了发展。担任福建省委副书记、省长之后，习近平对文物和文化遗产保护工作依然念之挂之，在日常繁忙的工作中仍时不时亲自过问。2001年10月，部分省政协委员赴泉州、漳州两市视察文物和文化遗产保护工作，形成了调研报告，指出问题，并提出建议。习近平阅后做出批示：文物是历史的见证，保护文物就是保护历史；文物是珍贵的不可再生资源，保护文物就是促进经济和社会的可持续发展。

2002年4月，时任省长的习近平欣然为福州市知名文物学者、曾任福州市文物局局长的曾意丹所著的《福州古厝》一书作序。他在序中写道：“保护好古建筑、保护好文物就是保存历史，保存城市的文脉，保存历史文化名城无形的优良传统。”值得注意的是，习近平在《福州古厝》的序言中还特意地提出：“保护好古建筑有利于保存名城传统风貌和个性。现在许多城市在开发建设中，毁掉许多古建筑，搬来许多洋建筑，城市逐渐失去个性。在城市建设开发时，应注意吸收传统建筑的语言，这有利于保持城市的个性。”2014 年 10 月 15 日，习近平总书记在北京主持召开文艺工作座谈会时曾说“不要搞奇奇怪怪的建筑”，引发广泛关注，很多人期待像北京这样的中心城市今后不要再出现与城市品位和风貌不协调的奇形怪状的建筑。回首观望，习近平在这方面的思考可谓一脉相承、一以贯之。

2014 年 2 月 25 日，习近平总书记在北京考察工作时强调：“历史文化是城市的灵魂，要像爱惜自己的生命一样保护好城市历史文化遗产。”是的，如果每个人都像爱惜自己的生命一样保护好城市的历史文化遗产，那我们的“乡愁”就真的是有所依托了。

二、 历史文化名城整体性保护中政府职能的完美履行

平遥古城的保护是一个漫长的历史发展过程，其中可以充分证明以下几个问题：

1. 明确政府保护历史文化名城整体性的重要职能

政府职能也叫行政职能，即行政主体作为国家管理的执法机关，在依法对国家政治、经济和社会公共事务进行管理时应承担的职责和所具有的功能。它体现着公共行政活动的基本内容和方向，是公共行政本质的反应。政府职能在公共行政中的重要地位主要表现为：政府职能满足了公共行政的根本要求；政府职能是公共行政的核心内容，直接体现公共行政的性质和方向；政府职能是政府机构设置的根本依据。同时政府机构是政府职能的物质载体。政府机构的设置必须依据政府职能这一重要标准；政府职能转变是行政管理体制和机构改革的关键。机构改革必须要根据政府职能的变化来进行，首先确定政府职能的增、减、分、合，去粗再相应地进行政府机构的调整和改革；政府职能的实施情况是衡量行政效率的重要标准。公共行政的最终目标在于追求行政效率的不断提高。检验行政效率高低的标准，就是整个政府职能发挥的好坏。

政府职能的作用包括：政府职能规定了国家行政活动的基本方向、政府职能是建立行政组织和进行机构设置、人员配备的最基本依据，行政职能的变化必然带来行政机构、人员编制以及运作方式的调整或改造。而政府职能包括政治职能、经济职能、文化职能与社会职能。

历史文化名城整体性保护则是上述职能的综合体现。保护历史文化名城首先是保护一个城市的文化传统、延续其历史文脉，在搞好文化建设的情况下，历史文化名城所具有的独特风貌会转化为一种最好的有形经济效益的来源，在此过程中，市民的公共素养都会有大幅度的提高，对于城市整体的发展都是极有意义的。从一个城市长远的发展战略而言也是最佳的可持续发展模式。一个城市的政府的审美水平、历史涵养直接决定了这个城市对待历史的态度。平遥古城的保护与发展便充分证明了保护与发展并不是一个相悖的过程，而是一个相互促进的过程。

2. 依法做好城市总体规划至关重要

在 1982 年编制的“平遥县城总体规划”中，确立了全面保护历史风貌的总体规划原则，从而使全面保护古城初步走上了立法保护和系统操作的新的历史阶段。平遥古城的面积为 2. 25 平方千米，全面保护就意味着不仅要保护这 2. 25 平方千米范围内的整体古城风貌，同时要使古城具有地方特色历史文化。在这个过程中整治环境，清洁市容市貌、拆除违建、清理拥挤杂乱的居住环境也是规划中必须包含的内容。

1986 年，平遥公布为国家级历史文化名城后，根据新的标准和要求，于 1989 年重新编制了“平遥县历史文化名城保护规划”，1992 年作了部分内容的调整，使规划不断地完善与深入。古城保护规划包括保护区规划、高度规划、街巷规划、典型民宅保护规划及文物古迹保护规划五项内容。①平遥保护规划在遵循原城市总体规划的前提下，对城市结构进行了调整，保护了古城外部空间环境和生态环境，从而形成了良好的城市布局结构，

① 阮仪三，王景慧，王林．历史文化名城保护理论与规划［M］．上海：同济大学出版社，1999：145.

不会使古城被新区发展所包围和穿越。整个城市形成了古城区、西关区、东关区和城南区，各区之间以绿化、河川进行隔离，城北形成视野开扩区。

1994 年 12 月，根据保护规划内容撰写了《平遥古城保护条例（试行）》并开始实施，从而使平遥古城保护完全纳入了法制轨道，开始全面实行古城的法规保护与法制管理。

1996 年，平遥古城申报世界历史文化遗产，1997 年 12 月 3 日获得联合国教科文组织批准被确定为世界文化遗产，平遥古城，列入《世界遗产名录》。在平遥古城的保护过程中，运用规划的核心地位，不断巩固和强化规划的龙头作用，始终坚持规划先行，以规划促保护、以保护促发展，使平遥古城这一全人类的宝贵财富得到了有效的保护和合理的开发利用。

1998 年，山西省人大常委会颁布了《山西省平遥古城保护条例》，这是全国第一个针对世界遗产的地方性法规，以此为纲领，先后投资 1000 余万元，共编制完成了《平遥县县城总体规划》《平遥县历史文化名城保护规划》《平遥古城基础设施专项规划》《平遥古城环城地带修建性详细规划》《平遥旅游服务基地修建性详细规划》《平遥旅游目的地发展规划》等规划，逐步形成了较为完整的遗产保护规划体系，使古城保护逐步走上科学轨道。《平遥古城保护性详细规划和管理规划》作为遗产保护和利用规划体系的重要组成部分，从而弥补古城保护和管理上的不足，更具操作性和实用性，对遗产保护具有非常重要的实际指导意义。

3. 增强政府的城市美感是保护历史文化名城整体性的重要保障

在“刀下留城”的平遥古城保护的过程中，对政府的城市美感的培育是保护平遥古城免受经济建设大潮影响的重要基础和保障。20 世纪 90 年代正是山西省的“黑金时代”，发展煤炭产业靠挖煤富裕起来一大批亿元县。当时的平遥政府也曾经有发展煤炭产业的冲动，但是时任县领导不忍心破坏古城，“怕成了千古罪人”。尽管当时平遥的经济总是排在晋中地区的倒数几名，机关单位甚至一度发不出工资，但是平遥政府依然顶着这样的压力一路走下来，保护了完整的平遥古城。自秦汉实行郡县制以来，县治就是统治的基础单位，对外筑高墙御辱，对内建民居安民，这样的县城曾经布满了华夏大地，而大多数的历史文化名城都是这样的“城”。但是如今只有平遥幸存了下来，变成了历史的“孤本”，仿佛历史的洪流只绕过了这座四方城池。其他一些古城也有足够的机会幸存下来，如苏州、开封、商丘、大同等，但是他们都没有把握住历史留给他们的良好机遇，古城都遭遇到了或多或少的破坏，其中开封、大同是最严重的。

2017 年 5 月，平遥全县再次展开一场“拆违治乱提质”的攻坚行动，要用砖灰喷料喷涂 3 万多平方米的彩钢瓦、阳光板。这样的举措目的就是为了消除“干”字型商业街上的临街搭建，这些违建破坏了古城应有的原生态商业风貌，带来了全国旅游景区常见的庸俗形态：非洲鼓、泰国芒、哈尔滨冰棍和形形色色的酒吧。保护古城重在保护它的周边历史环境，这才是整体性保护的核心所在。现任平遥县县长石勇先生说：“如果任由发展下去，平遥就会越来越像丽江的样子，越来越像阳朔的样子，越来越不像自己的样子。”建设平遥、保护古城，把它建设成一座“文化之城”才是长远之计，只有文化的依托才会使经济发展变为可持续发展模式，才会使子孙后代都可以拥有一个共同的平遥、谋划各自的未来。从 2011 年开始《又见平遥》就被确定为山西能源大省向文化大省转型的标杆项目之一。凡是去平遥旅游的人都会选择去观看这场大型实景演出，并被其中所蕴含的晋商文化和深厚的儒家精神所感染，在某一瞬间，观者都会有穿越回明清时期的历史荣誉感。而剧场本身也是为了保护古城的控高要求，剧场主体下沉 6 米，像是埋在了地下，却成了保护古城的一段佳话。

在我国现阶段历史文化名城的保护过程中，依然上演着地方政府为了经济舍弃文化的悲剧与闹剧，拆除单体文保单位、破坏历史古城的整体风貌的事件也屡见不鲜。如果按照一种理想主义的做法，把城市美感的观念注入到政府的执政理念中，那么保护历史文化名城及其整体性就不会再是一个看上去很美的理想了。

在历史留给我们的千年古城面前，我们每一个人都是过往的旅客，有幸身临其境地感受她的曼妙，更有责任保护她的永恒的美。而在中国这样的行政主导型国家中为了保护好我们共同的历史遗产，增强政府的履职能力和履职美感就是重中之重的大事，平遥为我们开启了完美的开端，也成为历史文化名城保护过程中作为政府角色的表率。

附：

山西省平遥古城保护条例

（1998年11月30日山西省第九届人民代表大会常务委员会第六次会议通过）

第一章　总　则

第一条　为全面保存、保护、恢复和展示列入《世界遗产目录》的平遥古城，根据国家有关法律、法规的规定，结合本省实际，制定本条例。

第二条　本条例所称平遥古城是指平遥古城墙及其以内的文物古迹、传统建筑、街巷风貌、古树名木，以及古城墙以外的按照规划确定的保护范围和建设控制地带，包括镇国寺、双林寺在内。

前款所称传统建筑是指尚未列入文物保护单位的，具有历史文化价值的民宅、商号、寺庙、祠堂等建筑物、构筑物。

传统建筑由平遥县人民政府会同省有关部门根据国家和省的有关规定予以鉴定确认，并设置明显保护标志。

第三条　平遥古城内的任何组织和个人及进入该区域内的任何组织和个人均须遵守本条例。

第四条　省人民政府应加强对平遥古城保护工作的领导，将其纳入国民经济和社会发展计划。

第五条　平遥县人民政府全面负责平遥古城的保护和管理工作。

省建设、文物行政部门按照各自的职责负责对平遥古城的保护、监督工作。

第六条　平遥古城保护应遵循“永久保存、永续利用”的原则，实行统筹规划，分级管理。

平遥古城保护应注重对具有地方特色的传统文化的保护、挖掘与发展。

第七条　平遥古城保护、维修、管理经费分别列入山西省、晋中地区行署、平遥县财政预算，并吸纳符合国家规定的拨款和资助。

第八条　任何组织和个人都有保护平遥古城的义务，并有权对损坏平遥古城的行为进行检举和控告。

第九条 省人民政府、平遥县人民政府应对保护、维修、研究、开发、利用平遥古城作出突出贡献的组织和个人给予表彰、奖励。

第二章 保 护

第十条 平遥县人民政府负责组织编制《平遥古城保护规划》(以下简称《保护规划》),经省人民政府批准后予以公布实施。

第十一条 平遥古城保护按照全面保护、突出重点的方针,实行分区、分级保护。保护范围划分为绝对保护区,一、二、三级保护区,一、二级建设控制地带和一、二、三级保护街巷。

第十二条 分区、分级保护应遵循下列标准:

(一)绝对保护区内严格按照文物保护法的规定保持传统建筑的原状。

(二)一级保护区内不得改变传统建筑的群体布局、形体、空间风貌、材料和色彩。

(三)二级保护区内保护现存传统建筑的布局和风貌,新建建筑物应与古城风貌相协调。

(四)三级保护区内保护传统建筑的布局和风貌,拆除或改造不协调的建筑物和构筑物。

(五)一级建设控制地带保留现有农田和北城居民新村,逐步拆除该地带内的其他建筑物和构筑物。

(六)二级建设控制地带建筑密度控制在20%以下,绿化覆盖率应达到40%,建筑物高度形成梯度变化,即建筑物高度不超过建筑物距古城墙马面外散水边缘距离的0.06倍。

(七)一级保护街巷内保持沿街建筑外观,不得改变其立面形式、色彩和建筑材料,对已经改动的要逐步恢复传统特征。

(八)二级保护街巷内对不协调建筑物、构筑物逐步进行拆迁和改造,恢复传统建筑形式。

(九)三级保护街巷内保留传统建筑,新建、改建建筑物应同古城风貌和周围建筑物相协调。

第十三条 平遥古城内传统建筑中的民宅实施分类保护,对其中的典型民宅应建档、挂牌,并制定保护修复计划,保持其建筑外观。院内不得擅自拆除、改造和新建。

鼓励对传统建筑进行保护维修和开发利用。

第十四条 平遥古城内现有空地和拆迁后腾出的空地应逐步绿化，任何组织和个人不得擅自新建建筑物和构筑物。

平遥古城内的古树名木严禁采伐。

第十五条 平遥县人民政府各有关部门应按照各自职责对平遥古城的防火、防盗、防震、防汛等采取有效措施，保障平遥古城安全。

第三章 管 理

第十六条 平遥古城城门入口处和镇国寺、双林寺设世界遗产保护标志，国家、省、县级重点文物保护单位设重点文物保护标志。任何单位和个人不得损毁保护标志。

第十七条 平遥古城内的县级以上重点文物保护单位按照文物保护法和有关法律、法规的规定实行分级管理。

第十八条 平遥古城内现有建筑物、构筑物的改造、拆除及一切新建项目实行分级审批制度。未经批准，不得改造、拆除和新建。

第十九条 经批准的建设项目，应先进行文物调查或勘探。勘探费用列入建设单位工程预算。

第二十条 平遥县人民政府对平遥古城内单位和个人拥有的传统建筑，享有优先购买权。

对使用国家所有的传统建筑的单位和个人，不按要求采取保护措施的，平遥县人民政府可以责令搬迁。

第二十一条 平遥古城内禁止建设新的工业企业。现有工业企业应按要求进行逐步改造或搬迁。

第二十二条 平遥古城内的单位和个人应积极保护环境，推广应用低污染燃烧技术。户外饮食业经营者应采用型煤、液化石油气、煤气、电等清洁能源，禁止直接燃烧原煤。

第二十三条 平遥古城内应加强垃圾网点的标准化建设，推行生活垃圾袋装化。禁止在街道上堆放粪肥。

第二十四条 平遥古城内禁止焚烧沥青、油毡、橡胶、塑料、皮革等产生有毒有害烟尘和恶臭气体的物质。

第二十五条 平遥古城内沿街广告应与古城风貌相协调，设立沿街广告应经县建设行政部门审批。禁止在沿街建筑物、构筑物、设施以及树木上涂写刻画或者未经批准张挂、张贴宣传品。

第二十六条　任何单位和个人不得擅自占用道路摆设摊点、堆物作业和进行其他妨碍交通的活动。

第二十七条　平遥古城内现有的地上通信、输电杆线应逐步转为地下管线。

第二十八条　平遥县人民政府应逐步改善平遥古城内道路交通状况。有关部门应对进入车辆实行交通限制。

第四章　利　用

第二十九条　平遥古城的保护与利用应遵循开发新区、保护古城、合理利用、发展经济的原则，鼓励国内外投资者投资开发新区、保护利用古城资源、发展旅游业及相关产业。

第三十条　开发新区、疏散古城内的产业和人口。平遥县人民政府应有计划地引导古城内的单位和人口向新城区分流，使古城人口密度达到合理水平。

第三十一条　平遥县人民政府应鼓励下列经营项目和活动：

（一）博物馆、旅行社团；

（二）传统手工作坊、民间工艺及旅游产品制作；

（三）民俗客栈、旅馆、饭店及非机动车运输；

（四）传统娱乐业及民间艺术表演活动；

（五）民间工艺品收藏、交易、展示活动。

第三十二条　平遥县人民政府应对具备开放条件的传统建筑中的民宅，在征得居民同意后，设立游览标志，开放游览。

第三十三条　平遥县人民政府应建立平遥古城保护档案，开展对平遥古城历史、文化及保护、开发、利用的研究。

第五章　法律责任

第三十四条　违反本条例第十六条规定，损毁保护标志的，由平遥县公安部门依照治安管理处罚条例的有关规定予以处罚。

第三十五条　违反本条例规定，未经批准擅自改造、拆除传统建筑的，由平遥县建设行政部门责令其停止违法行为，恢复传统建筑原状，并可处以5000元以上20000元以下的罚款；擅自新建建筑物、构筑物的，由平遥县建设行政部门依照城市规划法的有关规定予以处罚。

第三十六条　违反本条例第二十二条规定，户外饮食业经营者直接燃烧原煤的，由平遥县环境保护行政部门责令其限期改进，并可处以300元以下的罚款。

第三十七条 违反本条例第二十三规定，在街道上堆放粪肥影响市容的，由平遥县建设行政部门责令其清理街道，并可处以100元以上300元以下的罚款。

第三十八条 违反本条例第二十四条规定的，由平遥县环境保护行政部门处以300元以上3000元以下的罚款。

第三十九条 违反本条例第二十五条规定的，由平遥县建设行政部门责令其停止违法行为，采取补救措施，恢复原状，并处以200元以上2000元以下的罚款。

第四十条 违反本条例第二十六条规定的，由平遥县公安部门责令其停止违法行为，清理道路，并处以50元以下的罚款。

第六章 附 则

第四十一条 本条例自1999年4月1日起施行。

·第三章· 大同历史文化名城的整体性保护

“有几个重要的城市，我去了，却不知为什么当时没有写。如彼鲁迦、蒂伏里、巴勒斯特里纳等，它们都很重要。尤其不该不写的是博洛尼亚，那个城市的历史中心区面积很大，保护得最好，因为那个城市的议会和官员们几十年坚定而巧妙地与房地产投资商进行了有效的斗争。”……“不遏制房地产投资者，要保护文物建筑和历史文化中心就很难，如果官员们为虎作伥，那么，一切都完了。什么‘夺回古城风貌’都不过是不切实际的空洞口号。”

——陈志华《意大利古建筑散记》

如若都可以静静地守护一种古老，如若都不被利益的诱惑所吞噬，那么整体性保护一定不会是一种奢望，而是一种希望，一种创造了奇迹的希望。

保护究竟为了谁？保护什么？如何保护？这是在保护历史文化名城过程中必须面对的核心问题。保护历史，最终是为了服务于大众，为了从传统的角度留给子孙后代一种历史的美，如果认识不到这一点，保护，终将变成一场形式主义。

——笔者

相较平遥而言，大同并没有那么幸运。

选取大同这座城市作为考察中国历史文化名城发展过程中存在的问题，是我考虑了许久的问题。1997 年 9 月《大同高专学报》第 11 卷第 3 期登载了云中大学（现为大同大学）原党委书记王中一老先生的一篇文章即《关于大同历史文化名城保护的思考》。文中详细论述了大同文物古迹所遭破坏的情况，同时分析了其主要原因，提出了对大同历史文化名城和文物古迹抢救、保护和管理切实可行的五条建议。① 这篇文章考据精细准确，论证充分，饱含了对大同古城保护与发展的忧思与责任感，充满了一名知识分子对社会问题应有的思考维度和繁而不冗的叙述以及可行性建议，这篇文章发表后的 10 年即 2007 年，大同就开始了备受争议的“古城修复计划”。2017 年，古城修复计划运行了 10 年之后，作为第一批历史文化名城的大同，它的发展又是如何？

阮仪三先生在《古城笔记》中有这样一段话，描写了大同近几年古城改造的现状的论述②，读来内心五味杂陈：“20 世纪 60 年代我和董鉴泓先生去大同调研，亲见大同明代的城墙和四座城门楼虽已破损但雄姿犹存。至 20 世纪 80 年代大同古城内还留存成片的明清时代的老民居，是北方仅存的有历史风貌的地区级古城。那时全国的历史古城大多正经历着拆旧建新的城市改造。右玉古城还在，左云的古城墙和仅存的翼城、瓮城、县城等全都拆光，人们再也看不到真实的古代完整的边防设施了，20 世纪 90 年代我带领邵甬博士协助大同市制订历史文化名城和历史街区保护规划，大同城市规划局和规划设计院的同志们都很支持，并合力完成。到了 2005 年传来消息说，新调来的耿彦波市长，认为我们做的保护规划不是积极地保护，大同是辽代的国都，他要重现辽代城市的风貌，要改变现存落后破败的景象，于是把历史传统民居大都拆毁了。为此事，我们曾向大同市提出反对拆迁这些规划法定保护的历史地段。可是很快地城墙全部重修了，

---

① 王中一．关于大同历史文化名城保护的思考［N］．大同高专学报，1997，11（3）：20-23.

② 阮仪三．古城笔记［M］．上海：同济大学出版社，2013：216.

新的城门楼也造起来了，城里拆了老民居，建起了四五层的楼房，盖上了所谓辽代的大屋顶，媒体大肆赞颂，市长也有了政绩，一座原本留有原真古代城市风貌的历史文化名城变成了不伦不类的假古董的布景戏场。今见报载，耿彦波市长调任太原市常委代理市长，大同市民联名请命挽留，似乎这是位大好官，老百姓不舍得他走。可悲的是，广大群众还有高层领导已经形成了错误的理念，认为这就是名城保护的正确做法，现在中国的城市遗产遭遇到又一场造假古董的大劫难，中国名城保护还有得救吗?”

一直以来阮仪三先生都是我国建筑遗产保护领域的一名勇敢的斗士，被他挽救下来的古城不计其数，没有他的鼎力资助，也就没有今日被奉为世界文化遗产的平遥古城。在读及这段关于大同的论述的时候，我不禁陷入深思：大同，是第一批被公布为国家历史文化名城的古城，在中国古代史和近代历史上，大同均以它独特的历史风貌、数量极大的文物古迹享誉国内外。而让人难过的是，大同在经济发展的大潮中，并没能处理好经济发展与文化保护之间的矛盾，相较平遥而言，它没有获得专家坚定的保护力度，相较于北京而言，它又没有得天独厚的保护政策的护佑。在历史文化名城发展的过程中，大同原本也可以像今日的平遥一样，以一个完整的身躯立于世人的眼前，但很遗憾，在历史发展的进程中它慢慢地褪去了历史的种种痕迹，变成了再普通不过的一个城市。

在这样一位改革派市长的统领下，“古城修复计划”大刀阔斧地开始了，其带来的结果是城市的翻天覆地、改头换面，市长本身备受百姓推崇爱戴，虽然“古城修复计划”一开始就是毁誉参半的，但这个计划仍然如期一步步推行了下来，不过历时比预想的要更漫长。这是怎样的一个“古城修复计划”？它对于大同历史文化名城的保护与发展又具有着怎样的意义？经过这样一个备受争议的“古城修复计划”大同是否真的还能够找回昔日作为历史文化名城所拥有的灿烂辉煌？如果不能，这样的“古城修复计划”，对于历史文化名城的保护与发展又是否起到了背道而驰的作用？我想这些疑问不仅是文保专家们关心的问题，更是大同历史文化名城发展过程中带给我们最重要、最珍贵的启示。

第 1 节

大同历史文化名城的传统格局和历史风貌史话

一、 大同古城的历史沿革

大同，是一个名副其实的古城。

大同地处晋北边缘，接近山西省最北部，与内蒙古草原延绵相连，曾为两汉名郡、北魏京华、隋唐军城、辽金陪都、明清重镇，更是当代煤炭能源重工业城市。从战国时期赵武灵王设置云中、雁门、代郡时起，大同迄今为止已有 2300 多年的建城史和 1600 年的建都史。由于地理区位独特，成为中华民族大融合、大团结、大发展的舞台，在中华民族的发展史上拥有极其重要的地位。同时大同又是国务院 1982 年公布的全国首批 24 座历史文化名城之一，自古以来就具有悠久的历史文化底蕴，文化遗产非常丰富。在大同境内留存下众多的文物古迹，其中全国重点文物保护单位 22 处、省级文物保护单位 20 处、市县级文物保护单位 300 余处，包括石窟 7 处，寺庙道观等古建筑 196 处，古遗址 37 处，古墓葬 25 处，革命圣地 14 处，碑幢 12 处。① 云冈石窟于 2001 年 12 月 13 日在芬兰首都赫尔辛基召开

① 曹昌智，等．大同历史文化名城保护与发展战略规划研究［M］．中国建筑工业出版社，2008：52.

的联合国第25次教科文会议上，被列入我国第29处世界文化遗产。国家文物保护单位平城遗址、华严寺、善化寺、悬空寺及平型关均是具有较高历史价值的文物遗迹。而这些都集中体现了大同所具有的悠久历史和深厚的文化底蕴。

大同古城作为大同历史文化名城的核心，其历史、艺术、科学价值很高。现存的大同古城历史风貌和街巷格局，是明代大同府城在北魏、隋、唐、辽、金、元时期的城市基础上传承延续下来的，城市的中轴线1600年来未曾移动，保存较好的街巷和里坊格局在国内几近“孤品”，整座古城基本保持着中国古代城市布局的特征，而且古城城址在2000多年来也没有出现大的变动，这在国内也是少有的。① 从古城现状看，地上地下拥有从战国到民国各个朝代和时期的大量遗迹；传统民居四合院形制各异、数量可观，古城传统风貌浓郁，是国内极少数仍存有城墙等众多文物古迹和传统民居且古城风貌犹存的城市之一。大同古城内历史文化遗产大致包括文物保护单位25处，其中重点文物保护单位4处、省级文物保护单位4处、市县级文物保护单位20处。② 北魏平城遗址、明清城墙、辽金华严寺、金代善化寺、九龙壁以及历史街区和传统民居均为古城范围内的文物瑰宝。

从20世纪50年代开始，市政府就着手组织开展了对善化寺、普贤阁和九龙壁等文物古迹的保护维修工作。1961年，国务院公布了第一批全国重点文物保护单位，云冈石窟、华严寺和善化寺3处分别名列其中。1974—1976年又组织开展了云冈石窟三年维修工程。自20世纪80年代以来，市政府高度重视文物保护工作，先后完成了云冈石窟“八五”保护维修工程和华严寺、善化寺大雄宝殿等多项文物保护维修工程。1998年，大同市人大常委会作出了关于保护大同古城的决议，市政府也及时采取了强有力的措施，古城内的乱拆乱建之风得到了有效的遏制，古城风貌也得以保存了下来。

---

① 杨雪兰．大同古城的保护与修复［J］．山西大同大学学报（社会科学版），2016（3）：40.

② 曹昌智，等．大同历史文化名城保护与发展战略规划研究［M］．中国建筑工业出版社，2008：58.

而进入21世纪以来，市政府不断加大名城保护工作的力度，编制并经国务院批准，公布了大同市城市总体规划。在各级文物保护单位的保护维修工作继续健康有序地进行的同时，2004—2005年，开展了大同古城普查和大同古城墙调查，摸清了古城内历史建筑、传统民居、历史街巷和古城墙的情况，市的名城保护工作取得了一定的成绩。

尽管大同市在名城保护方面做了不少工作，但是仍存在着很多问题。主要原因是城市建设所带来的对文物古迹和大同古城的破坏，特别是20世纪50年代、《文化大革命》时期和近年来的旧城改造三个时期，古建筑和古城墙被拆毁，传统民居被成片改造，传统的街巷格局和古城整体风貌遭到严重破坏①。

二、大同“古城修复计划”的利弊分析

1.“古城修复计划”的背景

“古城修复计划”是大同市政府从2008年起进行的一次针对大同古城进行保护的一大系统工程。为什么要进行这次“古城修复计划”，修复计划中要达到的目的和效果是什么？这次修复计划对大同未来的发展究竟具有何种意义？

进入21世纪后，大同的发展变化是非常快速的，这种快速体现在人们生活的方方面面，城市商业区不断增多、许多象征着时尚的品牌商品以及生活方式快速地通过周围的大都市北京传递到了这座四线小城市。而此时城市里由于重工业以及部分轻工业的锐减，大量下岗职工出现在劳动力市场。与此同时，大同经历着全国其他城市都在经历的过程——城镇化带来的冲击。

“城镇化”（Urbanization），这是近几年中国最热的词语之一，在现代化进程中，这也是一个必然趋势，人类开始由农业文明向工业文明过渡、

① 杨雪兰．大同古城的保护与修复［J］．山西大同大学学报（社会科学版），2016，3：42.

生活模式由乡村型转向都市型，在此过程中意味着放弃农业文明下的许多内容，其最主要的就是生活方式。城镇化自20世纪90年代在中国范围内大肆蔓延开来后，所带来的连锁反应就是大力发展工业、加快盖房盖楼的速度，而在拼命追求GDP的过程中推倒了数不清的古城、古镇以及古建筑。大同，也未能幸免，许多古城的记忆在城市建设过程中无情地消失了，而且速度快得惊人。在做为“煤海”山西的第二大城市“煤都”的过程中，大同经历了以环境换取GDP的最为惨重的代价，在以煤养城的同时，环境的糟糕也是一塌糊涂。然而自然资源终归是有限的，进入21世纪后数据显示，大同的煤层可挖掘的时间只有50年左右，这个消息对于大同而言也算是意料之中，依赖自然资源的城市的发展也充满了可预测的有限性。因此，城市转型就此成为大同发展过程中的核心问题。转型成何种类型的城市？如何转型？具体的规划及步骤是什么？就是大同在城市转型过程中必须要面对并且认真回答的问题。

大同的城市转型必将由资源型城市向旅游型城市转型，这也是大同市发展的必然趋势。而如何打造作为一个旅游型城市的优势和基础，就成为市政府必须面对的一个城市发展的重要话题。2008—2013年，大同市地方政府“修复古城计划”“一轴两城”的规划思路，意欲重现大同2000多年的古城风貌，同时又希望建立一个现代化的宜居的现代城市。这就是政府打造旅游城市的基本模型，也就是前文中的“古城修复计划”的最原始理论依托。

大同作为一座历史文化名城拥有丰厚的旅游资源，除上述所提到的物质文化遗产外，大同还具有许多独具魅力的非物质文化遗产，淳朴的民风、优良的气候条件，都可以使大同得以大力发展自己的旅游事业。但是在过去的30年间，大同过于注重经济发展，在经济发展的过程中不仅破坏了城市建筑遗产，更没有注重城市文化素质的培养、自然地理环境的保护，使大同历史文化名城的魅力减色不少。经济固然是城市发展的动力，但文化才是城市真正的灵魂和立城之本。而失去了历史记忆和历史文化的城市，而也就失去了城市竞争的魅力，最终会陷入难以摆脱的困境。大同所拥有的最丰厚的资源和最具潜力的发展优势恰恰在于历史文化遗产。如何在发展旅游事业的过程中，使大同这座历史文化名城的突出特点成为前来旅游的游客心中难以忘却的印象，是大同历史文化名城发展过程中具有挑战性的问题。对于一座城市而言，文化是城市记忆的载体，建筑是它的灵魂，由年深日久形成的建筑风格、建筑文脉构成了这座城市独有的气质和独一无二的艺术价值。在旅游的过程中，这些文化因素既是旅游者的兴趣所在，也是发展旅游事业的城市的资本。城市里是否拥有年代久远、承载着历史记忆的自然遗产、非自然遗产，都会成为这个城市是否可以发展旅游事业的重要因素。许多人都很热爱旅游，在旅游的过程中感受国家、城市之间文化与文化的差异，这些差异犹如夜空中的繁星一般耀眼夺目，使我们在行走间感受着时间长河的无穷魅力。

对于大同这座城市而言，在同一行政区内复合了现代“煤都”和历史名城两大光环，虽然二者在城市的空间地域上相互分离，但是在城市的属性概念上却是统一的：“此大同即彼大同”。“煤都”和名城体现着同一座城市不同侧面的城市职能。对于大同市政府，特别是未来的城市政府而言，随着煤炭资源枯竭和历史文化遗产增值，“煤都”的最终出路还是在于名城的保护与发展。尽管人们很难在“此大同”与“彼大同”之间划分出明显的界限，但是对于“煤都”和名城的未来必须进行理性的思考与抉择。而对历史文化名城的保护与发展则关乎着大同的命运、大同的未来。①大同要想在中国甚至世界之林中保持独特的风采，不断地增强活力，就必须坚持“人文大同”的发展策略，重塑大同形象，努力把大同建设成一座最具有历史文化品位和人文魅力的城市，让人们重新认识大同。②

“古城修复计划”就是在这样的历史背景下出现的，这个计划带有强烈的理想色彩，同时也是大同市政府对大同古城文化价值的重新理性分析的结果，由于“古建”领域“修旧如旧”“原真性”等重要原则的存在，

① 曹昌智，等．大同历史文化名城保护与发展战略规划研究［M］．北京：中国建筑工业出版社，2008：2.

② 曹昌智，等．大同历史文化名城保护与发展战略规划研究［M］．北京：中国建筑工业出版社，2008：5.

因此大同“古城修复计划”从一开始就是受到广泛关注。

2. “古城修复计划”的内容

2008年以来，大同市委、市政府在深入调查研究，以及广泛征求社会各方面意见的基础上，本着对历史负责，对未来负责的态度，着眼于城市的长远发展，立足于全面提升城市文化软实力和城市竞争力，作出了历史文化名城保护的重大战略决策。坚持以科学发展观为指导，围绕“转型发展，绿色崛起”的发展战略和建设“文化名城、旅游名都、生态名邑、经济强市”四大目标，根据大同历史文化名城现存的历史文化遗产，进一步加大保护和整治力度，准备用5年左右的时间，全面恢复大同古城历史风貌，彻底整治云冈石窟和恒山悬空寺的周边环境，打造世界文化遗产旅游城市、中国历史文化名城和国家级风景名胜区3个品牌，从而提升城市整体形象，提高城市文化品位。

2008年，大同市委、市政府为了全面推进大同历史文化名城的保护工作，弘扬、保护和传承珍贵的历史文化遗产，作出了整体性保护历史文化名城的决定。大同市人大常委会同样作出了实施历史文化名城保护的决定，名城保护复兴工程全面启动。为加强对历史文化名城保护工程的领导、组织和协调工作，在全面推进古城保护修复工程中，市政府成立了以副市长为总指挥的古城保护工程指挥部。近年来，由古城保护工程指挥部负责组织施工的项目逐步展开，对古建筑群保护范围内的“破坏性建设”全部拆除，扩大和保护城市记忆特征。

该工程具体包括10大工程①：善化寺修复及环境整治工程、华严寺修建以及环境整治工程、关帝庙修复及环境整治工程、府文庙复原工程、帝君庙修复工程、清真寺保护修复及周边环境整治工程、法华寺修复工程及周边环境整治工程、古城东南隅民居修复工程、纯阳宫修复及环境整治工程、古城墙修复工程。而古城保护的主要工作任务，就是按照整体保护、

① 杨雪兰．大同古城的保护与修复［J］．山西大同大学学报（社会科学版）2016，3：40-46.

重点修复、科学规划、分步实施的原则，完整恢复城墙和护城河，再现大同古城雄伟气势的同时，加大各级文物保护单位本体的维修和周边环境整治，历史街巷里坊格局以及传统民居整治恢复的进程，并且将蕴含在古城历史和现实中的文化内涵以及特有的精神气质和内在品格，通过各种方式得以完整地展示出来。

3. “古城修复”抑或“仿古风潮”

大同古城墙在经济发展的过程中，为解决交通问题早已被拆成数段，虽然在20世纪50年代的鸟瞰图中仍可以清晰地看到古城的完整格局，但后来的城墙拆毁后，城砖也都被居民们拆除，而留下残缺不全的夯土墙，墙体却又被住户和商户掏成很多窑洞，当作住房和商铺用以居住、经营。①所以现在修建的新城墙基本是新建的城墙，是按照明时期大同的遗址复原的一座新地标。某种程度上这也是古建筑界长期以来一直所诟病的“仿古建筑”。这种“仿古建筑”也充斥在正在重修的古城范围内，包括华严寺步行街、鼓楼东街、鼓楼西街等历史街区。

图3–1　新建的历史街区鼓楼东街

① 曹昌智，等. 大同历史文化名城保护与发展战略规划研究［M］. 北京：中国建筑工业出版社，2008：93.

图 3-2　未完工的历史街区鼓楼西街

图 3-3　新建的四牌楼

图 3-4　华严寺步行街

图 3-5　华严寺广场

于是，就出现了一个新的问题，“重建或仿建的古城究竟是不是历史文化名城该保护的范围?”对于这个问题，著名“护城专家”阮仪三先生非常反对这种重建城墙、拆毁大片明代民居建造仿辽代风格的商业建筑，并对此计划的推行者本人也予以了某种程度的批评。

是完整地保护明清时留下的城市格局及大量民居，还是像现在这样大肆拆除所谓的“破坏性建筑”，再按照修复计划盖出一些完全出于商业用途的仿辽代风格的，这确实是一个两难的问题。对于大同这座久经沧桑、凤凰涅槃的历史城市而言更是如此。

可以肯定的是，“古城修复计划”中包含的“一轴两城”，是以御河为轴，保护老城、发展新城。这种保护理念是完全值得推崇的，如果理想化地设想这个规划结果，那必将又是重现了部分留存下来的大同明清时期有价值的古城格局。同时在御河以东发展一座现代化的新城，为发展旅游城市做好铺垫，平遥、商丘均是以此模式而保护了古城，发展了新城。

同时，在大同发展的过程中，因部分领导同志的个人意愿而拆毁城墙及个别历史街区是普遍存在的现象，坊间流传着过去的领导干部是从大同周边的郊县提拔上来的，他说他就觉得二层小楼好看，而那些迎街的明清铺面和民国时的建筑难看死了，就下令拆除了鼓楼以北的沿街古建。虽然这个说法无法考证真假，或许是老百姓对曾经当政的市领导干部审美观的调侃和举例说明，但从另一个角度也说明了市领导对于地级市进行城市建设以及文物保护时的作用所在。耿彦波市长的存在也大大验证了这一点，甚至是以一种无限“正能量”的方式存在着。

耿彦波市长的出现与一个城市命运的改变紧相连，这与历史上巴黎城市和欧斯曼的关系非常相似，直到如今，后人提到欧斯曼当时大刀阔斧的巴黎发展计划时仍然是褒贬不一。① 耿彦波市长的存在与大同古城修复计划紧密相连。

实际上到如今为止，市区内被停运的商业用大楼和商铺都还没有得到较为合适的处理，是全部毁坏后继续建设“仿古建筑”，还是另作其他打算，并没有太明确的结论。

图 3-6　城墙内被停运的现代建筑 1

图 3-7　城墙内被停运的现代建筑 2

图 3-8　城墙内被停运的现代建筑 3

图 3-9　城墙内被停运的现代建筑 4

① 王军．城记［M］．生活．读书．新知三联书店，2003：22.

在两条历史文化街区——鼓楼东街和鼓楼西街附近的大量明清民居，虽然有的被贴上了“历史建筑”的标牌，有的被贴上了“不可移动文物”的标牌，但院子里的住户早已人去房空，有的院子杂草丛生，显露出无尽的荒凉和凄落。原住户的搬离无疑对于这些街区的原生态是一种毁灭性的消除，即便贴上了保护的标牌，但保护的意义又在何处？

图 3-10　大同民居 1

图 3-11　大同民居 2

图 3-12　大同民居 3

图 3-13 大同民居 4

这场“古城修复计划”注定是毁誉参半、褒贬不一的，甚至在“文保史”不久的将来会有后人认真地给它算一笔得失账，不过它终究还是被推行到底了，甚至在今天终于获得了“一轴两城”的初始效果。

我们该如何评价历史呢？如果说 2008 年以来的古城修复之最大的意义，在于它试图保护了古城的核心和灵魂——完整性。大同古城的修复正是遵循“一轴双城，分开发展；古今兼顾，新旧两利；传承文脉，创造特色；不求最大，但求最佳”的名城保护基本思路，借助经济转型的大好时机，以特色打造城市品牌，用文化擦亮城市面孔，为大同市的经济发展再谱新曲。原大同市长耿彦波也曾经说过：“保护，就是坚持文化遗产的主体地位，一切以保护文化遗产为纲，最大限度地保护文化遗产的历史文化信息，保护遗产的文化基因；就是要强化文化遗产代代传承的责任；就是不断清除建设性破坏的肌瘤，恢复文化遗产的整体性和真实性。”尽管他的修复计划并不能在真正意义上保护大同的真实性和完整性，但最少他也做了一些努力。

因此，大同历史文化名城的“古城修复计划”无疑是整体性保护原则在历史文化名城保护过程中直观的、突破性的、历史性的运用和实践。“任何一座城市都要发展，名城也不例外。但是这种发展必须以文化遗产保护为前提，而不可以破坏文化遗产为代价，否则在付出高昂的成本后，却失去了名城的历史文化特征，发展也就失去了竞争力。”① 由于多种原因，大同的古城修复、新城建设工作一度慢下脚步，但是2015年到任的张吉福同志以其平实亲民的工作作风使古城的发展计划再次走上了正轨进程。

大同市发生了翻天覆地的变化，古城的雏形基本形成，以高大威猛的古城墙为标志的古城基本形成。此时的大同，街道宽了，环境整洁了，空气清新了，人民的生活质量有了质的变化。与过去大家印象中的“大同”截然不同，更像是凤凰涅槃之后的结果，令人刮目相看。

2016年6月，大同又赢得了“2016年山西省旅游发展大会”的举办权，为大同市旅游事业的发展奠定了良好的基础。由于重修了城墙，城墙里的一些古旧民居的命运也发生了变化，属于危房的基本已被拆毁，有一些被贴上了“历史建筑”的标签，等待下一步的发展对策。围绕着城墙的重修，古城内外都发生了新的变化。这些变化及成果都来自于大同市从2008开始将近10年的“古城修复计划”，在进入古城城门时，“大同古城欢迎您”几个大字赫然映入眼帘，无尽的想象力就从此展开，这就是大同这座历史文化名城的今日景象。

① 曹昌智，等．大同历史文化名城保护与发展战略规划研究［M］．北京：中国建筑工业出版社，2008：93.

第2节

大同历史文化名城整体性保护的法治启示

大同古城保护过程中存在着许许多多的问题，曹昌智先生将其归纳为四点，[①] 而这四点的中心意思就是大同古城在保护过程中忽略了“整体性保护”原则的应用，从而导致古城出现“面积不断遭到蚕食和损毁，越来越小”“文物保护单位和周围环境破坏严重”“对地下埋藏物的文物保护不力，导致损毁和流失”“大同古城内新建筑林立，几乎完全丧失了古城整体风貌”现象。如果在大同漫长的发展过程中，政府能够有意识地以古城整体保护原则作为城市发展的主要规划原则，那么今日的大同一定会是一枚真正的“塞外明珠”。如今，大同只能通过“修复古城”来重建古城昨日的格局和特征，然而这种重修行为本身就带有极大的“仿建”性质，修复古城的计划及行动从其一开始就受到了来自世界、全国范围内建筑遗产保护专家们的质疑和反对。但决定古城命运的最终不是建筑遗产保护专家，而是古城如今的政府。现在大家所看到的就是修复古城后的大同，以重建的古城墙及其古城内新建的鼓楼东街、鼓楼西街以及华严寺步行街为代表的历史街区组成的新的地标城市。无论争议如何存在，现在所见到的也已经

① 曹昌智，等．大同历史文化名城保护与发展战略规划研究［M］．北京：中国建筑工业出版社，2008：93-94.

是一个“脱胎换骨”后的大同古城。

大同历史文化名城保护的过程中，其历史名城管制策略①具有重要的参考意义，同时也体现出作为政府主导型的国家，在历史文化名城保护过程中，政府主动积极地实现自上而下的保护功能是其他保护措施的基础。历史名城管制策略特指为促进大同历史文化名城保护与发展而采取的强制管理的方式方法。这里之所以突出强调强制管理而不是一般行政管理，借鉴于20多年来大同古城保护的历史经验。大同自1982年被国务院公布为第一批国家历史文化名城以来，经历了我国改革开放初期由计划经济向市场经济转型和世纪之交经济总量快速增长两次剧变。但由于在认识上与体制上产生的深层矛盾和原因，导致大同古城面对经济社会两次剧变带来的冲击，却未能得以采取有效措施进行完整保护，使历史文化遗产遭到了前所未有的严重破坏，古城风貌丧失殆尽。如今管理体制不顺、法制不健全和执法不严、违法乱建等问题依然存在，形势严峻且不容乐观。要想从根本上解决这些问题，抢救古城、走出困境，形成保护与发展的良性循环，就应当采取一系列强制性措施，强化文化遗产保护意识和管理机制，切实保护好古城，促进可持续发展。

大同历史文化名城的保护可以看作是一面镜子，给我国历史文化名城的保护工作提供足够的经验与教训。中华民族有着悠久的历史，历史留给我们的财富也是数不胜数，而最令人心痛的却是在历史的发展过程中，由于失去了对于美的判断以及对美的价值标准的缺失，导致在很长一段时间内，保护历史竟成了一项最艰难的事业。大同历史文化名城保护工作的发展历程对我国历史文化名城的保护工作的启示，大致如下。

一、树立保护历史、保存传统、传承中华美的社会氛围

通过树立保护历史、保存传统、传承中华美的社会氛围才能使历史文化名城的各项法律法规深入人心，才能从根本上杜绝为了经济发展而放弃

① 曹昌智，等．大同历史文化名城保护与发展战略规划研究［M］．北京：中国建筑工业出版社，2008：179.

文化保护的愚蠢行为的发生。

历史是一条不能被切断的连续的链条，每一个环节必然与其他环节紧密相连、唇齿相依。但是在建筑遗产的传承问题上，中国自古以来的传统并不是特别健康，“毁旧造新”似乎是一条颠破不灭的规律，历史上政权交替的过程中常常通过毁掉旧政权的建筑形式以示与其彻底的决裂，从而彰显建立新世界的决心。但这种观念常常会将潜藏在历史中的种种优秀遗产毁于一旦，无疑是历史的一大损失，因此，对于历史应该是力争保护。

“保存”一词恰到好处地反映了在保护旧事物的过程中，要因势利导地对其功能进行完善、深化，以适应新形势的需要，文化传统在发展过程中是随着时代的不断发展而进行自我更新的，因此，对待“传统”的态度应该是“保存”。

“美”是一个历史范畴，不同的民族、不同的国家以及不同的时代对美的解释也并不相同，而“中华美”是指中华民族在自身发展的历程中形成的独特的美的特征，这种美以内敛、含蓄的特征区别于西方国家奔放、热情的美的特征，在中国各种艺术形式中也有着鲜明的独特性。在中国发展的过程中，不应一味地追求“全球化”，也不应以西方的标准来衡量中国范围内的艺术形式，应该保持民族的自我独特性，虽可借鉴优秀的经验却不可一味地追求西方的各种标准来作为衡量自己发展过程中各种美的体现。中国古代的建筑美是适应中国的环境特征、人文要求等因素的结果，也是中国自古以来追求“天人合一”生态理想的体现，与西方的建筑美学完全不是一个意义。当代中国的城市建设过程中过多地吸收了西方建筑理念和美学标准，对中国古代建筑美学过多忽视，不得不说是中国城市建设的一大遗憾。大多数历史文化名城的城市建设也受到了西方建筑风格的影响，同时对历史文化名城已有的历史感造成了极大的破坏。

保护历史、保存传统，才能从根本上传承“中华美”，只有这样，才能从根本上实现历史文化名城的整体性保护的理想。

二、 增强历史文化名城强制管制、 责任分明的法律策略

建筑领域的大多数法律法规的设置均具有行政色彩，无论是从其立法

主体还是执法主体，建筑领域的法律法规均具有绝对的行政法倾向。在历史文化名城保护的相关法律中，除法律外，大多数均以“条例”“规范”等立法形式存在，这也决定了历史文化名城的相关法律法规的行政法特征。因此，历史文化名城相关法律法规的实施过程中，应增强强制管制、责任分明的法律策略，加强政府在历史文化名城保护过程中的行政职能，发挥其积极的主导作用，从根本上杜绝以房地产高额回报率代替历史文化遗迹保存的现象。只有有效的政府管理、高瞻远瞩的城市规划才能使历史文化名城在经济发展的同时保持名城的内涵与特色，为后代留下可以回忆的历史，为城市留下可持续发展且赖以存在的旅游资源，为中华民族的历史瑰宝保留一份生存的空间。总之，对于政府而言，这是一件任重道远的事情，必须采取强制策略才能得以顺利实现。

三、确立充足有效、可实现持续发展的保护资金体系

目前历史文化名城保护过程中涉及的资金主要由国家财政拨款解决，而这些拨款数量有限，并且使用的过程中也会出现不合理的情况，因此增加保护资金的来源，也是历史文化名城保护过程中亟需解决的问题。而此次大同古城修复过程中，主要通过政府与开发商合作开发的方式获得投资资金，这种方式虽然可以解决一时的燃眉之急，但从长远来看，会给地方政府增加过多的财政债务，所以并不是一种理想的投资方式，需要做进一步探索。

如果不是经历了这次古城修复计划，可能不会有那么多人会将目光投向大同，如今的大同受到了更多的关注，有向往这里悠久历史文化底蕴的游客慕名而来，也有对这样“古城修复计划”持质疑态度的学者考察而来，更有以一般旅游目的前来休闲度假的人们在这里度过了愉快的假期。一位在大同电视台工作的同学曾经对我说过这样一句话：“也许若干年后，50年、100年后，今日重修的大同古城也会成为真正意义上的历史遗产。”这是一句意味深长的话，对于任何一个“生于斯长于斯”的本土居民而言，传承才是最重要的，而最大的遗憾是根本没有意识到它的重要价值就

已经把它破坏殆尽，等到失去的时候才真正感觉到它的珍贵无价。

因此，历史文化名城的保护就是城市的整体性保护，所谓的整体性保护，实质上就是指不仅要保护文物古迹本身，还要保护文物古迹所赖以存在的环境，更要保护文物古迹赖以存在的环境中“人”的作用，文物古迹如果没有这些环境、没有这些人的存在，准确地说如果没有了使得文物古迹成为古迹的环境及人，那么古迹无疑将会变得毫无生气，甚至死气沉沉，像被搁置在玻璃罩里的“纪念品”，失去了历史的生动性，只留下历史的纪念性。这也就是为什么现实中历史文化名城的整体性保护工作大多差强人意的基本原因，大多数的历史文化名城并没有从真正意义上实现建筑遗产的整体性保护，这些城市由于商业化的充斥，同时旧城区内面临着房地产高额投资与回报的诱惑，旧城的格局便被大大地破坏了，许多城市在快速的经济发展过程中，已经破坏了历史文化名城的整体格局，也有一些城市已经意识到了这个问题的严重性，开始斥巨资希望重新打造古城的格局。历史文化名城的理念从其诞生开始就意味着这是一座该被认真保护的古城，可真正被认真保护下来的古城却是少之又少。大同市从新中国成立后一步步的发展历程恰恰充分明了现代化与古迹保护之间的矛盾点。

大同的重建和未来，深刻地诠释了历史文化名城的保护必将以整体性保护为切入点，以法治理念为保障，以强制性法律策略为制度保证，以全民保护意识为必要条件，充实保护资金的来源，同时建立一个完善的法律制度保障体系。只有这样，才能在真正意识到问题的严重性后，尽我们的可能实现“梁陈方案”未尽的理想，使一个个历史文化名城成为真正的“历史之城”“文化之城”，而不是商业的代言人和资本的无奈载体。

第 3 节

今日“新古城”或为明日“真古城”

图 3-14　重建的文庙

图 3-15　重建的城墙一景

图 3-16　明城墙遗址

2016 年对于大同而言更具有历史意义。2015 年 10 月 16 日，为充分调

图 3-17　游人如织的仿古街

动各地大力发展旅游业的积极性，加快实现建设旅游强省目标，山西省政府决定每年举办一次“全省旅游发展大会”，并自 2016 年起采取申办制。为此，山西省出台了《全省旅游发展大会申办暂行办法》（以下简称《办法》）。《办法》的推行旨在各地形成一个你追我赶、竞相发展旅游的氛围，使之成为展示山西旅游发展亮点的新窗口。《办法》围绕一个核心，即举办“全省旅游发展大会”。这样的一个会议，今后每年都要开，本身就体现了省委、省政府对旅游业的高度重视。近年以来，省委、省政府主动适应能源革命新要求，从煤炭思维、资源依赖的禁锢中解放出来，在煤炭之外下功夫，选准着力点，大力培育发展新的支柱和优势产业。旅游业就是山西省最优势、绿色可持续发展的产业之一。2016 年 6 月，山西省旅游城市主办方的争夺大赛展开了帷幕，这次活动与众不同的是，山西省各个参赛城市动用了上至市长书记，下至平民百姓，纷纷发表参赛演讲，进行拉票、投票的工作，大同市在初赛过程中突出重围，6 月 17 日大同通过艰难的初赛竞争，获得了 2016 年山西省旅游发展大会的承办城市荣誉，这不仅是一个历史性的时刻，对于大同这座继续找到新的发展出路的古城而言，也是意义重大的时刻。

大同市，是山西省第二大城市，曾被誉为“煤海之都”，而今却要以旅游业作为政府安身立命之本、百姓安居乐业之源，如果不是预见到煤炭资源在不久的未来即将枯竭，绝不会做出如此彻底的转型决定。大同市政府从2007年开始的“古城修复计划”，时至今日已基本完成，在这个宏伟的计划中包含了许多罕见的建筑工程，如重修大同古城墙、平移大同展览馆，如果不是大同本土生活的居民，一定不会知晓这些闻所未闻的奇怪工程。但对于一个赖以生存的资源已出现极度匮乏的城市而言，就犹如一个人安身立命的职业受到了威胁一般，必须找到新的出路，才能挽救一个城市，才能拯救一个城市中需要生存的人民。

至此，这才是本书的初衷。如何搞好旅游业，需要城市具有绝对的资本，就像一个演员，要别人买票来看你的表演是需要你的实力，或是颜值、或是演技，哪怕是别人没有而你有的宁静安详之处，都可以成为旅游业发展的根本。所以，我们所谓的美，可以在温饱解决之后作为一种审美的需求存在，有时却也会成为解决温饱的存在。大同，作为1982年第一批中国历史文化名城，在这30多年间并没有眼光长远地保护这种美，却在经济发展中鼠目寸光，一步步地破坏了原有的城市文脉和旅游生态环境。30年后，当我们再想利用“历史文化名城”这个闪烁的头衔去解决城市的基本生存、发展问题时，才发现已是捉襟见肘的困境。虽说“亡羊补牢，未为晚矣”，可若是做到了“未雨绸缪、深谋大略”，此时的大同一定是一颗真正的“塞外明珠”。对于此时的大同而言，“整体性”地保护大同古城成为历史性的艰巨任务。自2007年至今的古城修复计划基本完成，完成后的大同包括以城墙为核心的大同古城和以御河为轴线的大同新城，从某种程度上来说，竟成为梁思成先生当时对于北京城的建议的圆梦成功。

《大同古城管理保护条例》第2条规定：“本条例所称大同古城是指北魏平城、隋、唐、辽、金城池遗存和明代增筑的大同城主城。”该条例也明确了大同作为历史文化名城所保留的文物古迹的年代范围，历跨北魏、隋、唐、辽、金直至明朝。这座第一批通过的国家历史文化名城不仅具有悠久的历史、淳朴的民风、丰富的自然资源，更重要的是通过云冈石窟、华严寺、善化寺以及明城墙遗留给全人类关于历史的唯美、历史的厚重沧桑。而对于大同历史文化名城的保护必须以“整体性保护”为重要的原则，才能真正实现保护的目标和保护的意义。

如今的大同，已经勇敢地将自己的美丽向世人展现了出来，云冈石窟附近的小煤窑已经成为历史中的落叶，在从城区驶向石窟的路途中视野宽阔、景色优美，而今的云冈石窟已是世界级的5A级景区，每年吸引着国内外的如潮的游客来此朝圣这座世界的瑰宝。华严寺也得到了扩建，曾经的两处窄小的院落变成了今天的规模宏大的华严寺建筑群，以及寺庙门口的华严寺步行商业街。虽然这种重建受到了各方的批评和责问，但是带给这座城市的却是前所未有的新地标的意义。

大同所经历的前生、现世对全国的历史文化名城的发展而言，具有绝对的参考价值，这座名不见经传的二级城市的发展轨迹，充分地说明了我国历史文化名城保护过程中的痼疾——重视古建筑个体的保护，而忽视建筑遗产的整体性保护。而今迈步从头越，“知耻而后勇”，重建大同古城不仅给大同市带来新的生存契机，更带给这座城市未来发展的一个良好的名城基础。

2016年8月8日“农历七月初六”9时30分，“山西第一爆”正式完成。这一天，大同晴空万里、秋高气爽，大同市武定西门外的宇鑫大厦在总指挥尚建军副市长的一声命令后，在5.5秒内应声倒下，周边的建筑物和设备安然无恙。该楼地面以上28层，地下2层，总建筑面积42000平方米。本次爆破共凿钻炮孔22300个，共计使用雷管22300发，炸药1500余千克，塑料导爆管8000米。此次爆破技术难点颇多，如环境十分复杂，南侧为护城河上的拱桥，北侧为元代土城墙和旧居民房，四周均有通信、电力、燃气、供电、供热管线通过；结构非常特别，为很少见的框支剪力墙结构，解体坍塌较难；控制爆破危害难度大，需要控制爆破飞石，防止飞石的防护措施必须到位，否则就会伤及周边居民楼。此次爆破拆除高楼为加快大同古城复兴，尽快打通古城外通道，畅通平城街，实现年内北护城河注水的目的而实施。① 同时这次爆破最重要的历史意义应该是对于古城保护整体环境的一种铺垫，是“整体性保护”在大同市保护古城中一个重

① http：//shanxi. china. com/dt/csjj/szxx/11178749/20160808/23242177. html.

要的历史性标志，无论日后大同如何发展、如何繁华，今日宇鑫大厦的历史性退场都将是一个重要的符号。在大同这座城市的发展进程中，可以深刻体会到“整体性保护”的弥足珍贵。

国家第一批历史文化名城名单中一共有24个城市，从1982年到2017年共35年的时间，这些城市都发生了翻天覆地的变化，在城市现代化的大趋势下，它们是否头顶“历史文化名城”的头衔，保留着历史赋予的独特使命，依然保留着当时入选原因中所谈及的历史文化特征，这的确是一个耐人寻味的问题。历史文化名城保护工作究竟进行得如何？35年过去了，历史文化名城是否还有着浓浓的历史味道？是每一个保护专家心中不断探索的问题，也是每一个身在历史之中的中国人应该关心的问题。每个人不妨在心里问一问，我们为什么要保护历史文化名城？我们究竟该如何保护？我们现在保护的方法是不是恰当？是不是尽到了良知的责任？大同古城的保护与重建在中国历史文化名城保护过程中具有绝对的代表意义。

在本书即将结稿的时候，大同古城又有了一项令人颇感争议的举措，笔者将其列在本章末尾，也算是对此问题的纪念。

大同市的重要文保单位鼓楼，图3-18是鼓楼较原真的本来样子，2001年市政府拨款进行彩绘修复后，基本保持了下来。图3-18拍摄于2015年5月。而图3-19则是笔者拍摄于2017年8月，从外观上看，鼓楼

图3-18 摄于2015年的大同鼓楼

图3-19 摄于2017年重新被刷漆的大同鼓楼

已经进行过明显的刷漆，刷漆后的风格应属于仿辽金建筑的风格，与新建的华严寺步行街及广场的风格如出一辙。这两幅图显示了一个重要的问题：在历史文化名城的保护过程中，原真性原则与完整性原则被破坏的可能性是最大的。鼓楼属于典型的明清建筑，它的彩绘色彩历经多年未改，但是到了21世纪却被改变成辽金风格，这是对于历史的忽视甚至漠视。在相关的报道中，笔者看到大同市在2017年9月14日召开了关于“晨钟暮鼓”的学术研讨会，会议的宗旨就是力争重新开启“早上敲钟开城门，晚上鸣鼓闭城门”。这虽然是对于传统文化的一种延续探讨，但是如若单纯为了追求所谓的“文化时尚”，那这样的重新彩绘的过程无疑是对鼓楼原貌的最大的破坏。2010年7月1日，中华人民共和国国家文物局发布了《古代建筑彩画病害与图示》（WW/T 0030—2010），该文物保护行业标准于2010年9月1日开始实施。该标准对于古代木制建筑彩画的病害以及相对应的图示符号都进行了严格的技术规定。同时《古建筑木结构维护与加固规范》（GB 50165—19992）中第2.0.1条明确指出，古建筑的维护与加固，必须遵守不改变文物原状的原则。原状系指古建筑个体或群体中有历史意义的遗存现状。若确需恢复到创建时的原状或恢复到一定历史时期特点的原状时，必须根据需要与可能，并具备可靠的历史考证和充分的技术论证。第2.0.2条又提到，在维修古建筑时，应保存以下内容：①原来的建筑形制，包括原来建筑的平面布局、造型、法式特征和艺术风格等；②原来的建筑结构；③原来的建筑材料；④原来的工艺技术。在保护文物的过程中，按照合乎规范的技术标准进行保护也是属于依法保护范围内的问题。

如果说以耿彦波市长为代表的改革派地方政府领导者，在2008年前后5年中所做出的努力是想完美地践行建筑遗产保护过程中的“完整性”原则的话，那么在大同后续的以文化推动产业发展的过程中，类似重刷鼓楼这样的违反被保存物“原真性”的事情还会不断出现，如果不及时做出依法规范的举措，这样的事情可能会愈演愈烈，严重地影响文保单位的真实历史风貌，从而使得历史文化名城的整体风貌大打折扣。如何防止这样的现象发生，最重要的一点就是要从政府的角度以及文保主体角度增强对于原真性原则和完整性原则的普遍遵循。在经历了“耿氏派”大刀阔斧的推倒重来、新建古城之风后，大同古城是否还能踏踏实实地守着那些最真实的古迹和历史风貌，来保护好这座名副其实的历史古城。历史虽然是沉默的，但历史拥有无声的良知。

图 3-20　摄于 2015 年 4 月尚未被重新刷漆的鼓楼外立面

图 3-21　摄于 2015 年 4 月尚未被重新刷漆的鼓楼外立面近景

图 3-22　摄于 2015 年的大同鼓楼内景

图 3-23　摄于 2015 年的大同鼓楼内的大鼓

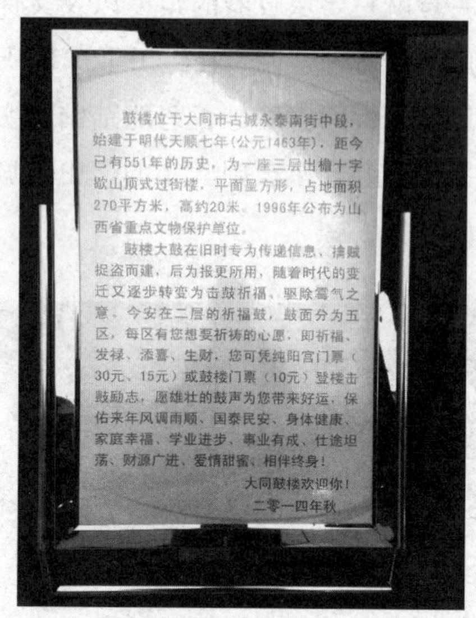

图 3-24　摄于 2015 年的大同鼓楼内景说明

附：

大同古城保护管理条例

（2000 年 3 月 2 日大同市第十一届人民代表大会常务委员会

第十一次会议通过

2000 年 3 月 31 日山西省第九届人民

代表大会常务委员会第十五次会议批准）

第一章　总　则

第一条　为加强大同古城的保护和管理，弘扬优秀历史文化，根据《中华人民共和国城市规划法》《中华人民共和国文物保护法》等有关法律、法规，结合本市实际，制定本条例。

第二条　本条例所称大同古城是指北魏平城、隋、唐、辽、金城池遗存和明代增筑的大同城主城。

第三条　大同古城保护和管理遵循“保护为主，抢救第一”的方针，坚持“有效保护，合理利用，加强管理”的原则。实行保护与利用相结合、整体环境风貌控制与重点保护相结合、专门管理与群众参与相结合。

第四条 在古城范围内活动的任何单位和个人均应遵守本条例。

第五条 市人民政府负责大同古城保护、管理的领导工作。

市规划、建设、文物行政管理部门按照各自职责负责古城保护管理工作。

市计划、财政、房产、市容环境卫生、环保、土地、公安、工商、旅游、民政、地矿、宗教等行政管理部门和大同古城所在地的区人民政府应当按照各自职责，协同做好大同古城保护管理工作。

第六条 大同古城保护应当纳入本市国民经济和社会发展计划，保护维修经费应当列入市级财政预算，并随财政收入的增长逐年有所增加。积极吸纳符合国家规定的拨款、捐助和投资。

第七条 任何单位和个人都有保护大同古城的义务，并有权对破坏大同古城的行为进行检举和控告。

第八条 市人民政府应当制定保护管理古城的奖励办法，对保护、管理、研究和利用大同古城作出突出贡献的单位和个人给予表彰和奖励。

第二章 保护与管理

第九条 市人民政府应当编制大同古城保护规划，并列入大同市城市总体规划。

第十条 大同古城内各级文物保护单位的保护工作，应当严格遵守和执行《中华人民共和国文物保护法》。

第十一条 大同古城分为保护控制区和重点保护区，实行分区、分级管理。

北魏平城、隋、唐、辽、金城池遗存为保护控制区，明代增筑的大同城主城和城墙外围 12 米以内的区域为重点保护区。

重点保护区划分为一、二、三级保护范围。

第十二条 大同古城内的建设项目选址应先进行文物调查或勘探，征得文物行政管理部门同意后，方可建设。

第十三条 保护控制区内，重点保护各级文物保护单位，划定其保护范围和建设控制地带。对已发现的重要文化遗址设立永久性标志，对新发现的文物应及时采取保护措施。

任何单位和个人不得毁坏和随意占用具有保护价值的历史文化遗存。

第十四条 重点保护区内，保持传统的街巷格局、建筑风貌和空间环境，新建、维修、改造和重建建筑物、构筑物应当与周围传统街区风貌相谐调。

第十五条 重点保护区内保存完好、具有历史代表性的尚未列入文物保护单位的民居、店铺等，可以列为重点传统建筑进行保护。

第十六条 一级保护范围为以鼓楼东西街为轴线，东至东城墙，西至西城墙，北至大东街、大西街南侧，南至东西羊市巷延伸至东西城墙北侧的区域。

二级保护范围为东、西、南、北柴市角街道中心线两侧各30米内的区域。

在一、二级保护范围内维修、改造和重建，应当依照本条例和古城保护规划制定方案，由市人民政府组织专家论证后，方可实施。

重点保护区内一、二级保护范围以外的区域为三级保护范围。在此范围内，对各级文物保护单位和重点传统建筑应当划定保护范围和建设控制地带。

第十七条 任何单位和个人不得拆除占用重点保护区内的古城墙及其遗址和相关文物古迹。

古城墙两侧12米范围，禁止新建与古城墙保护无关的建筑，现存的应逐步拆除。

市人民政府应当在古城墙四角设置保护性标志，在已无遗存的古城墙原址作出展示性标志，有计划地对古城墙进行维修并鼓励和支持社会各方面参与。

第十八条 市人民政府应当有计划地做好大同古城的绿化工作。

任何单位和个人不得损坏、砍伐或者擅自迁移重点保护区内的古树名木。

市建设行政管理部门应当建立古树名木保护档案，划定保护范围，设置保护标志，加强养护管理。

第十九条 文物保护单位和重点传统建筑的民居、店铺，由产权所有者或使用者负责保养、维修。产权属于集体、个人的文物保护单位的民居，市人民政府应给予一定的维修经费补贴。

非文物单位和个人占用属于国家所有的文物保护单位，应予搬迁；暂时不能搬迁的，应与市文物行政管理部门签订临时占用合同并负责建筑物的保护、维修。

文物保护单位和重点传统建筑的修缮计划和设计施工方案，应当依法办理审批手续。

第二十条 重点保护区内单位和个人拥有的重点传统建筑，市人民政府享有优先购买权。

第二十一条　重点保护区内设置广告的位置，应当经市规划行政管理部门审批。

第二十二条　重点保护区内禁止新建工业项目，现有工业企业应逐步搬迁或改造。

第二十三条　大同古城内应当积极保护环境，推广应用低污染燃烧技术。重点保护区内禁止饮食业经营者直接燃烧原煤，禁止使用简易方式加工处理沥青、油毡、焦油、橡胶、塑料、皮革、树叶及其他产生恶臭或有毒有害气体的物质。

第二十四条　市规划、建设、市容环境卫生行政管理部门和大同古城所在地的区人民政府以及居（村）民委员会、驻街单位，应当加强市容和环境卫生管理，加强垃圾网点建设和管理，做好清洁保洁工作。

第二十五条　市人民政府、大同古城所在地的区人民政府以及各有关行政管理部门和单位，应当完善古城内的市政设施和公用设施。

第二十六条　市人民政府应当控制重点保护区内的人口规模，有计划地引导重点保护区内的单位和人口向外分流，使人口密度达到合理水平。

第三章　开发利用

第二十七条　鼓励国内外投资者对大同古城资源实施保护性开发利用，发展旅游业及相关产业。

第二十八条　具备开放条件的重点传统建筑中的民居，在征得居民同意后，由市旅游行政管理部门设立游览标志，开放游览。

第二十九条　古建筑的复建，其设计方案经文物行政管理部门审查同意后，依法办理审批手续。

第三十条　市人民政府应建立大同古城保护档案，开展对大同古城历史、文化及保护、开发利用的研究。

第四章　法律责任

第三十一条　违反本条例第十七条第二款、第二十二条规定的，由市规划行政管理部门责令其停止建设，限期拆除或没收违法建筑物、构筑物和其他相关设施。

第三十二条　违反本条例第二十一条规定的，由市规划行政管理部门责令限期改正，可并处工程总造价的5%~15%的罚款。

第三十三条　违反本条例第十条、第十三条第二款和第十七条第一款规定的，由市文物行政管理部门依照《中华人民共和国文物保护法》的有关规定处罚。

第三十四条 违反本条例第十九条第三款、第二十九条规定的，由市文物行政管理部门给予警告并责令停止违法行为。

第三十五条 违反本条例第十八条规定的，由市建设行政管理部门依照《大同市城市绿化管理办法》处罚。

第三十六条 违反本条例第二十三条规定的，由市环境保护行政管理部门依照《大同市烟尘控制区管理办法》处罚。

第三十七条 当事人对行政处罚决定不服的，可依法申请行政复议或提起行政诉讼。逾期不申请行政复议或者不提起行政诉讼，又不履行行政处罚决定的，由作出行政处罚决定的机关申请人民法院强制执行。

第三十八条 市人民政府和大同古城所在地的区人民政府及其各有关部门、单位和工作人员应当恪尽职守，严格执法；对大同古城保护、管理工作失职、渎职的，应当依法追究其主要负责人和直接责任人的行政、民事责任。

第三十九条 违反本条例规定，构成犯罪的，由司法机关依法追究刑事责任。

第五章 附 则

第四十条 本条例应用中的具体问题，由市人民政府负责解释。

第四十一条 本条例自公布之日起施行。

·第四章·

北京历史文化名城的整体性保护

“……历史文化遗存是连同周遭环境一同存在的，保护不仅要保护其自身，还要保护周围的环境……要保护其整体的聚落环境，才能体现出历史的风貌。整体性还包括其文化内涵形成的要素，应包括居民的生活及与此相关的所有环境对象。”

——阮仪三、袁菲、葛亮《新场古镇——历史文化名镇的保护与传承》

北京，是中华人民共和国的首都，也是我国的政治、文化中心、科技创新中心，这是2016—2035年北京城市总体规划中，明确提到的关于北京的城市定位。北京，是一个优雅的城市，作为中国第一批历史文化名城之一，更是一个非常美好的城市，不仅有着悠久的历史与文化，同时也是一个令人向往的地方——中国的首都。北京拥有着无穷的魅力，吸引着国内外的游客纷至沓来，旅游观光。同时更吸引着千千万万的优秀人才来此淘金圆梦，万万千千的年轻人至此打拼奋斗。如果发展的速度慢一些，或许北京现在的面貌会更加美丽，也更具有历史意义和无与伦比的遗产价值。但我们无法假设历史，也无法控制历史，发生了的事情或许具有合理性，在经济高速发展的同时，精神世界就一定要付出必要的价值，这同样也是历史规律。

在作为历史文化名城的30多年间，北京发生了翻天覆地的变化，它不再是那个大家心目中仅仅拥有着数千年悠久历史文化的古城，更多的像一个现代化的大都市，快节奏的生活、快节奏的理念，历史文化名城的种种魅力逐渐埋没于大都市的光鲜亮丽之中，许许多多需要保护的事物竟然都已经渐渐消失了。虽然历史名城保护工作也取得了卓有成效的进展，保护了大量的优秀珍贵的文物古迹和中华文明的魅力瑰宝，但是不可否认的是，北京历史文化名城保护工作中存在太多的经验教训，值得其他城市借鉴和深思。

第 1 节

北京历史文化名城传统格局及历史风貌现状分析

一、 北京古城格局及风貌的历史演变

徐苹芳先生的《论历史文化名城北京的古代城市规划及其保护》一文对北京旧城的格局进行了详细的考证分析及概括①。

北京有文字可考的城市历史已有 3000 多年，东周燕国的蓟城可以考证在现在陶然亭、广安门内北线阁、西便门和白云观一带。自东周以来蓟城就基本上在北京旧城的西南部。金中都遗址显示其继承了唐辽旧城的布局，主要是改建了宫城，里坊式的街道没有改变，新扩建的街道采纳了北宋汴梁新的开放式街巷规划建设。金中都的城市规划采纳了两个系统，唐辽旧城中沿袭了旧的里坊制街道，新扩建的部分采纳了开放式的平行胡同的布局，而这种开放式的新街巷规划在元大都城中得到了充分的发展。

1276 年，忽必烈建立元大都城时舍弃了金中都宫城之废墟，在金中都东北郊以琼华岛为中心，东建宫城和御苑，太液池西岸南建隆福宫，北建兴盛宫，三宫鼎峙，构成了元大都城的宫苑核心。此时共有 11 个城门，东西南各 3 个，北面 2 个。

① 徐苹芳．论历史文化名城北京的古代城市规划及其保护［J］．文物，2001：68.

今天的北京旧城是明清时期的北京城，是在元大都城上改建的。1416年，明朝的第三位皇帝朱棣（永乐帝）决定迁都北京，将城址选在了前朝元大都的位置上。新都城的营建始于1417年，于1420年完工。尽管明代的新都城与元大都的位置有部分重叠，并且沿袭了元大都的南北轴线，但是，明代的北京城却基本复制了南京的布局，其中就包括继续采用"长安街"来命名皇城前的街道。[①] 1368年（明洪武元年），徐达南移北城垣至今德胜、安定门一线。1419年（永乐十七年），明成祖定都北京，展筑南城苑，从东西长安街一线南展至今正阳、崇文、宣武一线。这就是明清北京城的内城。1420年，北京建有三道城墙，其中内城设有九个城门，分别是南部的宣武门、正阳门、崇文门，东部的朝阳门、东直门，北部的安定门、德胜门，西部的西直门、阜成门；内城中的皇城建有四个城门，分别是南部的天安门、北部的地安门、东部的东安门、西部的西安门；皇城以内的紫禁城也设有四个城门，分别是南部的午门、北部的神武门、东部的东华门、西部的西华门。1553年，（明嘉靖三十二年）在内城的南端增筑了城墙，加筑外城，而当时的北京又增加了第四道城墙，设有七个城门，分别是南部的右安门、永定门、左安门，东部的广渠门，北部的东便门、西便门，西部的广安门。明代的北京全城由7500米长的南北轴线统筹管辖着，位置从城市南端的永定门至北端的钟鼓楼，将外城、内城、皇城、紫禁城的主要城门以及位于中轴线上的其他皇家建筑贯穿起来，这种布局一直保持了好几个世纪。[②] 清代北京城皆以明之旧址，只改动了皇城内的布局，全城的街道规划和布局，完全没有变化。

因此，今天所说的北京旧城可以分为三个地区，东西长安街以北至北城垣，包括故宫、三海和皇城，是元大都的旧街区；东西长安街以南至前三门（宣武门、正阳门、崇文门）是明永乐新开辟出来的地区；北京外城则是明嘉靖以后的新建区。北京旧城的这三个城区，分别是三个不同时期所形成的，各有特点。这个观点在侯仁之先生的《北平历史地理》一书中

① 于水山．长安街与中国建筑的现代化［M］．北京：三联书店出版社，2016：16.

② 于水山．长安街与中国建筑的现代化［M］．北京：三联书店出版社，2016：17.

给以了完整的佐证基础，现在的北京老城是一个逐渐发展的历史结果，在城墙没有被拆除、城内的文保单位没有被大量破坏、内城的街道格局没有被毁灭性破坏之前，北京的旧城算是最完美的古城。

这么美好的恢弘的历史画卷，如果今天还能看到，那将是世界的一种荣幸。而这一切都只是假设而已。北京历史文化名城经历了新中国成立后一系列的建设性破坏，在经济飞速发展的过程中，又难以抵御一些利益的诱惑，老城格局最终变得支离破碎，难以再找回历史最初的影子。该如何保护这座城，一直牵动着许许多多人们的内心。历史如果可以假设，一切都没有被改变过，时光如果就停留在北京这座古城的格局最完整的时代，那将是一幅怎样的画卷？在梁思成先生的笔触下，北京城便是一个如此完美、伟大的城市①：

一个城是不断的随着政治经济的变动而发展着改变着的，北京当然也非例外。但是在过去一千年中间，北京曾经有过四次大规模的发展，不单是动了土木工程，并且是移动了地址的大修建。对这些变动有个简单认识，对于北京城的布局形势便更觉得亲切。现在北京最早的基础是唐朝的幽州城，它的中心在现在广安门外迤南一带。本为范阳节度使的驻地，安禄山和史思明向唐代政权进攻曾由此发动，所以当时是军事上重要的边城。后来刘仁恭父子割据称帝，把城中的“子城”改建成宫城的规模，有了宫殿。937年，北方民族的辽势力渐大，五代的石晋割了燕云等十六州给辽，辽人并不曾改动唐的幽州城，只加以修整，将它“升为南京”。这时的北京开始成为边疆上一个相当区域的政治中心了。到了更北方的民族金人的侵入时，先灭辽，又攻败北宋，将宋的势力压缩到江南地区，自己便承袭辽的“南京”，以它为首都，起初金也没有改建旧城，1151年才大规模地将辽城扩大，增建宫殿，有意识地模仿北宋汴梁的形制，按图兴修。他把宋东京汴梁（开封）的宫殿苑囿和真定（正定）的潭园木料拆卸北运，在此大大建设起来，称它做中都，这时的北京便成了半个中国的中心。当然，许多辉煌的建筑仍然是中都的劳动人民和技术匠人，承继着北宋工艺的宝贵传统，又创

① 参阅梁思成著，林洙编：《梁》，其中的《北京——都市计划中的无比杰作》一文（原载于1951年4月出版的《新观察》第2卷第7期和第8期），中国青年出版社，2014年4月第一版，第257-276. 为了说明北京的整体格局的完整性我们选取了其中的个别部分，以示纪念这座伟大的城市过去的辉煌。

造出来的。在金人进攻掳夺"中原"的时候，"匠户"也是他们掳劫的对象，所以汴梁的许多匠人曾被迫随着金军到了北京，为金的统治阶级服务，金朝在北京曾不断一营建，规模宏大，最重要的还有当时的离宫，今天的中海北海。辽以后，金在旧城基础上扩充建设，便是北京第一次大改建，但它的东面城墙还在现在的琉璃厂以西。1215年元人破定都，中都的宫城同宋的东京一样遭到剧烈破坏，只有郊外的离宫大略完好。1260年以后，元世祖忽必烈数次到金故中都，都没有进城而驻驿在离宫琼华岛上的宫殿里。这地方便成了今天北京的胚胎，因为到了1267年元代开始建城的时候，就以这离宫为核心建造了新首都。元大都的皇宫是围绕北海和中海而布置的，元代的北京城便围绕着这皇宫成一正方形。

这样，北京的位置由原来的地址向东北迁移了很多。这新城的西南角同旧城的东北角差不多接壤，这就是今天的宣武门迤西一带。虽然金城的北面在现在的宣武门内，当时元的新城最南一面却只到现在的东西长安街一线上。所以两城还隔着一个小距离。主要原因是当元建新城时，金的城墙还没有拆掉之故。元代这次新建设是非同小可的，城的全部是一个完整的布局。在制度上有许多仍是承袭中都的传统，只是规模更大了。如宫门楼观、宫墙角楼、护城河、御路、石桥，"步廊的制度"，不但保留中部所有，且超过汴梁的规模。还有故意恢复一些古制的，如"左祖右社"的格式，以配合"前朝后市"的形势。

这一次新址发展的主要存在基础不仅是有天然湖沼的离宫和它优良的水源，还有极好的粮运的水道。什刹海曾是航运的终点，成了重要的市中心。当时的城是近乎正方形的，北而在今日北城墙外约2公里，当时的鼓楼便在全城的中心点上，在今什刹海北岸。因为船只可以在这一带停泊，钟鼓楼自然是那时热闹的商市中心。这虽是地理条件所形成，但一向许多人说到元代北京形制，总以这"前朝后市"为严格遵循古制的证据。元时建的尚是土城，没有砖面，东、西、南，每面三门；唯有北面只有两门，街道引直，部署井然。当时分全市为五十坊，鼓励官吏人民从旧城迁来。这便是辽以后北京第二次的大改建。它的中心宫城基本上就是今天北京的故宫与北海中海。

1368年明太祖朱元璋灭了元朝，次年就"缩城北五里"，筑了今天所见的北面城墙。原因显然是本来人口就稀疏的北城地区，到了这时，因航运滞塞，不能达到什刹海，因而更萧条不堪，而商业则同金的旧城东壁原有的基础渐在元城的南面郊外繁荣起来。元的北城内地址自多旷废无用，所以索性缩短五里了。

明成祖朱棣迁都北京后，因衙署不足，又没有地址兴修，1419年便将南面城墙向南展拓，由长安街线上移到现在的位置。南北两墙改建的工程使整个北京城约略向南格动1/4，这完全是经济和政治的直接影响。且为了元的故宫已故意被破坏过，重建时就又做了若干修改。最重要的是因不满城中南北中轴线为作刹海所切断，将宫城中线向东移了约150米，正阳门、钟鼓楼也随着东移，以取得由正阳门到鼓楼钟楼中轴线的贯通，同时又以景山横亘在皇宫北面如一道屏风。这个变动景山中峰上的亭子成了全城南北的中心，替代了元朝的鼓楼的地位。这50年间陆续完成的三次大工程便是北京在辽以后的第三次改建。这时的北京城就是今天北京的内城了。

在明中叶以后，东北的军事威胁逐渐强大，所以要在城的四面再筑一圈米城。原拟在北面利用元旧城，所以就决定内外城的距离照着原来北面所缩的五里。这时正阳门外已非常繁荣，西边宣武门外是金中都东门内外的热闹区域，东边崇文门外这时受航运终点的影响，工商业也发展起来。所以工程由南面开始，先筑南城。开工之后，发现费用太大，尤其是城墙由明代起始改府砖，较过去土墙所费更大，所以就改变计划，仅筑南城一面了。外城东西仅比内城宽出六七百米，便折而向北，止于内城西南东南两角上，即今西便门，东便门之处。这是在唐幽州基础上辽以后北京第四次的大改建。北京今天的凸字形状的城墙就这样在1553年完成的。假使这外城按原计划完成，则东面城墙将在二闸，西面差不多到了公主坟，现在的东岳庙，大钟寺，五塔寺，西郊公园，天宁寺，白云观便都尧在外城内了。

清朝承继了明朝的北京，虽然个别的建筑单位许多经过了重建，对整个布局体系则未改动，一直到了今天。民国以后，北市内虽然有不少的局部改建，尤其是道路系统，为适合近代使用，有了很多变更，但对于北京的全部规模则尚保存原来秩序，没有大的损害。

由那四次的大改建，我们认识到一个事实，就是城墙的存在也并不能阻碍城区某部分一定的发展，也不能防止某部分的衰落。全城各部分是随着政治，军事，经济的需要而有所兴废。北京过去在体形的发展上，没有被它的城墙限制过它必要的展拓和所展拓的方向，就是个明证。

如上文曾讲到，北京城的凸字形平面是逐步发展而来，它在16世纪中叶完成了现在的特殊形状。城内的全部布局则是由中国历代都市的传统制度，通过特殊的地理条件，和元明清三代政治经济实际情况而发展的具体形式。这个格式的形成，一方面是遵循或承袭过去的一般的制度，另一方面又由于所尊崇的制度同自己的特殊条件相结合所产生出来的变化运用。北京的体形大部是由于实际用途而来，又曾经过艺术的处理而达到高度成功的。所以北京的总平面是经得起分析的。过去虽然曾很好地为封建时代服务，今天它仍然能很好地为新民主主义时代的生活服务，并还可以再作社会主义时代的都城，毫不阻碍一切有利的发展。它的累积的创造成绩是永远可以使我们骄傲的。

大略的说，凸字形的北京，北半是内城，南半是外城，故宫为内城核心，也是全城的布局重心。全城就是围绕这中心而部署的。但贯通这全部部署的是一根直线。一根长达八公里，全世界最长，也最伟大的南北中轴线穿过了全城。北京独有的壮美秩序就由这条中轴的建立而产生。前后起伏左右对称的体形或空间的分配都是以这中轴为依据的。气魄之雄伟就在这个南北引申、一贯到底的规模。我们可以从外城最南的永定门说起，从这南端正门北行，在中轴线左右是天坛和先农坛两个约略对称的建筑群；经过长长一条市楼对列的大街，到达珠市口的十字街口之后，才面向着内城第一个重点——雄伟的正阳门楼。在门前百余米的地方，拦路一座大牌楼，一座大石桥为这第一个重点做了前卫。但这还只是一个序幕。过了此点，从正阳门楼到中华门，由中华门到天安门，一起一伏、一伏而又起，这中间千步廊（民国初年已拆除）御路的长度，和天安门面前的宽度，是最大胆的空间的处理，衬托着建筑重点的安排。这个当时曾经为封建帝王据为己有的禁地，今天是多么恰当的回到人民手里，成为人民自己的广场！由天安门起，是一系列轻重不一的宫门和广庭，金色照耀的琉璃瓦顶，一层又一层的起伏峋峙，一直引导到太和殿顶，便到达中线前半的极点，然后向北，重点逐渐退削，以神武门为尾声。再往北，又"奇峰突起"的立着景山做了宫城背后的衬托。景山中峰上的亭子正在南北的中心点上。由此向北是一波又一波的远距离重点的呼应。由地安门，到鼓楼、钟楼，高大的建筑物都继续在中轴线上。但到了钟楼，中轴线便有计划地，也恰到好处地结束了。中线不再向北到达墙根，而将重点平稳地分配给左右分立的两个北面城楼——安定门和德胜门。有这样气魄的建筑总布局，以这样的规模来处理空间，世界上就没有第二个！

在中线的东西两侧为北京主要街道的骨干，东西单牌楼和东西四牌楼是四个热闹商市的中心。在城的四周，在宫城的四角上，在内外城的四角和各城门上，立着十几个环卫的突出点。这些城门上的门楼，箭楼及角搂又增强了全城三度空间的抑扬顿挫和起伏高下。因北海和中海，什刹海的湖沼岛屿所产生的不规则布局，和因琼华岛塔和妙应寺白塔所产生的突出点，以及许坛庙园林的错落，也都增强了规则的布局和不规则的变化的对比。在有了飞机的时代，由空中俯瞰，或仅由各个城楼上或景山顶上遥望，都可以看到不久杰出成就的优异。这是一份伟大的遗产，它是我们人民最宝贵的财产，还有人不感到吗？

北京古城自元大都建立以来格局未变，经明清两代经营，形成了以故宫为中心的中国传统都城的宏伟壮丽的城市格局、华丽宫殿和严整的胡同四合院民居，且独具特色。从永定门至钟鼓楼这条明清北京的中轴线，总长约 8 千米，故宫以此轴线形成水平的对称布局和长度、进深上有相对次序的空间连续，在太和殿达到高潮。与严谨的中轴线相对应的是 3 个优美的水面：中南海、北海、什刹海，以其自然曲折与之形成了强烈的对比。与南北中轴线平行的有两条贯穿南北的大道，胡同列于两旁，以东西方向居多。东西方向的胡同又为北方传统四合院民居创造了良好的条件，形成了极富特色的居住环境。

这，就是北京。

图 4-1　北京胡同

图 4-2　老北京静谧的胡同生活

二、北京城市格局及历史风貌的现状分析

1. 城墙被历史性拆除

“凸”字型的格局仅存于理念印象中，并无实体城市痕迹的佐证。现在的北京是一个很大的北京，它的“大”足以挑战你的想象力。截至 2016 年的统计数字，北京的常住人口是 2172,9 万人。在行政面积不足 20000 平方千米的范围内这个数字显得庞大而沉重。北京现有的城市格局是“棋盘

摊大饼”式，以内城为中心向外扩散至六环，成为无限扩张式的发展格局。2017 年 4 月 1 日，中国政府正式向世界宣布建立行政副中心，大力保护老城，对于老城范围内的违法违章建筑以及违规经营现象进行限期整改，实现首都功能转变。而这样的决定对于首都北京而言具有划时代的的意义，意味着今后北京老城范围内不再以经济中心为其主要职能，而政治中心以及文化中心才是发展的重心。从另一个角度而言，这份迟来的决策中饱含了对老城中蕴含的文化底蕴的诚挚的热爱，更集中体现了“整体性保护”的重要精神，并将其付诸于实践保护行动上。

不过还是没能实现“保护旧城，发展新城”的科学城市规划方案。对于北京城的保护，世人更多的愿意记着“梁陈方案”的遗憾，或许是心理意义上的遗憾美，没有实现的终归是对的、终归是美的。虽然有学者也曾经郑重地论证过“梁陈方案”的不可行性，但公众更愿意相信这个方案中所包含的一种理念——古城保护的整体性，如果不是整体性保护古城也就不称其为古城。在“梁陈方案”中，北京历史文化名城所需要保护的范围基本上是现在北京二环范围内的旧城范围，旧城的整体性保护对于北京历史文化名城的历史内涵和历史价值都具有决定性作用。方案中提到在如今北京西北部新建一个现代城，承载工业发展的重任，如若当时的方案真的实现了，此时北京古城也将是一个完整的包括城墙、护城河、城门、鼓楼、钟楼，以及一个完整的紫禁城的独一无二的北京古城。而现实是，20 世纪 50 年代拆除了城墙、填埋了护城河，20 世纪 80 年代修筑了二环路，随后以“棋盘摊大饼”的方式不断扩大城市的规模，直到今天甚至要延伸至“七环”的“准失控”状态。北京的发展是无可非议的，但北京古城的保护却是失败的，尽管我们都不愿承认这是个现实，但它确实是真实存在的。

2. 传统风貌的主要载体——胡同的建筑生态环境也不容乐观

作为历史文化名城的北京，有许许多多值得关注的文化遗产，其中北京的胡同，就是北京的一张镀金的名片。胡同，是北京城市格局中一种独特的街区联结因素，以紫禁城为中心形成的内城区中，胡同成为城市的血脉，连接着城市的有机躯体。胡同里遍布着“四合院”，而四合院是合院的一种形式，也是北方地区居住形式的一种，旧城内的四合院曾经都是皇亲国戚、达官贵人们的聚居地，在历史上也留下了浓重的一抹色彩。如今来到北京旅游的游客都会在入夜后去什刹海历史街区的“后海酒吧街”感受一番北京的夜生活，南锣鼓巷则是年轻人追捧的一条时尚与复古相融合的街区，而实际上，昔日这些北京最有魅力的地方今日取而代之的是浓浓的商业气息与杂乱无章的生长趋势。个别有代表性的历史街区被商业化气息代替了街区原始的本土市民生活化气息，改变了名城的城市肌理。

从整体而言，这些历史街区正一步步远离历史文化名城的美丽和含义，却不再是传统文化的载体，而是商业化的代言人。“胡同”具有极高的文物保护价值，而实际上胡同的生存现状却令人堪忧。以下所示便是北京东堂子胡同的实景记载。

图 4-3　东堂子胡同 4~6 号近代建筑，未经过复建、重建，基本保持原来样式

图 4-4　东堂子胡同 8 号建筑，正在进行复建、重建

图 4-5　东堂子胡同 8 号建筑，完成复建、重建

图 4-6　东堂子胡同 4~6 号近代建筑与 8 号建筑的比较

东堂子胡同是北京一个非常有文化底蕴的胡同，据称曾是历史最悠久、保护最好的一个胡同，尽管更早些时期这是一个“婊子聚集地”，但在清末民初，直到新中国成立后的一个时期，便成为文人名士官员居住、频繁出入的胡同。东堂子胡同自西向东沟通东单北大街与朝阳门南小街，长700多米，胡同南侧与协和胡同相通，明代称“堂子胡同”（旧时苏沪方言称妓院为“堂子”）；清代因与“金鱼胡同”北面的“堂子胡同”重名，于是将此胡同改称“东堂子胡同”。“文化大革命”中一度还莫名其妙地改称“瑞金路十二条”。位于东堂子胡同西口的75号和77号，是著名教育家蔡元培的故居，还好经过2000年左右市民的一轮抗争和讨论，算是保存下来了。该院子是蔡元培1917年自南京临时政府教育总长任内北上出任北京大学校长一职后租住的房屋，“五四运动”期间他就在此居住。院落分东西两院，前后三进，是保存比较完好、形制比较规整的大型四合院，目前作为蔡元培故居，已挂上了东城区文物保护单位的牌子，但没有对外开放，据称用作保安宿舍，西侧临近东单南大街则是厉家菜馆，感觉随时还有被拆迁的可能。

稍往里走就是清末著名的总理各国事务衙门，原为清大学士赛尚阿的宅邸，1861年改为总理各国事务衙门，1901年改为外务部，也就是后来外交部的前身。这里曾留下大清帝国末期从闭关锁国，到开启国门，向世界学习，兴办洋务运动的足迹，也留下了19世纪末期中国被列强欺凌、被分疆割地的屈辱记忆。总理衙门的东半部为中国最早的外语教学机构京师同文馆（也是今北京大学外语学院前身），西半部为各部院大臣与各国使节进行外交活动的场所。民国初年外交部迁往南侧的石大人胡同，所以该胡同后来称外交部街。而原总理各国事务衙门，建国后则成了公安部的信访接待室。

51号是著名作家沈从文居住近30年的故居，只可惜现已找不到门牌号码了。据资料介绍，沈从文在这个属于历史博物馆的院子里住了近30年。1953年入住之时，他分配到的住房是里院靠东头的北房三间。“文化大革命”初期，被批斗抄家后，被挤占了两间，全家人挤在一间房内。1972年，其夫人张兆和分得小羊宜宾胡同3号东厢房两间，于是夫妻二人分居两处，沈从文“东家食而西家宿”，其有名的“中国古代服饰资料”研究在此完成，1980年沈老才从此搬出。当代著名书法家沈鹏至今在胡同里的美术出版社宿舍还有住房，记得这个世纪初我刚来北京在中国青基会工作时，还曾到此拜访过沈老，取回他捐赠给“中华古诗文经典诵读工程”的书法作品。此外，著名妇科医生林巧稚、中国现代医学的先驱——伍连德博士、著名文化学者周汝昌、史树青、王世襄、张伯驹均在此胡同居住过，这里的确是一个知识分子喜欢的有文化氛围的胡同。

我三次从胡同穿行，为的是追寻这些文化人的足迹，找寻那种中国文化的味道，但遗憾已然无存。

原来北京市政府早在1998年就将东堂子胡同一带列为重点招商引资项目，2000年前后商业改造工程正式开工，2004年开始由陈丽华的香港富华国际集团投资的金宝街工程动工，南起东堂子胡同北至干面胡同的广大地区被列为开发对象，从此金宝街的高楼大厦，丽骏酒店、丽晶酒店，金宝汇、香港马会北京办事处先后崛起，成了北京奢侈品一条街。总理各国事务衙门虽然院落还在，但吊诡的是，它已变成了公安部的信访接待办公室。曾经的接待世界各国的外交使节之地，成为了今日各地上访人员集聚之所。历史、文化和沈从文式的唯美闲情，在资本及其他因素挤压下，在今日的东堂子完全没了踪迹！在资本和奢侈妖艳的霓虹灯下，东堂子胡同已然没有了文化，蔡元培的故居变得矮小狭窄，沈从文、周汝昌们的生活印迹已荡然无存。①

东四大街这几条胡同只是北京胡同所遇到的问题的一个缩影，实际上，北京的胡同正在以惊人的速度逐年递减，且递减的速度远远大于它被改建、重建的速度。胡同，代表的是过去的北京的一种生活方式、生活态度，其优雅的构造，花费心思的铸建，以及曾经居住其中的人群的代表，都表达了一种历史，一种城市的历史。时代虽然在改变，但如果我们任由这种蕴含在历史中的美就此消逝，对于历史来说，我们就是需要承担责任的一代。

图 4-7　内城街道

图 4-8　西总布胡同沿街

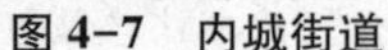

①《资本挤压下的东堂子胡同》，http：//news. xinhuanet. com/mrdx/2014-04/25/c_ 133288203. htm（新华网）.

图 4-9　外交部街入口

其实，我们每个人内心都深深地明白，历史终会过去，旧有的事物终究会被新事物所取代，时代如此，建筑更是如此。在一个城市的发展过程中，它最容易受到经济利益的诱惑和利益的驱使，因此保留下旧事物中的精神气儿，对一个城市而言，也就留住了她的灵魂。

第 2 节

北京历史文化名城整体性法律保护中存在的问题

一、 北京历史文化名城整体性保护工作所取得的成绩

在单霁翔先生《20 世纪 90 年代北京历史文化名城保护工作的回顾与展望》一文中，对 20 世纪 90 年代前 5 年历史文化名城保护工作的实践进行了回顾与总结①，这个回顾与总结虽然距现在已有 20 年，但对于北京历史文化名城保护工作的成绩和未来方向给出了一个较为客观的判断。文中提到在 1990—1995 年的北京历史文化名城保护工作是勇于探索、积极实践的 5 年，也是创造成果、取得经验的 5 年，这些成果和经验也为今后的历史文化名城保护工作打下了较好的基础。例如，各级文物保护单位得到了加强；历史地段的保护得到了重视；历史文化名城的整体保护得到了实施。在多年规划实践与广泛征求意见的基础上，明确了北京历史文化名城整体保护的方向，具体提出了 10 个方面的要求：第一，保护和发展传统城市中轴线；第二，注意保持明、清北京城“凸”字型城郭平面；第三，保护与北京城市沿革密切相关的河湖水系；第四，旧城改造要基本保持原有的棋盘式道路网骨架和街巷、胡同格局；第五，注意吸收传统民居和城市

① 单霁翔．历史文化名城保护［M］．天津：天津大学出版社，2015：42.

色彩的特点，保持皇城内青灰色民居烘托红墙、黄瓦的宫殿建筑群的传统色调；第六，以故宫、皇城为中心，分层次控制建筑高度；第七，保护城市重要景观线，保护从市中心遥观西山的几条重要景观线，以及旧城区内各高大文物景点之间几条主要的传统景观线；第八，保护街道对景，对于历史形成的对景建筑及其环境要加以保护，控制其前景和背景的建筑高度；第九，增辟城市广场；第十，保护古树名木，增加绿地，发扬古城以绿树衬托建筑和城市的传统特色。

北京历史文化名城的保护发展在2008年奥运会之前已取得了突破性的进展，并且为了迎接奥运会的到来，北京市政府在北京历史文化名城整体性保护工作上采取了多项具体措施①：市政府拨付3.3亿元及时抢救和保护大批文物古迹，基本缓解了北京市地面文物建筑存在的年久失修、隐患严重的矛盾，为合理利用创造了良好的条件；同时，市政府结合环境综合整治、恢复了部分历史文化景观，如先后规划建设了圆明园遗址公园、莲花池遗址公园、皇城根遗址公园，初步展现阜景传统文化街的历史面貌，历代帝王庙、白塔寺也获得了修缮，陆续修缮了中轴线上的鼓楼、火神庙、普渡寺等古建筑，复建了永定门城楼，抢修开放纪晓岚故居、万寿寺、宛平城、团河行宫、十三陵德陵、古北口和司马台长城；恢复和整治了京城传统河湖水系；严格控制旧城区建筑高度，基本保持了旧城平缓开阔的城市空间布局；加大力度保护古树名木；结合住房制度改革，加快危旧房改造的速度。

上述内容中都提到了北京历史文化名城的整体性保护问题，单霁翔先生2006年专门撰写的《发展中的“旧城整体保护”》② 一文中更是明确提到了北京历史文化名城保护过程中整体性保护的重要意义。文中提到：“整体保护”就要对历史城区的概念进行准确界定，在认真分析特色的基础上，提出相应的整体保护方案。必须认识到，城市的生命与性格、历史与记忆就存在于历史城区的每一方土地、每一寸肌理、每一道天际轮廓线

① 单霁翔．历史文化名城保护［M］．天津：天津大学出版社，2015：94.
② 单霁翔．历史文化名城保护［M］．天津：天津大学出版社，2015：39.

中，因此尤其要从城市格局和宏观环境上保护历史城区。同时，对于文物建筑、文化遗址和历史街区的保护，需要从全局的角度研究其空间分布规律和空间整合关系在历史城区整体中的作用和特色定位，将孤立散存的点状和片状结构变成更具有保护意义的网状系统，从而充分发挥出文物建筑、文化遗址和历史街区对提升历史城区整体价值的重要作用。对于历史城区内的建筑更新项目需要在城市的布局、空间的格局、街巷的肌理，以及建筑的平面结构、体量、高度、色彩、空间、整体协调等方面加以规范，从而继续保障历史城区为“有规律的整体”。

历史是不能假设的，历史也没有“如果”，可是我们却总在脑海中无数次设想这些“如果”，北京内城的保护就是这若干“如果”中的一项内容。今天北京内城的大致范围就是大家俗称的北京二环以里的范围，围绕二环路的地铁上方就是昔日护城河及城墙的位置，相较大同重建的城墙而言，北京内城的城墙更具有历史纪念意义，但也是最不可能修复的，成为建筑保护历史上最大的遗憾。

历史文化名城具有强烈的综合性和活态性，必须以更为整体性的思路、更为灵活的策略和更为细致的方式开展保护工作，进一步拓展“整体保护”思路。而经过多年的保护实践，将历史文化名城作为一个整体进行保护利用已成为各界的共识。张松在其《历史城市保护学导论》中谈到建筑遗产保护的趋势和前景时有这样一段话：“文化遗产保护脱胎于文物建筑的保护，但其后的演变已远远超越了建筑范畴。不仅保护对象不断扩展，而且保护对策也变得更为多样与成熟。历史保护也成为政府发展的政策规定，城市规划中的重要价值取向。保护已从纯粹纪念意义上的关注走向规划意义上的关注，从物质形态的解决转而为在一个更大的系统内寻找对策（这个系统涉及经济、社会、环境、生态等诸多领域）。历史保护也由建筑与规划的边缘地位而成长为一门有相当独立性和综合性的、日益科学化的学科分支，并被纳入国际和各个国家立法、教育、城市建设与规划的各个政策体系中去。保护工作由少数专家的呼吁，逐渐演变为全体民众参与的保护运动。历史保护不只是对少数特殊城市和街区的特殊规定，也成为维持城市个性和增强市民荣耀的手段。”①

二、“历史街区保护” 与“整体保护城市格局” 的世纪之争

在保护历史文化名城北京的进程中，曾经有一大批德高望重的老先生据理力争地坚持“从整体保护北京老城”，而徐苹芳老先生就是其中最有代表性的一位。②

从1992年北京市房地产市场刚刚起步的东方市场，到2003年10月的南池子工程，政协委员、建筑专家、文物专家一次次联名上书，提出质疑。而在中央高层的直接授意下，2004年11月17日，“10人小组”（郑孝燮、徐苹芳、吴良镛等）千呼万唤应运而生。10名专家被北京市政府聘为“北京旧城风貌保护与危房改造专家顾问小组”。政府将他们称作“危改高参”，而北京旧城的居民们则叫他们“文保专家”。他们是从政府掌握的专家资源库中，由北京市规委、建委和文物局三方联合推荐而产生的。在这次还算隆重的成立大会上，时任北京市副市长的刘志华说，要让专家成为政府的“危改高参”。他表示，今后北京旧城危改，不会再大面积“推平头”。以后的危改，将采用微循环模式，由政府出钱，迁出部分人口，整个过程不会再允许开发商介入。在此之前的十几年，20世纪90年代开始的以开发商为主导的“推平头式”的商业危改，已经让北京古城风貌彻底濒临湮灭。一批批以危改名义开发的项目拔地而起，最具代表性的就包括金融街、王府井、东方广场、平安大街、崇文门新世界、南池子。北京已经走过了15年的拆迁，旧城风景早已大变。“10人小组”成员之一的徐苹芳回忆，虽然在成立大会上，副市长刘志华说，以后只要专家不同意，就绝不能立项，③ 但实际的情况却事与愿违。

2002年6月，徐苹芳老先生在《论北京旧城的街道规划及其保护》一

---

① 张松．历史城市保护学导论——文化遗产和历史环境保护的一种整体性方法［M］．上海：同济大学出版社，2008：84.

② 本部分内容参阅王军的《城记》《采访本上的城市》，均为三联书店出版社。

③ “10人小组”的迷途“危改高参”：存在与荒谬．http：//news. sohu. com/20070719/n251141326. shtml.

文中提出，中国古代城市与欧洲的古代城市有着本质的不同。欧洲古代城市的街道是自由发展出来的不规则形态，这便很自然地形成了不同历史时期的街区。中国古代城市从公元3世纪开始，其建设就严格地控制在统治者手中，不但规划了城市的宫苑区，也规划了居住在城中的臣民住区（里坊），对地方城市也同样规划了地方行政长官的衙署（子城）和居民区。“可以断言，在世界城市规划史上有两个不同的城市规划类型，一个是欧洲（西方）的模式，另一个则是以中国为代表的亚洲（东方）模式。”徐苹芳先生写道：“历史街区的保护概念，完全是照搬欧洲古城保护的方式，是符合欧洲城市发展的历史的，但却完全不适合整体城市规划的中国古代城市的保护方式，致使我国历史文化名城的保护把最富有中国特色的文化传统弃之不顾，只见树木，不见森林，捡了芝麻，丢了西瓜，造成了不可挽回的损失。”他始终反对只划出若干片保护区进行“分片保护”的做法，竭力主张根据中国城市营造的传统，施行最为严格的整体保护。而在这个“大拆建”的时代，他发出了城市遗产保护的最强音。徐苹芳老先生曾经也表达了这样的心情，他说：“我也理解支持施划保护区的人士的苦衷——如果不划出这几片保护区，旧城恐怕一下子就被拆光了，连这几片都不会留下。事实上，就是这样划保护区，也是如上刀山啊，拆的力量如此强大。”

在《北京旧城二十五片历史文化保护区保护规划》中可以看到，即便是在保护区里，仍有一个可拆范围。保护区由重点保护区和建设控制区组成，其中建设控制区可“新建或改建”，占保护区面积的37%；道路扩建工程随处可见。2004年，推土机推到了中轴线的鼓楼脚下，旧鼓楼大街要开大马路，而这正是对保护规划的“执行”。徐苹芳先生再也坐不住了，他与梁从诫先生等19位文化界人士联名致函世界遗产大会，呼吁“关注世界文化遗产北京紫禁城周边环境的保护，停止对北京古城的拆除、破坏”。他们在信中陈述：“持续多年的拆除，使得北京成片的胡同、四合院已经越来越少。景山以北至什刹海、钟鼓楼地区是老北京最后的净土之一，如果不采取正确的保护措施，仍然沿用大拆大建、修宽马路的做法，那么，老北京最后的风貌也即将消失！”“对北京古城的保护和抢救已经到了最后关头。对北京古城的拆毁不仅直接危及世界遗产紫禁城的保护，也将是人类文化的重大损失。”

2004 年版总体规划确定了整体保护之后，徐苹芳先生内心是欣喜而纠结的。因为这一版总体规划并未将旧城划为完整的一片保护区，只是将旧城内的保护区增至 33 片，占旧城面积的 29%。

“必须服从整体保护！”徐苹芳先生的本能声音一次次爆发。总体规划关于保护机制的规定——“推动房屋产权制度改革，明确房屋产权，鼓励居民按保护规划实施自我改造更新，成为房屋修缮保护的主体”，给了他信心，让他有理由认为，既然总体规划规定了让老百姓自己修房子，他们是实施保护的主体，开发商再来拆就不能被允许了；让他有理由相信，在现有的法规、政策框架内，保全旧城也是完全可以做到的。2005 年 1 月，国务院批复《北京城市总体规划（2004—2020 年）》（以下简称 2004 年版总体规划），其中明文规定：“重点保护旧城，坚持对旧城的整体保护”（第 60 条）；“保护北京特有的‘胡同—四合院’传统的建筑形态”（第 61 条）；“停止大拆大建”（第 62 条）。这个总体规划，让一直为北京历史文化名城保护和可持续发展奔走呼告的老先生们欣喜若狂。可形势依然严峻，北京旧城之内，还有相当一批在总体规划修编之前就已确定要实施的“危改项目”，如果这些项目不能停止，总体规划就难以落实。针对这一情况，2005 年 2 月，谢辰生先生起草并与郑孝燮先生、吴良镛先生、罗哲文先生、傅熹年先生、李准先生、徐苹芳先生、周干峙先生共同签名的意见书递交至北京市有关领导：“建议政府采取果断措施，立即制止目前在旧城内正在或即将进行的成片拆除四合院的一切建设活动”，“对过去已经批准的危改项目或其他建设项目目前尚未实施的，一律暂停实施”。他们深知，要把这些危改项目全部叫停存在许多困难，急需一个切实可行的解决方案。所以他们提出建议：“要按照《总体规划》要求，重新经过专家论证，进行调整和安排。凡不宜再在旧城区内建设的项目，建议政府可采取用地连动、易地赔偿的办法解决，向新城区安排，以避免造成原投资者的经济损失”。而他们提出这个方案有着充分的理由，因为刚刚被国务院批复的总体规划，正是希望控制北京市中心区的建设规模，重点发展新城，改变长期以来在老城上面建新城而形成的引发严重交通拥堵和环境污染的单中心城市结构。而适时将旧城内的危改项目投资转移到需要重点发展的新城，既保护好旧城，又建设好新城，带动城市结构的调整。这个建议看似顺水推舟，却是给决策者出了一道难题，因为这牵扯一系列复杂问题，包括不少危改项目已实际发生了交易费用。

其结果是，2005 年 4 月 19 日，北京市政府对旧城内 131 片危改项目作出调整，决定 35 片撤销立项，66 片直接组织实施，30 片组织论证后实施。于是，在 2004 年版总体规划被批复之后，北京旧城之内，仍有总计 96 片的危改项目获准直接组织实施或组织论证后实施。这之后，作为专家组成员，徐苹芳先生被一次次邀请参加旧城内的危改项目论证。他生命的最后几年，便卷入到拆与保这台“绞肉机”里，其中滋味可想而知。如果严格按照新修编的总体规划，这些危改项目都是应该被禁止的，还有什么必要论证呢？他又不得不去，因为“总得有人去说说话，能多留一点儿是一点儿”。论证会上，他的声音特别“刺耳”，还不断发表公开的意见。“我们必须与媒体接触，”他说，“名城保护事业，是公事，不是私事！更不能假公济私！”在专家组里，并不是每一位专家的意见都完全一样，有的人甚至是完全不一样。在有人主张拆、有人主张保的“论证”里，意见无法获得一致。这是不是就给自由裁量留下了空间？给违反总体规划的行为寻得了“突破口”？是不是通过这样的“论证”，就可以把历史文化名城保护甚至是破坏的责任，完全推给专家？每一次与徐苹芳先生谈起这些事情，都能感受到郁积在他心中的苦闷有多么深重。

2000 年 2 月 27 日，徐苹芳先生与傅熹年先生提出《抢救保护北京城内元大都街道规划遗迹的意见》（以下简称《意见》），其中提到：“今日北京内城的前身是元大都城。元大都是元朝统一全国后规划设计的新都，它废弃了随唐都市封闭式里坊制的规划，采用了北宋汴梁出现的新的规划体制，是我国历史上唯一一座平地创建的开放式街巷制都城。考古学的发现和研究证明今天北京内城东西长安街以北至北城墙内的街道基本上都是元大都街道的旧迹，明清两代主要是改建宫城和皇城，对全城的街道系统未作改变，故元代规划的街道得以保存。如以东城为例，东垣之朝阳门至东直门之间平列有胡同22条，胡同之间距均为77米，是保存元大都街道和胡同遗迹最典型的地段。完成于13世纪中叶的元大都是中国古代都城规划最后的经典之作，又是当时世界上最著名的大都会之一汗八里，这样一座具有世界意义的历史名都，能有700年前的街道遗迹保存在现在城市之中心，在世界上也是罕见的，是值得我们珍视和骄傲的。”

三、北京历史文化名城整体性法律保护存在的问题

所谓的“文脉”就是文化脉络，也就是文化沿承的脉络，城市的脉络就是城市在发展过程中基于文化因素所形成的脉络沿承关系，建筑物与建筑物之间的联系是不能被割断的，这就是建筑文脉。

从新中国成立后到20世纪80年代，北京内城保护在城市现代化发展过程中受到了较大的影响，虽然整体格局没有变化，但许多有意义有价值的文物古迹渐渐地消失了。从20世纪80年代至今这30年间，北京历史文化名城虽然一直在努力进行整体保护，但现实却差强人意，在有些国外学者的眼中，“北京的另一半已经被毁掉了”①，这个论断虽显得武断，但从某种意义上来说，也体现出外国学者对北京整体格局的不同看法：“古老的北京的一半仍然活着，是一个无可比拟的奇迹。”② 如今的北京，从经济文化现代化角度来看，它是一座活力无限、充满现代感和时尚感的国际大都市，但从美学意义来讲它已经失去了作为一座历史文化名城整体性的魅力和特色，造成这个结果的原因很复杂，但不可否认的一点，在北京城保护过程中并没有真正从“整体性保护”的角度去规划城市发展、城市遗产

① ［美］安东尼·滕．世界伟大城市的保护——历史大都会的毁灭与重建［M］．北京：清华大学出版社，2014：176.

② ［美］安东尼·滕．世界伟大城市的保护——历史大都会的毁灭与重建［M］．北京：清华大学出版社，2014：176.

的保护，是造成历史文化名城历史感的缺失、唯美感的流逝的重要因素。虽然三层次历史遗存体系的全部保护规划做得基本到位，但是对名城整体空间环境保护规划却做得不好，也是导致今日北京失去了历史文化名城作为整体的风采魅力的基本原因。

因此，如何解决蕴含在《中华人民共和国文物保护法》《历史文化名城名镇名村保护条例》以及《北京历史文化名城保护规划》中的整体性保护理念的解释问题，究竟是以中国传统城市文化的“城”的整体理念来解读整体性保护的具体措施，还是要借鉴国际通行的三层次“单体文物—历史街区—历史名城”的整体保护理念设置我国历史文化名城保护的各项措施，这才是历史文化名城整体性保护的根本问题，而它表现在北京这座现代化大都市的发展过程中就显得尤为突出和迫切，这使我们必须要考虑城市规划过程中“西学东渐”的过程重要，还是“东西交融”、互通有无更重要。从国际城市规划设计理论上有许多国外规划设计专家已经开始关注中国古代的城市规划理念，其中蕴含的“慢生活”“慢交通”的理念很值得备受现代化困扰的城市学习借鉴。

看着如今的北京全景在飞速地向外蔓延发展的同时，人们不禁会想到“梁陈方案”的前瞻性与科学性，但历史不能假设，失去了最后一次规划北京旧城与新城之间的发展比例的机会①，就再也不能重新选择了，随着历史的车轮不断向前滚动，北京的未来也将具有不可比拟的历史性。

① 王军．城记［M］．上海：生活．读书．新知三联书店，2003：349.

第 3 节

北京历史文化名城整体性保护的法治策略

历史文化名城保护是政府职能的主要内容之一，而作为它的保护主体，国家文物局及地方文物保护主体以及住建部与各地相关部门对于历史文化名城的保护负有绝对的不可推卸的责任。前文中的历史文化名城平遥由于具有良好的历史基础，在保护过程中上至政府下至公众均具有较为自觉的保护意愿以及保护动力，由于巨大的经济效益的推动，自上而下与自下而上的历史文化名城保护工作总体上来说具有颇有成效的成绩，是历史文化名城整体性保护的典例。大同具有另外的一个典型效应，长期以来它所处的整体审美水平较低，加之大同长期以来作为煤炭重工业城市，面对煤炭经济效应的诱惑时，实在无暇顾及关于历史文化的审美问题，更由于历届主要领导的文化层次并不能达到历史审美的高度，大同的城市发展在经济效益与历史文脉之间选择了前者。对于北京而言，历史文化名城的保护一直处于行政指导工作之下，自上而下的力量远远高于自下而上的意愿。北京是中华人民共和国的首都，作为全国的政治、文化中心，它所代表的城市形象是完全不同的，因此，对于北京历史文化名城保护过程中的策略也具有典型的代表意义。

一、《北京历史文化名城保护规划》 的全局统领

在《北京历史文化名城保护规划》中提到“正确处理历史文化名城保护和城市现代化建设的关系”“重点搞好旧城保护，最大限度地保护北京历史文化名城”“必须从整体上考虑北京旧城的保护，具体体现在历史河湖水系、传统中轴线、皇城、旧城‘凸’字型城廓、道路及街巷胡同、建筑高度、城市景观线、街道对景、建筑色彩、古树名木十个层面的内容”。具体如下：

3. 规划指导思想及思路

3.1 规划指导思想

3.1.1 坚持北京的政治中心、文化中心和世界著名古都的性质。

3.1.2 正确处理历史文化名城保护和城市现代化建设的关系。

3.1.3 重点搞好旧城保护，最大限度地保护北京历史文化名城。

3.1.4 贯彻“以人为本”的思想，使历史文化名城在保护中得以持续发展。

3.2 规划基本思路

3.2.1 规划的基本思路为：三个层次和一个重点。

3.2.2 保护的“三个层次”是：文物的保护、历史文化保护区的保护、历史文化名城的保护。“一个重点”是：旧城区。

……

6. 旧城整体格局的保护

6.0.1 必须从整体上考虑北京旧城的保护，具体体现在历史河湖水系、传统中轴线、皇城、旧城“凸”字型城廓、道路及街巷胡同、建筑高度、城市景观线、街道对景、建筑色彩、古树名木十个层面的内容。

但是随着时间的发展，原有的历史文化名城保护规划中的范围远远不够，因此有关专家提出了增加历史保护区的意见，而单霁翔先生就是其中最有代表性的一位发声者。

北京作为全国文化中心，其老城区拥有众多历史文化资源，这些资源是中华优秀传统文化的结晶，亟须得到妥善地保护。因此，今年我提交的3个提案《关于抓住首

都功能疏解契机加强历史城区保护的提案》《关于维护北京历史街区文化特色的提案》《关于增加北京历史文化保护区的提案》，其核心都是如何保护好北京历史城区。长期以来，对北京历史城区既要保护历史文化资源，又要实现多功能的现代城市建设，这的确是个难题。经过多年的发展，目前北京历史城区范围内的传统遗存已不足总面积的1/3，建筑形式和街道形态在时代、风格、尺度、规模等方面存在巨大差异。同时，以南锣鼓巷历史文化街区为代表的一些街区，也因为过多商业开发破坏了应有的原汁原味。举例来说，在北京历史上，街巷胡同最多时曾有6000余条。目前历史城区范围内，仅保留街巷胡同不足1500条，而位于公布的30片历史文化保护区内的街巷胡同只有600多条，对其余约900条街巷胡同如何加以保护还不明确。在北京市有序疏解非首都功能的过程中，历史城区的保护可能遇到更大的挑战。我们应“像爱惜自己的生命一样”保护历史文化遗产，城市建设不能简单地一切推倒重建、单纯城市化。应注意避免很多问题，不能重视硬件、忽略软件，重视城市化、忽略文化资源，重视拆旧盖新、忽略保持历史城区风貌。从大的层面上来说，必须调整北京历史城区保护的战略方向，扭转单中心城市结构失衡的发展局面，遏制“摊大饼”式城市扩张，进一步明确首都功能内涵，提出整体保护的要求。具体到操作层面，应进一步梳理历史城区可以进行整体保护的空间范围，明确其主要方向，突出其文化遗产价值，重点保护故宫、天坛等城市文化景观，保护以中轴线为代表的城市轴线体系，修补内外城和皇城城郭及传统水系格局，凸显历史城区面貌的完整性。我建议，首先，应增加北京历史文化保护区的保护范围，将北京62.5平方千米历史城区内尚存整体保护价值的历史街区，全部公布为历史文化保护区。其次，在保护好已经公布的历史文化保护区的基础上，扩大保护范围，将具有胡同—四合院基本格局的区域，全部公布为历史文化保护区。当前对于北京历史文化名城保护来说，是不可失去的难得机遇。①”

二、监督机制的督促与激励机制

根据国家文物局网站消息，住房和城乡建设部和国家文物局近日印发《关于开展国家历史文化名城和中国历史文化名镇名村保护工作评估检查的通知》，将对历史城区评估是否存在拆真建假、大肆修建仿古街区等行

① 单霁翔．增加北京历史文化保护区的保护范围．http：//news. xinhuanet. com/culture/2016-03/08/c_ 128782809. htm.

为；对历史文化街区评估是否出现大规模突击式整治改造或过度商业开发等行为。①

2017 年，住房和城乡建设部就曾下发通知，要求各地加强对历史建筑的严格保护，严禁随意拆除和破坏已确定为历史建筑的老房子、近现代建筑和工业遗产，做到不拆真遗存，不建假古董。这次住房和城乡建设部和国家文物局联合启动对全国 132 座国家历史文化名城、252 个中国历史文化名镇和 276 个中国历史文化名村保护工作的评估检查，可视为对上述通知要求的针对性落实和回应。

通知中提到了被评为国家历史文化名城、历史文化名镇和历史文化名村，既代表着某个城市和地方的历史文化价值，同时也是对于当地在历史建筑和文化保护上的肯定。但囿于这种称号的外部价值，也不排除一些地方为了成功摘得“历史文化名城明镇名村”的头衔而采取一些急功近利的做法。前些年就有媒体报道，借着文化产业要成为国民经济支柱产业的政策东风，一些地方修建和复建历史文化名街的热潮急速涌动，从而导致出现重修建而轻保护的苗头，甚至个别地方还诞生了“仿古一条街”。这显然有违“历史文化名城名镇名村”的评选初衷。

“历史文化名城名镇名村”拥有大量的历史文化资源，这本是难得的财富。可一些地方往往过于看重头衔，却在实质性的保护层面“捡了芝麻丢了西瓜”。这从此次评估的两个重要标准就可以看出端倪——是否存在拆真建假、大肆修建仿古街区等行为；是否出现大规模突击式整治改造或过度商业开发等行为。两者所指向的问题恰恰就是“不拆真遗存，不建假古董”的历史建筑保护原则是否得到真正的落实。

确定为“历史文化名城名镇名村”，只是意味着一个地方在历史文化资源保护上的一个新开始，同时也是一种压力，而非终点。例如，这次评估的第一个方面就是要检查名城和名镇名村保护范围、不可移动文物、历史文化街区和历史建筑数量，并评估保护范围的变化情况和变化原因。而

① “历史文化名城”就该有退出机制：http：//media. china. com. cn/cmsp/2017－10－28/1161346. html.

近些年来，历史保护建筑遭遇人为破坏的现象时有发生，所折射的正是一些地方和相关部门在后续保护上的投入偏差和松懈，希望这次评估能够倒逼管理者的责任意识。而在制度方面上，还需要进一步落实历史建筑的确定、挂牌和建档工作，让每一座历史建筑的保护都“有章可循”。

相较于单一的历史建筑保护，历史名城、名镇、名村保护的难度和复杂之处更在于要求从整体上保存一个地方的历史风貌。这就不仅需要对具体历史建筑的“点”给予严格保护，更要将历史保护理念融入城、镇、村的规划、产业布局、发展定位等“面”上去，做到建筑风格统一，不突兀不违和，体现整体的历史感。在这方面上，更考验地方管理者的长远发展观和对地方文化、文脉的尊重程度。

顾名思义，“历史文化名城名镇名村”，自然要求在历史文化的保护上，要树立榜样，走在社会前列。而这种严格要求，必须建立在可监督的基础之上，不能让评选变成“一劳永逸”。对此，这次评估通知要求，对保护工作开展不到位、地方政府监管不力、历史文化遗产价值受到破坏的，要通报批评，限期整改；对评估检查发现的问题逾期不改或被认定为已不具备条件的国家历史文化名城，将建议国务院列入濒危名单或者撤销称号。“有进有退”才有足够的保护压力和动力，希望能借此评估契机，相关部门对于“历史文化名城名镇名村”能逐步建立适当的退出机制。

北京历史文化名城在全国132座国家历史文化名城中具有绝对的代表意义，北京历史文化名城的保护工作对于全国各个历史文化名城的保护是最具说服力的样本和标杆。在北京历史文化名城保护的过程中，经历了曲折漫长的坎坷过程，在保护理念上也是从单纯文物保护——历史街区保护——名城整体保护三个层次不断发展进步。以整体性的视野保护北京历史文化名城已经达成共识，但是在这个过程中还是发生了许多以牺牲名城整体风貌来换取经济利益发展的令人扼腕叹息的个案，因此如何以整体性理念保护北京历史文化名城、如何建立一个良性的法制保护框架，是亟待解决的问题，也是决定北京历史文化名城整体性保护是否成功的关键要素。

三、保护机构的职能履行

2010年10月21日，北京市成立历史文化名城保护委员会。由当时北京市委书记刘淇任委员会名誉主任，市委副书记、市长郭金龙任主任。委员会还专门成立了由旧城保护、城市规划、非物质文化遗产等方面的专家组成的专家顾问组，其中包括郑孝燮、吴良镛、谢辰生、罗哲文、宣祥鎏、徐苹芳、傅熹年、王世仁、舒乙、柯焕章、王景慧、赵书、王静霞、陈晓丽、张和平、刘恒、边兰春。委员会将编制历史文化名城保护规划，研究功能核心区的“道路红线”，按照现有胡同肌理、街道走向等进行重新完善、科学规划。

在经济快速发展的条件下，保护好北京历史文化名城是一项十分重要、十分紧迫的任务。要健全保护和修缮机制，把应当保护的文物古迹尽最大可能保护好。既要重物，更要重人、重文化，同时注重对文物的文化内涵、文化价值的整理挖掘，使北京的众多文物更好地发挥作用。同时，要注重统筹解决好保护古都风貌与改善群众生活条件、消除安全隐患、解决城市交通拥堵等问题。委员会将结合制定的“十二五”规划，编制历史文化名城保护规划，研究功能核心区的“道路红线”，按照现有胡同肌理、街道走向等进行重新完善、科学规划。“道路红线”一般是指道路用地的边界线。北京曾在1955年由苏联专家制定了道路红线，随后进行了道路扩建。当时的方案后来被认为没有结合北京旧城的实际情况，破坏了原有的胡同肌理。而这次重新研究“道路红线”，哪些胡同能加宽、哪些胡同必须严格保持现状将进行重新界定，其盲目加宽胡同、拆房修路的问题有望得到缓解。

“北京名城委”是市委、市政府议事协调机构，其主要职责是：贯彻落实国家和本市关于历史文化名城保护方面的法律、法规、规章和政策；落实《北京城市总体规划》，实施北京旧城整体保护战略，统筹领导北京历史文化名城保护工作；审议北京历史文化名城保护规划；研究北京历史文化名城保护的重大事项。

北京名城委办公室设在市规划委，其主要职责是：在北京名城委领导下，负责统筹协调北京历史文化名城保护工作；组织编制北京历史文化名城保护规划，研究北京历史文化名城保护机制、政策和措施，并提出建议；指导督促有关区（县）历史文化名城保护和修缮工作；承担北京历史文化名城保护委员会的日常工作。

四、 构建完善的整体性保护法律体系

1. 北京城市总体规划

至今共有三次总体规划，1991—2010 年总体规划、2004—2020 年总体规划、2016—2035 年总体规划。相关内容在第四节中进行详述。北京城市的三次总体规划对北京历史文化名城的整体性保护起到了极其重要的历史作用，尤其是 2016—2035 年的总体规划对整体性保护进行了更为详尽的阐述。

2.《北京历史文化名城保护规划》

《北京历史文化名城保护规划》是按照《历史文化名城名镇名村保护条例》以及《历史文化名城保护规划规范》编制的名城规划，其中对整体性保护进行了原则性的规定，是北京历史文化名城整体性保护的基本法律依据：

3.1 规划指导思想：

3.1.1 坚持北京的政治中心、文化中心和世界著名古都的性质。

3.1.2 正确处理历史文化名城保护和城市现代化建设的关系。

3.1.3 重点搞好旧城保护，最大限度地保护北京历史文化名城。

3.1.4 贯彻“以人为本”的思想，使历史文化名城在保护中得以持续发展。

3.2 规划基本思路：

3.2.1 规划的基本思路为：“三个层次”和“一个重点”。

3.2.2 保护的“三个层次”是：文物的保护、历史文化保护区的保护、历史文化名城的保护。“一个重点”是：旧城区。

6.0.1 必须从整体上考虑北京旧城的保护，具体体现在历史河湖水系、传统中轴

线、皇城、旧城“凸”字型城廓、道路及街巷胡同、建筑高度、城市景观线、街道对景、建筑色彩、古树名木十个层面的内容。

这份名城规划中的具体内容明确显示了保护北京老城必须以整体保护的方式进行，只有这样才能重现它最迷人的魅力所在。

3. 《北京历史文化名城保护条例》

对于北京历史文化名城来说，所要保护的对象就是2005年3月25日北京市第十二届人民代表大会常务委员会第十九次会议通过，于2005年5月1日起施行的《北京历史文化名城保护条例》第二章第10~15条的规定：

第十条 北京历史文化名城的保护内容包括：旧城的整体保护、历史文化街区的保护、文物保护单位的保护、具有保护价值的建筑的保护。

第十一条 旧城，是指明清时期北京城护城河及其遗址以内（含护城河及其遗址）的区域。

旧城的保护内容包括：历史河湖水系、传统中轴线、皇城、旧城“凸”字形城廓、传统街巷胡同格局、建筑高度、城市景观线、街道对景、建筑色彩、古树名木等。

旧城保护应当坚持整体保护的原则，针对不同区域采取不同的方式进行保护。

第十二条 皇城保护应当完整、真实地保持以紫禁城为核心，以皇家宫殿、衙署、坛庙建筑群、皇家园林为主体，以四合院为衬托的历史风貌、规划布局和建筑风格。

第十三条 对具有特定历史时期传统风貌或者民族地方特色的街区、建筑群、村镇等，应当认定为历史文化街区。

历史文化街区的范围应当包括核心保护区和建设控制区。建设控制区的划定应当符合核心保护区的风貌保护和视觉景观的要求。

第十四条 对尚未列为不可移动文物、反映一定时代特征、具有保护价值、承载真实和相对完整历史信息的四合院和其他建筑，应当认定为具有保护价值的建筑。具体认定标准和程序，由市人民政府制定并公布。

第十五条 历史文化街区的名单及其核心保护区和建设控制区的范围，由市规划行政主管部门会同市文物行政主管部门提出，报市人民政府批准并公布。

具有保护价值的建筑、城市景观线、对景建筑的名单，由市文物行政主管部门会同市规划行政主管部门提出，报市人民政府批准并公布。

历史河湖水系的名单，由市水行政主管部门会同市文物行政主管部门提出，报市人民政府批准并公布。

上述内容中可以肯定的一点就是，从元至明清时期留存下来的北京“凸”字型古城整体格局以及该格局，内所涉及的文物保护单位、名木、街道、水系等均为北京历史文化名城需要保护的对象，而并不仅仅是划分了历史街区或者保护区之后的保护对象，历史文化街区或历史文化保护区的存在必须以古城格局的存在为基本前提，如果古城基本格局被彻底破坏了，那保存下来的文物保护单位最终也会逐渐消逝于经济发展的大潮中，这也是北京近半个世纪的发展所换来的名城保护的教训。而教训中最重要的核心问题就是主导工作的政府是否具有应有的审美。

第4节 北京城市总体规划对北京历史文化名城整体性保护的法治意义

城市总体规划，对于一个城市而言，是在未来若干时间段内发展前景的一种设计和预期，北京是一个政治文化中心，因此城市总体规划无论从法律上还是从政府职能的履行角度都具有绝对的法治意义。到目前为止影响北京发展的总体规划一共有三次，分别是 1991—2010 年总体规划、2004—2020 年总体规划、2016—2035 年总体规划。而在这三次规划中分别都提到了对北京历史文化名城的总体保护，但它们的侧重点却是不一样的。其大致可分述如下。

一、《北京城市总体规划（1991—2010 年）》

1993 年 10 月 6 日国务院批复，1994 年 2 月 27 日北京市政府发布《北京城市总体规划（1991—2010 年）》中第八部分涉及历史文化名城的保护与发展，其内容如下：

八、历史文化名城的保护与发展

44. 北京历史文化名城的保护，是以保护北京地区珍贵的文物古迹、革命纪念建筑物、历史地段、风景名胜及其环境为重点，达到保持和发展古城的格局和风貌特色，继承和发扬优秀历史文化传统的目的。对于新的建设要体现时代精神、民族传统、地方特色，根据不同情况提出不同要求，使新旧建筑、新的建设与周围环境互相协调，融为一体，形成当代中国首都的独特风貌。

要妥善处理历史文化名城保护与现代化建设的关系。城市现代化建设、社会经济发展，以及市区特别是旧城的调整改造，要与历史文化名城的保护相结合，使北京的发展和建设，既符合现代生活和工作的需求，又保持其历史文化特色。

45. 各级文物保护单位是历史文化名城保护的重要内容。对公布的文物保护单位，尤其是国家级和市级文物保护单位，包括万里长城、故宫、周口店北京猿人遗址等“世界文化遗产”，必须加强科学保护，合理利用。进一步加强对地面和地下文物古迹的调查、发掘与鉴定，公布新的保护单位；继续划定文物保护单位的保护范围及其周围的建设控制地带，总结经验，不断完善。对地下埋藏区内的建设，坚持无勘探发掘、后进行施工的原则。

46. 历史文化保护区是具有某一历史时期的传统风貌、民族地方特色的街区、建设群、小镇、村寨等，是历史文化名城的重要组成部分。北京市已确定的国子监街、南锣鼓巷、西四北、什刹海、陟山门街、牛街、琉璃厂、大栅栏、景山前街、景山后街、景山东西街、南北长街、南北池子、东交民巷等25处第一批市级历史文化保护区，要逐个划定范围，具体确定其保护和整治目标。保护区内新建筑的形式和色彩，要与该区原有风貌协调一致，与之不协调的建筑物和其他设施要加以改造。

要继续在旧城区和广大郊区增划各级历史文化保护区。对于历史文化保护区以外的分散的好四合院，在进行城市改建时也要尽量保留，合理利用。

47. 要从整体上考虑历史文化名城的保护，尤其要从城市格局和宏观环境上保护历史文化名城。

(1) 保护和发展传统城市中轴线。必须保护好从永定门至钟鼓楼这条明、清北京城中轴线的传统风貌特点。继续保持天安门广场在轴线上的中心地位，要在扩建改建中增加绿地、完善设施。鼓楼前街和前门大街要建设成为具有传统特色的商业街。

中轴南延长线要体现城市“南大门”形象；中轴北延长线要保留宽阔的绿带，在其两侧和北端的公共建筑群作为城市轴线的高潮与终结，突出体现21世纪首都的新风貌。

(2) 注意保持明、清北京城“凸”字形城廓平面。沿城墙旧址保留一定宽度的绿化带，形成象征城墙旧址的绿化环。原城门口的建筑应体现“城门旧址”的标志特点。

(3) 保护与北京城市沿革密切相关的河湖水系，如长河、护城河、六海等。

(4) 旧城改造要基本保持原有的棋盘式道路网骨架和街巷、胡同格局。

(5) 注意吸取传统民居和城市色彩的特点。保持皇城内青灰色民居烘托红墙、黄瓦的宫殿建筑群的传统色调。

(6) 以故宫、皇城为中心，分层次控制建筑高度。旧城要保持平缓开阔的空间格局，由内向外逐步提高建筑层数，建筑高度除规定的皇城以内传统风貌保护区外，分别控制在9米、12米和18米以下。长安街、前三门大街两侧和二环路内侧以及部分干道的沿街地段，允许建部分高层建筑，建设高度一般控制在30米以下，个别地区控制在45米以下。旧城以外，一般不超过60米。

从生态环境考虑，由市区西北部风景名胜区至东南部，应留出一条“通风走廊”，以保持中心地区良好的大气环境，建筑高度低于相邻地区。市区南部的中轴南延长线两侧，是从景山南望故宫，显示古都传统天际轮廓线的重要背景，建筑高度相对低一些。

市区的东部、北部的适当地段，可按城市设计要求建设个别较高的建筑物，丰富城市轮廓线。

(7) 保护城市重要景观线。保护“银锭观山”和从市中心区往西的几条干道遥观西山的重要景观线，以及景山万春亭、北海白塔、妙应寺白塔、钟鼓楼、德胜门箭楼、天坛祈年殿、正阳门城楼和箭楼各景点之间几条主要的传统景观线。景观线保护范围内新建筑的高度，应按测试高度控制，严禁插建高层建筑。

(8) 保护街道对景。对于历史形成的对景建筑及其环境要加以保护，控制其前景和背景的建筑高度。对有可能形成新的对景的建筑，要通过城市设计，对其前景和背景建筑的高度、体量和造型提出控制要求。

(9) 增辟城市广场。除天安门广场是城市中心广场外，旧城各城门口附近，城市内环路上的各干道交叉口附近，以及重要公共建筑地段，要增辟城市广场，搞好景观设计，增添小品设施，处理好建筑形体与广场、绿化的关系以及广场的交通问题。

(10) 保护古树名木，增加绿地，发扬古城以绿树衬托建筑和城市的传统特色。

从条文数量上来看，这次关于历史文化名城保护的只有四条，其主要贡献在第47条上，提出了“整体保护”“城市格局”“历史风貌”等重要的概念。1993年以来，经国务院批准的《北京城市总体规划》（1991—

2010 年）在指导首都建设和发展方面发挥了重要作用，规划确定的 2010 年的大部分发展目标已经提前实现。随着经济社会的快速发展，北京也进入了新的重要发展阶段。为紧紧抓住 21 世纪前 20 年重要战略机遇期，充分利用好城市发展的良好机遇和承办 2008 年夏季奥运会的带动作用，实现首都经济社会的持续快速发展。而要解决城市发展中面临的诸多矛盾和问题，就迫切需要为城市未来的长远发展确定新的目标，开拓新的空间，提供新的支撑条件。

二、《北京城市总体规划（2004—2020 年）》

为了适应首都现代化建设的需要，2002 年 5 月北京市第九次党代会提出了修编北京城市总体规划的工作任务，根据 2003 年国务院对《北京城市空间发展战略研究》的批示精神，以及 2004 年 1 月建设部《请尽快开展北京市城市总体规划修编工作的函》，特编制《北京城市总体规划》（2004—2020 年）。其中关于历史文化名城保护的条文及内容如下：

第一章 第 2 条指导原则和思想（4）中提到“贯彻尊重城市历史和城市文化的原则。把握社会主义先进文化的前进方向，保护古都的历史文化价值，弘扬和培育民族精神，全面展示北京的文化内涵，形成融历史文化和现代文明为一体的城市风格和城市魅力。”

第二章 城市性质、发展目标与策略

第 9 条 城市发展目标和主要职能

按照中央对北京做好“四个服务”的工作要求，强化首都职能，以建设世界城市为努力目标，不断提高北京在世界城市体系中的地位和作用，充分发挥首都在国家经济管理、科技创新、信息、交通、旅游等方面的优势，进一步发展首都经济，不断增强城市的综合辐射带动能力，弘扬历史文化，保护历史文化名城风貌，形成传统文化与现代文明交相辉映、具有高度包容性、多元化的世界文化名城，提高国际影响力，创造充分的就业和创业机会，建设空气清新、环境优美、生态良好的宜居城市。创建以人为本、和谐发展、经济繁荣、社会安定的首善之区。

第三章 中心城调整优化

第49条 原则

……

(3) 坚持旧城功能调整优化和古都风貌保护统筹的原则。增强政治和文化中心的功能，保护古都风貌和整体空间格局，形成传统物质空间与现代城市功能相协调的城市形态。

第四章 历史文化名城保护

第60条 历史文化名城保护的原则

北京是世界著名古都和历史文化名城。应充分认识保护历史文化名城的重大历史意义和世界意义。重点保护北京市域范围内各个历史时期珍贵的文物古迹、优秀近现代建筑、历史文化保护区、旧城整体和传统风貌特色、风景名胜及其环境，继承和发扬北京优秀的历史文化传统。

(1) 坚持贯彻和落实科学发展观的原则，正确处理保护与发展的关系。强化历史文化名城的重要地位。

(2) 坚持整体保护的原则。完善市域和旧城历史文化资源和自然景观资源的保护体系。重点保护旧城，坚持对旧城的整体保护。

(3) 坚持以人为本的原则，积极探索小规模渐进式有机更新的方法。在政府主导下妥善处理居民生活条件改善与古都风貌保护的关系。防止片面性，解决“建设性破坏”所引发的矛盾，疏解居住人口，消除安全隐患。统筹保护历史文化资源，重塑旧城优美的空间秩序。

(4) 坚持积极保护的原则。合理调整旧城功能，防止片面追求经济发展目标，强化文化职能，积极发展文化事业和文化、旅游产业，增强发展活力，促进文化复兴，推动旧城的可持续发展。

(5) 坚持保护工作机制不断完善与创新的原则。加速推进历史文化名城保护的法制化进程，调整和健全历史文化名城保护管理的机制与体制。

第61条 旧城整体保护

明清北京城是在辽、金、元时期北京城的基础上发展起来的，是中国古代都市计划的杰作，是历史文化名城保护的重点地区。旧城的范围为明清时期北京护城河及其遗址以内（含护城河及其遗址）的城市区域。应进一步加强旧城的整体保护，制定旧城保护规划，加强旧城城市设计，重点保护旧城的传统空间格局与风貌。

(1) 保护从永定门至钟鼓楼7.8公里长的明清北京城中轴线的传统风貌特色。

（2）保护明清北京城“凸”字形城廓。沿城墙旧址保留一定宽度的绿化带，形成象征城墙旧址的绿化环。保护由宫城、皇城、内城、外城四重城廓构成的独特城市格局。

（3）整体保护皇城。按照《北京皇城保护规划》，开展保护和整治工作。

（4）保护旧城内的历史河湖水系。部分恢复具有重要历史价值的河湖，形成一个完整的系统。

（5）保护旧城原有的棋盘式道路网骨架和街巷、胡同格局。

（6）保护北京特有的“胡同-四合院”传统的建筑形态。

（7）分区域严格控制建筑高度，保持旧城平缓开阔的空间形态。

（8）保护重要景观线和街道对景。景观线和街道对景保护范围内的建设，应通过城市设计提出高度、体量和建筑形态控制要求，严禁插建对景观保护有影响的建筑。

（9）保护旧城传统建筑色彩和形态特征。保持旧城内青灰色民居烘托红墙、黄瓦的宫殿建筑群的传统色调。旧城内新建建筑的形态与色彩应与旧城整体风貌相协调。

（10）保护古树名木及大树。保持和延续旧城传统特有的街道、胡同绿化和院落绿化，突出旧城以绿树衬托建筑和城市的传统特色。

第62条 旧城的保护和复兴

（1）统筹考虑旧城保护、中心城调整优化和新城发展，合理确定旧城的功能和容量，疏导不适合在旧城内发展的城市职能和产业，鼓励发展适合旧城传统空间特色的文化事业和文化、旅游产业。

（2）积极疏散旧城的居住人口。综合考虑人口结构、社会网络的改善与延续问题，提升旧城的就业人口和居住人口的素质。

（3）积极探索适合旧城保护和复兴的危房改造模式，停止大拆大建。制定科学合理的房屋质量评判和保护修缮标准，逐步改造危房，消除安全隐患，提高生活质量。严格控制旧城的建设总量和开发强度。逐步拆除违法建设及严重影响历史文化风貌的建筑物和构筑物。

（4）在保持旧城传统街道肌理和尺度前提下，制定旧城的交通政策和道路网规划，建立并完善适合旧城保护和复兴的综合交通体系。

（5）在保护旧城整体风貌、保存真实历史遗存的前提下，制定旧城市政基础设施建设的技术标准和实施办法，积极探索适合旧城保护和复兴的市政基础设施建设模式

第63条 文物保护单位的保护

各级文物保护单位是历史文化名城保护的重要内容。文物保护单位的保护必须依据《中华人民共和国文物保护法》执行，要保护历史的真实性。

(1) 进一步做好世界文化遗产保护工作，继续划定世界文化遗产缓冲区，制定明确的管理和控制措施，逐步整治、改建或拆除不符合保护控制要求的建筑物和构筑物。

(2) 做好文物保护单位的保护工作，继续公布各级文物保护单位名单。根据文物资源的布局和特色，分类进行保护和利用。文物保护单位坚持“原址保护”的原则。

(3) 从保护文物周围历史环境和传统风貌出发，继续划定和完善各级文物保护单位保护范围和建设控制地带，逐步整治、改建或拆除建设控制地带内不符合保护控制要求的建筑物和构筑物。

(4) 加强城市考古及对地下文物的调查、勘探、鉴定和保护工作，继续划定并公布地下文物埋藏区。对地下文物埋藏区内的建设，坚持先勘探发掘、后进行建设的原则。在旧城内进行基本建设工程时，依据文物保护的有关法规，加强考古调查、勘探工作。

(5) 加强挂牌保护院落的保护和修缮，继续调查并公布保护院落名单，制定和完善挂牌保护院落的保护措施。挂牌保护院落应依据文物保护的有关法规实施管理。

(6) 加强尚未核定公布为文物保护单位的各类不可移动文物的普查与管理，继续做好登记、公布工作。

第64条　优秀近现代建筑的保护

北京优秀近现代建筑，是北京近现代历史时期建造的，能够反映城市发展历史、具有较高历史文化价值的建筑物和构筑物，是历史文化名城保护的重要内容。应加强对优秀近现代建筑的鉴定、保护和合理利用。

第65条　历史文化保护区的保护

历史文化保护区是保存文物古迹丰富，具有某一历史时期的传统风貌、民族地方特色的街区、建筑群、村镇等，是历史文化名城的重要组成部分。应坚持保护历史信息的真实性、保护传统风貌的整体性、历史建筑保护与利用相结合的原则，加强历史文化保护区的保护。

(1) 继续做好历史文化保护区的普查、划定、公布工作，及时编制历史文化保护区的保护规划。

(2) 对已公布的历史文化保护区，应严格依据保护规划实施规划管理。

(3) 进一步扩大旧城历史文化保护区的范围。根据历史文化遗存分布的现状和传统风貌的整体状况，扩大、整合旧城现有的历史文化保护区；增加新的历史文化保护区。

(4) 加强历史建筑的保护和再利用。以院落为单位保护和修缮历史文化价值较高的旧宅院。保护传统胡同和街巷空间。

(5) 根据历史文化保护区的特点，采取相应的历史环境保护和有机更新方式，逐步改善历史文化保护区的居住和生活条件。

(6) 逐步整治、改建或拆除历史文化保护区内不符合保护控制要求的建筑物和构筑物。

第66条　市域历史文化资源的保护

进一步加强对北京历史文化名城有重要意义的地质地貌、自然风景、历史及文化遗产等体现城市发展与演变的历史文化资源的保护。

(1) 保护独特的自然地理形态。保持城市与山水相互映衬的格局，保护历史文化名城整体格局的宏观环境。

(2) 完善市域及周边地区历史文化资源和自然景观资源的保护体系。突出历史文化脉络，形成文化遗产保护体系。重点保护历史遗存及其环境，充分发掘其中的文化内涵。

(3) 保护各级风景名胜区。及时编制风景名胜区规划，严格依据规划实施规划管理，保护自然景观、文化古迹和生态环境。

(4) 保护与城市发展密切相关的历史河湖水系，划定保护范围并加以整治。重点保护护城河水系、古代水源河道、古代防洪河道、风景园林水域以及重要的水工建筑物。

(5) 保护辽、金、元、明、清不同时期北京城池变迁过程中遗存的历史遗迹和城池格局特征。

(6) 发掘、整理、恢复和保护丰富的各类非物质文化遗产，如传统地名、戏剧、音乐、字画、服饰、庙会、老字号等，继承和发展传统文化精髓，焕发古都活力。

第67条　机制保障

(1) 建立旧城保护、中心城调整优化和新城发展的统筹协调机制，完善旧城保护的实施机制，促进旧城的有机疏散。

(2) 健全北京历史文化名城保护的相关配套法规和政策。制定《北京历史文化名城保护条例》及相关法规，调整与历史文化名城保护相矛盾的规划内容、规章和规定，严格依法进行保护和管理。

(3) 建立健全旧城历史建筑长期修缮和保护的机制。推动房屋产权制度改革，明确房屋产权，鼓励居民按保护规划实施自我改造更新，成为房屋修缮保护的主体。制定并完善居民外迁、房屋交易等相关政策。

(4) 打破旧城行政界限，调整与历史文化名城保护不协调的行政管理体制，明确各级政府以及市政府相关行政主管部门对历史文化名城保护所负担的责任和义务。

(5) 遵循公开、公正、透明的原则，建立制度化的专家论证和公众参与机制。

其中较重要的贡献在于第七章“历史文化名城的保护”，这一章也是上文中以徐苹芳老先生为代表的老一辈保护专家们感到欣慰和有希望的一个规划。规划中提到了“旧城改造”的问题，而这也是造成后来古城内大量被拆迁、重建的一个基本因素，不能不说是一个历史的遗憾。

三、《北京城市总体规划（2016—2035年)》

2016—2035年北京城市总体规划是一次具有划时代历史意义的城市规划，在这次规划中我们看到了关于历史文化名城保护的最完美、最有前瞻性的指导和展望，是北京历史文化名城未来发展的一次重要历史性契机，也是针对历史文化名城整体性保护迄今以来最科学的一次法律规范性的规划。

北京作为首都，是我们伟大祖国的象征和形象，是全国各族人民向往的地方，是向全世界展示中国的首要窗口，一直备受国内外高度关注。建设和管理好首都，是国家治理体系和治理能力现代化的重要内容。北京各方面工作具有代表性、指向性，一定要有担当精神，勇于开拓，把北京的事情办好，努力为全国起到表率作用。首都规划务必坚持以人为本，坚持可持续发展，坚持一切从实际出发，贯通历史现状未来，统筹人口资源环境，让历史文化与自然生态永续利用、与现代化建设交相辉映。——2014年2月26日习近平总书记视察北京工作时的讲话

城市规划在城市发展中起着重要引领作用。北京城市规划要深入思考“建设一个什么样的首都，怎样建设首都”这个问题，把握好战略定位、空间格局、要素配置，坚持城乡统筹，落实“多规合一”，形成一本规划、一张蓝图，着力提升首都核心功

能，做到服务保障能力同城市战略定位相适应，人口资源环境同城市战略定位相协调，城市布局同城市战略定位相一致，不断朝着建设国际一流的和谐宜居之都的目标前进。总体规划经法定程序批准后就具有法定效力，要坚决维护规划的严肃性和权威性。

——2017 年 2 月 24 日习近平总书记视察北京工作时的讲话

在《北京城市总体规划（2016—2035 年）》的序言中写到："2014 年 2 月和 2017 年 2 月，习近平总书记两次视察北京并发表重要讲话，为新时期首都发展指明了方向。为深入贯彻落实习近平总书记视察北京重要讲话精神，紧紧扣住迈向'两个一百年'奋斗目标和中华民族伟大复兴的时代使命，围绕'建设一个什么样的首都，怎样建设首都'这一重大问题，谋划首都未来可持续发展的新蓝图，北京市编制了新一版城市总体规划。本次城市总体规划编制工作坚持一切从实际出发，贯通历史现状未来，统筹人口资源环境，让历史文化和自然生态永续利用，同现代化建设交相辉映。坚持抓住疏解非首都功能这个'牛鼻子'，紧密对接京津冀协同发展战略，着眼于更广阔的空间来谋划首都的未来。坚持以资源环境承载能力为刚性约束条件，确定人口总量上限、生态控制线、城市开发边界，实现由扩张性规划转向优化空间结构的规划。坚持问题导向，积极回应人民群众关切，努力提升城市可持续发展水平。坚持城乡统筹、均衡发展、多规合一，实现一张蓝图绘到底。坚持开门编制规划，汇聚各方智慧，努力提高规划编制的科学性和有效性，切实维护规划的严肃性和权威性。"

其中第四章以"加强历史文化名城保护，强化首都风范、古都风韵、时代风貌的城市特色"为标题，更是着重论述规划了历史文化名城保护的基本准则和实施要领。该部分共四节，18 条，具体摘录如下：

北京是见证历史沧桑变迁的千年古都，也是不断展现国家发展新面貌的现代化城市，更是东西方文明相遇和交融的国际化大都市。北京历史文化遗产是中华文明源远流长的伟大见证，是北京建设世界文化名城的根基，要精心保护好这张金名片，凸显北京历史文化的整体价值。传承城市历史文脉，深入挖掘保护内涵，构建全覆盖、更完善的保护体系。依托历史文化名城保护，构建绿水青山、两轴十片多点的城市景观格局，加强对城市空间立体性、平面协调性、风貌整体性、文脉延续性等方面的规划和管控，为市民提供丰富宜人、充满活力的城市公共空间。大力推进全国文化中心建设，提升文化软实力和国际影响力。

第一节　构建全覆盖、更完善的历史文化名城保护体系

第54条　完善历史文化名城保护体系

以更开阔的视角不断挖掘历史文化内涵，扩大保护对象，构建四个层次、两大重点区域、三条文化带、九个方面的历史文化名城保护体系。做到在保护中发展，在发展中保护，让历史文化名城保护成果惠及更多民众。

1. 加强老城、中心城区、市域和京津冀四个空间层次的历史文化名城保护。

2. 加强老城和三山五园地区两大重点区域的整体保护。

3. 推进大运河文化带、长城文化带、西山永定河文化带的保护利用。

4. 加强世界遗产和文物、历史建筑和工业遗产、历史文化街区和特色地区、名镇名村和传统村落、风景名胜区、历史河湖水系和水文化遗产、山水格局和城址遗存、古树名木、非物质文化遗产九个方面的文化遗产保护传承与合理利用。

第55条　拓展和丰富历史文化名城保护内容

1. 更加精心地保护好世界遗产

加强对长城、北京故宫、周口店北京人遗址、颐和园、天坛、明十三陵、大运河7处世界遗产的整体保护，严格落实世界遗产相关保护要求，依法严惩破坏遗产的行为。

积极推进中轴线、天坛遗产扩展项目（明清皇家坛庙建筑群）申遗工作，对有条件列入申遗预备名单的遗产进行遴选。

2. 加强三条文化带整体保护利用

大运河文化带：以元明清时期的京杭大运河为保护重点，以元代白浮泉引水沿线、通惠河、坝河和白河（今北运河）为保护主线，以北京城市副中心建设为契机，推动大运河遗产保护与利用，加强路县故城遗址保护，全面展示大运河文化魅力。

长城文化带：有计划推进重点长城段落维护修缮，加强未开放长城的管理。对长城保护范围及建设控制地带内的城乡建设实施严格监管。以优化生态环境、展示长城文化为重点发展相关文化产业，展现长城作为拱卫都城重要军事防御系统的历史文化及景观价值。

西山永定河文化带：依托三山五园地区、八大处地区、永定河沿岸、大房山地区等历史文化资源密集地区，加强琉璃河等大遗址保护，修复永定河生态功能，恢复重要文化景观，整理商道、香道、铁路等历史古道，形成文化线路。

3. 加强历史建筑及工业遗产保护

挖掘近现代北京城市发展脉络，最大限度保留各时期具有代表性的发展印记。建立评定优秀近现代建筑、历史建筑和工业遗产的长效机制，定期公布名录，划定和标识保护范围，制定相关管理办法。在保护的基础上，创新利用方法与手段。

4. 加强名镇名村、传统村落保护与发展

挖掘名镇名村、传统村落历史文化价值，保护传统文化遗产，改善人居环境。因地制宜探索名镇名村、传统村落保护利用新途径、新机制、新模式。调动市民参与保护的积极性，科学引导社会力量参与名镇名村保护利用，在保护中实现村镇特色发展。

第56条　保护和恢复老字号等文化资源

积极发掘、整理、恢复和保护各类非物质文化遗产，保护和传承传统地名、戏曲、音乐、书画、服饰、技艺、医药、饮食、庙会等。加强老字号原址、原貌保护。开展口述史、民俗、文化典籍的整理、出版、阐释工作。深入挖掘北京历史文化名城的文化内涵和精神价值，讲好文化遗产背后的故事，活化文化遗产。

第二节　加强老城整体保护

第57条　坚持整体保护十重点

1. 保护传统中轴线

结合申遗工作，加强钟鼓楼、玉河、景山、天桥等重点地区综合整治，保护中轴线传统风貌特色。

2. 保护明清北京城“凸”字形城廓

优化完善城墙旧址沿线绿地系统，凸显由宫城、皇城、内城、外城四重城廓构成的独特城市格局。采取遗址保护、标识或意象性展示等多种方式，保护和展现重要历史文化节点。

3. 整体保护明清皇城

严格执行《北京皇城保护规划》，加大保护和整治力度，完整真实保持以故宫为核心，以皇家宫殿、衙署、坛庙建筑群、皇家园林为主体，以四合院为衬托的历史风貌、规划布局和建筑风格。

4. 恢复历史河湖水系

保护和恢复重要历史水系，形成六海映日月、八水绕京华的宜人景观，为市民提供有历史感和文化魅力的滨水开敞空间。

六海包括北海、中海、南海、西海、后海、什刹海。八水包括通惠河（含玉河）、北护城河、南护城河、筒子河、金水河、前三门护城河、长河、莲花河。

5. 保护老城原有棋盘式道路网骨架和街巷胡同格局，保护传统地名保护1000余条现存胡同及胡同名称。实施胡同微空间改善计划，提供更多可休憩、可交往、有文化内涵的公共空间，恢复具有老北京味的街巷胡同，发展街巷文化。

老城原则上不再拓宽道路。建设以三横四纵为代表的文化景观街道。强化整体空间联系，提升街道绿化，扩大步行空间，培育街道客厅，展现各类文物古迹、近现代史迹、多元文化、自然生态环境交织的美丽景观。

6. 保护北京特有的胡同-四合院传统建筑形态，老城内不再拆除胡同四合院

将核心区内具有历史价值的地区规划纳入历史文化街区保护名单，通过腾退、恢复性修建，做到应保尽保，最大限度留存有价值的历史信息。扩大历史文化街区保护范围，历史文化街区占核心区总面积的比重由现状22%提高到26%左右。将13片具有突出历史和文化价值的重点地段作为文化精华区，强化文化展示与传承。进一步挖掘有文化底蕴、有活力的历史场所，重新唤起对老北京的文化记忆，保持历史文化街区的生活延续性。

13片文化精华区：什刹海—南锣鼓巷文化精华区、雍和宫—国子监文化精华区、张自忠路北—新太仓文化精华区、张自忠路南—东四三至八条文化精华区、东四南文化精华区、白塔寺—西四文化精华区、皇城文化精华区、天安门广场文化精华区、东交民巷文化精华区、南闹市口文化精华区、琉璃厂—大栅栏—前门东文化精华区、宣西—法源寺文化精华区、天坛—先农坛文化精华区。

7. 分区域严格控制建筑高度，保持老城平缓开阔的空间形态

以故宫、皇城、六海为中心，按原貌保护区及低层、多层、中高层三个限制建设分区，严格控制新建建筑高度。历史文化街区和文物按原貌保护区严格控制，风貌协调区和其他成片传统平房区参照原貌保护区要求进行控制，其余区域以多层限制建设区控制为主，东西二环路沿线部分区域按中高层限制建设区控制。

8. 保护重要景观视廊和街道对景

恢复银锭观山景观视廊，保护景山万春亭、北海白塔、正阳门城楼和箭楼、妙应寺白塔、钟鼓楼、德胜门箭楼、天坛祈年殿、永定门等地标建筑之间的景观视廊。保护朝阜路北海大桥东望故宫西北角楼、陟山门街东望景山万春亭等街道对景。严禁在景观视廊和街道对景保护范围内，插建对景观保护有影响的建筑。

9. 保护老城传统建筑色彩和形态特征

保持老城传统色调，以大片青灰色房屋和浓荫绿树为基调，烘托金黄琉璃瓦的皇宫及绿、蓝琉璃瓦的王府、坛庙。新建建筑的形态与色彩应与老城整体风貌相协调。加强老城第五立面管控，以传统坡屋顶形式为主，平屋顶形式的现代建筑应进行平改坡或开展屋顶绿化。

10. 保护古树名木及大树

保持和延续老城传统特有的街道胡同绿化和院落绿化，保护古树名木及大树，因地制宜增加绿化空间，突出绿树掩映的传统城市特色。

第 58 条　加强文物保护与腾退

完善文物保护与周边环境管控的法规和机制，建立文物保护责任终身追究制度。严格执行保护要求，严禁拆除各级各类不可移动文物。将老城历史文化街区、风貌协调区及其他成片传统平房区整体划定为地下文物埋藏区。结合功能疏解，开展重点文物的腾退，实施九坛八庙皇家坛庙建筑群、王府建筑群等主题性文物保护修缮整治。科学复建部分反映历史格局的重要标志。在科学保护的基础上加强文物合理利用，扩大开放，引导社会资本投入，实现文化遗产保护与传承。

九坛包括天坛（内含祈谷坛）、地坛、日坛（又称朝日坛）、月坛（又称夕月坛）、先农坛（内含太岁坛）、社稷坛、先蚕坛（位于北海内）。八庙包括太庙、奉先殿（位于故宫内）、传心殿（位于故宫内）、寿皇殿、雍和宫、堂子（已无存，现址为贵宾楼）、历代帝王庙、孔庙（又称文庙）。

第 59 条　完善保护实施机制

健全北京历史文化名城保护相关配套法规政策。进一步明确各级政府、相关行政主管部门和各类主体责任和义务，严格依法进行保护、利用和管理。全面建立老城历史建筑保护修缮长效机制，以原工艺高标准修缮四合院，使老城成为传统营造工艺的传承基地。严格管控老城内地下空间开发利用。推动完善房屋产权制度，鼓励居民按保护规划实施自我改造更新。完善鼓励居民外迁、房屋交易等相关政策。加强公众参与制度化建设，实现共治共享，营造“我要保护”的社会氛围。

第三节　加强三山五园地区保护

三山五园是对位于北京西北郊、以清代皇家园林为代表的各历史时期文化遗产的统称。三山指香山、玉泉山、万寿山，五园指静宜园、静明园、颐和园、圆明园、畅春园。

三山五园地区是传统历史文化与新兴文化交融的复合型地区，拥有以世界遗产颐和园为代表的古典皇家园林群，集聚一流的高等学校智力资源，具有优秀历史文化资源、优质人文底蕴和优美生态环境。应建设成为国家历史文化传承的典范地区，并使其成为国际交往活动的重要载体。

第60条 构建历史文脉与生态环境交融的整体空间结构

1. 形成南北文化带

北部文化传承发展带串联颐和园、圆明园等重要景区及大宫门、青龙桥等城市节点，重点加强历史文化资源挖掘、修复与利用；南部生态文化游憩带连接香山、西山等城市绿色空间，重点加强生态修复和环境整治，提升绿化质量，完善生态功能。

2. 突出三个特色分区

西部生态休闲游憩区以香山公园、北京植物园、西山国家森林公园为基础，整合绿地资源，提升景观质量，完善游憩功能；中部历史文化旅游区以颐和园、圆明园为载体，以文化为主导功能，优化完善公共服务设施，成为展示和交流中国历史文化的示范区；东部教育科研文化区以北京大学、清华大学等高等学校为载体，以教育和文化为主导功能，优化完善配套设施。

3. 塑造若干关键节点

沿北部文化传承发展带重点塑造若干关键文化节点，以文化遗产保护与展示为主题。沿南部生态文化游憩带布置若干景观游憩节点，改善和提升环境品质。

第61条 保护与传承历史文化

1. 加大文物和遗址保护力度

加强文物保护力度，开展圆明园考古、香山昭庙和大慧寺保护修缮工作。对尚未核定为文物保护单位的不可移动文物实施保护，进一步挖掘应纳入保护对象的文化遗产，实现区域保护全覆盖。建立完善的文物数据库管理平台，从文物普查、综合评价、抢救性保护、近期展示、精细测绘、科技保护等方面开展保护管理工作。全面梳理和综合评估现存遗址情况，开展科学监测，及时预警，协调游客管理与遗址保护的关系。

2. 保护历史风貌和重要历史文化节点

深入挖掘三山五园地区文化资源，实施圆明园大宫门历史风貌保护和功德寺景观提升等工程，保护和展现御园宫门、古镇、村落、御道等重要历史节点。通过数字技术等手段虚拟重现近期难以原址恢复的重要文化遗产，丰富展现方式，增进文化体验。

3. 活化非物质文化遗产

依托圆明园升平署区域开展皇家御膳、宫廷音乐等文化传承工作，深入挖掘和保护区域内古镇文化和民俗文化等优秀历史文化资源。

第62条　恢复山水田园的自然历史风貌

1. 保护西山山脉生态环境

提升西山植被质量，以乡土树种为特色，配植西山特色灌木和彩叶树种，展现四季分明的生态山林景观。

2. 恢复大尺度绿色空间

梳理地区历史发展脉络，部分恢复水稻田园风光。逐步恢复历史水系，展现历史盛期水系格局和景观特色。增加绿地，提升绿化品质，加强生态廊道连通，整合香山公园、北京植物园、西山国家森林公园及其他城市公园。保障基础设施安全，结合南水北调调蓄池营造优美生态环境。在三山五园地区形成公园成群、绿树成荫、历史环境与绿水青山交融的景观风貌。

3. 开展综合整治和功能提升

保护三山五园地区山水格局与传统风貌，严格控制建设规模和建筑高度。做好人口和功能疏解，加大环境综合整治力度。完善地区交通体系，打通南北向交通，优化交通组织。加大旅游管理和综合执法力度，实现三山五园地区环境景观和城市功能全面提升。

第四节　加强城市设计，塑造传统文化与现代文明交相辉映的城市特色风貌

建立贯穿城市规划建设管理全过程的城市设计管理体系，更好地统筹城市建筑布局、协调城市景观风貌。通过精心规划设计和保护提升，使北京拥有富有文化魅力的历史建筑、令人赏心悦目的现代建筑、舒适整洁的街道、清新怡人的绿色开放空间和美观清澈的河流，建设令人愉悦的美丽城市。

第63条　进行特色风貌分区

1. 中心城区形成古都风貌区、风貌控制区、风貌引导区三类风貌区

古都风貌区：二环路以内，实行最为严格的建筑风貌管控，严格控制区域内建筑高度、体量、色彩与第五立面等各项要素，逐步拆除或改造与古都风貌不协调的建筑，实现对老城风貌格局的整体保护。

风貌控制区：二环路与三环路之间，按照与古都风貌协调呼应的要求，细化区域内对建筑高度、体量、立面的管控要求，加强对传统建筑文化内涵的现代表达。

风貌引导区：三环路以外，处理好继承和发展的关系，充分吸收传统建筑元素，鼓励采用现代建筑设计手法与材料，展现具有创新精神的时代特征和首都特色。

2. 中心城区以外地区分别建设具有平原特色、山前特色与山区特色的三类风貌区

平原风貌区：包括北京城市副中心、顺义、亦庄、大兴。突出现代城市风貌特征，加强城区内部与外围郊野绿色开敞空间的渗透融合，形成城野交融、活力城区的特色风貌。

山前风貌区：包括房山、昌平、海淀山后、丰台河西地区。强调城市建筑风貌与自然环境的协调与呼应，按照保护山峦背景的要求控制建筑高度，保护重要观山视廊与亲水通道，形成显山露水、田园城区的特色风貌。

山区风貌区：包括门头沟、平谷、怀柔、密云、延庆。强调城市建设对自然环境的尊重，顺应山形水势，强化建筑体量控制，严控浅山区建设行为，形成城景合一、山水互动的特色风貌。

第64条 构建绿水青山、两轴十片多点的城市整体景观格局

尊重和保护山水格局，加强城市建设与自然景观有机融合，突出山水城市景观特征，让居民望得见山、看得见水、记得住乡愁。强化两轴空间秩序，突出两轴统领城市空间格局、串联重点景观区域与景观节点的骨架作用。深入挖掘中华文化精髓，打造十片传承历史文脉、体现时代特征的重点景观区域，集中展示国家形象、民族气魄及地域文化多样性。依托文物保护单位及城市交通门户空间，建设若干主题突出的重要景观节点，增强城市可识别性。

十片重点景观区域：老城文化景观区域（老城）、三山五园文化景观区域（三山五园地区）、长城文化景观区域（长城北京段）、大运河文化景观区域（中国大运河北京段）、京西文化景观区域（京西古道）、燕山文化景观区域（明十三陵、银山塔林、汤泉行宫等）、房山文化景观区域（房山文化线路）、南苑文化景观区域（南苑及南中轴森林公园地区）、国际文化景观区域（北京商务中心区及三里屯地区）、创意文化景观区域（望京、酒仙桥及定福庄地区）。

第65条 加强建筑高度、城市天际线、城市第五立面与城市色彩管控

1. 建立以中心城区为重点，覆盖市域的建筑高度管控体系

重点针对中心城区划定历史文化控制区、城市景观控制区、城市安全控制区、绿色生态控制区四类特殊控制引导区，明确高度控制要求，制定相应管理办法。

2. 加强城市天际线塑造

保护老城平缓有序的城市天际线，严格控制老城建筑高度与体量，维护故宫、钟鼓楼、永定门城楼等重要建筑（群）周边传统空间轮廓的完整。保护城市北部及西部壮丽、连绵的山峦背景，严格控制浅山及山前地区建筑高度与体量。整体保护和塑造长安街、通惠河等重要街道、河道沿线城市天际线，加强北京商务中心区、北京城市副中心、颐和园、雁栖湖等城市重要功能区、城市节点、风景区周边城市天际线管控，塑造特色鲜明、错落有致、富有韵律的城市天际线。

3. 构建看城市、看山水、看历史、看风景的城市景观眺望系统

加强城市整体空间形态控制，构建展示城市特色风貌的景观眺望系统，统筹城市第五立面与城市色彩塑造，让人们更好地看城市、看山水、看历史、看风景。

看城市视廊：以位于奥林匹克中心区的北京奥林匹克塔、位于玉渊潭西侧的中央电视塔和香山香炉峰等为眺望点，分别通过不同方向俯瞰城市，感知格局明晰的整体城市意象。

看山水视廊：形成银锭观山、钟鼓楼北望、太和殿经玉渊潭西望、景山万春亭西望四条由核心区向外眺望自然山体的景观视廊，强化山水城市意象。

看历史视廊：以老城内传统地标建筑为眺望点，形成多条集中展示历史景观的视廊，强化对传统景观意象的保护。

看风景视廊：利用铁路、高速公路、航线等重要交通廊道形成若干条眺望视廊，加强城市门户节点的景观塑造。

4. 加强城市第五立面管控

塑造肌理清晰、整洁有序的第五立面空间秩序，营造与自然山水和谐相融、与历史文化交相辉映、具有高度可识别性的城市第五立面。重点管控好老城、重点视廊区域及机场起降区域的城市第五立面，将城市第五立面整治与城市修补、生态修复相结合，通过建筑屋顶绿化美化与有序整理、城市绿化补充与修饰等手段，全面提升第五立面整体品质。

5. 加强城市色彩管控

充分汲取古都五色系统精髓，规范城市色彩使用，形成典雅庄重协调的北京城市色彩形象。建立城市色彩引导管理体系，重点管控老城、三山五园地区、北京城市副中心及其他重点地区城市色彩。对建筑、设施、植被、路面等提出色彩使用指导意见，发挥城市色彩对塑造城市风貌的重要作用。

第66条　贯彻适用、经济、绿色、美观的建筑方针，打造首都建设的精品力作

1. 大力发展绿色建筑

鼓励建筑节能、节水、节地、节材和环保，提倡呼吸建筑、城市森林花园建筑。新建建筑100%落实强制性节能标准，推动超低能耗建筑建设，2020年全面完成城镇及农村既有非节能居住建筑节能改造。鼓励既有建筑生态化改造，实现建筑循环使用。

2. 全面提升建筑设计水平

重视建筑的文化内涵，加强单体建筑与周围环境的融合，努力把传承、借鉴与创新有机结合起来，打造能够体现北京历史文脉、承载民族精神、符合首都风情、无愧于时代和人民的精品建筑。加强公共空间人性化设计，建筑设计要把控基调，体现多样性，重要公共建筑设计方案须经过国际招标比选，避免贪大、媚洋、求怪。

3. 完善建筑设计管理机制

建立责任规划师和责任建筑师制度，完善建筑设计评估决策机制，提高规划及建筑设计水平。建立指导规范建筑设计的有效机制，健全单体建筑设计审查机制，鼓励建设用地带设计方案出让。对重要节点、重要街道、重点地区的建筑方案形体与立面实施严格审查，开展直接有效的公众参与。

第67条 优化城市公共空间，提升城市魅力与活力

1. 塑造高品质、人性化的公共空间

通过衔接大型公共服务设施、建设城市绿道、优化滨水空间、打开封闭街区、打通步行道、拆墙见绿、促进公园绿地开放共享等多种手段，增强公共空间有效连通，提高可达性，建设更加完善的公共空间体系，营造生活方便、环境宜人、景观优美、具有丰富文化体验的公共空间。

2. 重塑街道空间环境

对交通性街道、生活性街道、历史街区街道、综合性街道分类进行精细化管控与引导，打造特色街道示范区。通过道路断面优化、沿线建筑控制、街道设施人性化改造、完善过街和无障碍设施、街道景观设计、规范停车行为等措施，修补街道肌理，提升街道环境品质，让街道拥有舒适安全的环境、赏心悦目的景观和生动美好的生活氛围。

3. 强化公共空间从规划设计、审批施工到管理维护的全过程管控

创新城市开发建设模式，建立健全公共空间规划设计、建设和管理维护的长效机制。加强各级政府及部门的统筹协调，促进公共空间与功能、景观的整合。

第五节 加强文化建设，提升文化软实力

以培育和弘扬社会主义核心价值观为统领，以历史文化名城保护为根基，建设国际一流的高品质文化设施，构建现代公共文化服务体系，推进首都文明建设，发展文化创意产业，深化文化体制机制改革，形成涵盖各区、辐射京津冀、服务全国、面向世界的文化中心发展格局。不断提升文化软实力和国际影响力，推动北京向世界文化名城、世界文脉标志的目标迈进。

第 68 条 高水平建设重大功能性文化设施

以两轴为统领，完善重大功能性文化设施布局。深入挖掘核心区文化内涵，扩大金名片影响力。北部继续完善以奥林匹克中心区为重点的国家体育、文化功能。东部以北京城市副中心为载体传承大运河文化，建设服务全市人民的文化设施集群。西部重点建设首钢近现代工业遗产文化区。南部通过南苑地区改造预留发展用地，未来塑造首都文化新地标。

发挥中关村国家级文化和科技融合示范基地、国家文化产业创新实验区、国家对外文化贸易基地（北京）、中国（怀柔）影视产业示范区、2019 中国北京世界园艺博览会、北京环球主题公园及度假区等文化功能区的示范引领作用，形成分工合理、各具特色的文化功能区空间发展布局。

支持北京大学、清华大学等若干高等学校建成世界一流大学，形成一批世界一流学科。统筹空间布局，做到在各区都有高等学校。优化海淀区高等学校集聚区、良乡高教园区、沙河高教园区发展环境，打造世界一流的高教园区，提升高等教育综合实力和国际竞争力。培养世界一流人才，形成学术大师、文化名家和领军人才荟萃的生动局面，强化人才培养与首都发展互促互进。加强国家级标志性文化设施和院团建设，培育世界一流文艺院团，形成具有国际影响力的文化品牌。

第 69 条 推进首都文明建设

坚持以首善标准培育和践行社会主义核心价值观，大力弘扬以爱国主义为核心的民族精神和以改革创新为核心的时代精神，打造传承中华优秀传统文化、体现区域文化特色、符合时代要求的城市精神。利用重大活动、重要节庆日，组织有教育意义和有庄严感的典礼仪式，举办重大主题教育和重要主题展览，激发爱国热情，凝聚全市人民精神力量。

加强社会主义精神文明建设，深化文明城区等五大创建活动，强化公共文明引导，着力提升市民文明素质，完善公共文明行为规范体系，加强公共文明法治建设。推动

诚信建设制度化，完善信用体系。壮大志愿服务队伍，到2020年实名注册志愿者与常住人口比值由现状0.152提高到约0.183，到2035年提高到约0.21。

第70条 激发文化创意产业创新创造活力

聚焦文化生产前端，鼓励创意、创作与创造，建设创意北京，使北京成为传统文化元素和现代时尚符号汇聚融合的时尚创意之都。优化提升文化艺术、新闻出版、广播影视等传统优势行业，发展壮大设计服务、广告会展、艺术品交易等创意交易行业，积极培育文化科技融合产业。健全文化市场体系，加大知识产权保护力度。推进文化创意和设计服务与高端制造业、商务服务业、信息业、旅游业、农业、体育、金融、教育服务产业等领域融合发展，打造北京设计、北京创造品牌。

第71条 提升文化国际影响力

以各类文化资源为载体，搭建多种类型、不同层级的文化展示平台。充分运用数字传媒、移动互联等科技手段，构建立体、高效、覆盖面广、功能强大的国际传播网络。组织开展重大文化活动，打造一批展现中国文化自信和首都文化魅力的文化品牌。深入开展国际文化交流合作，发挥首都示范带头作用，讲好中国故事，传播好中华文化，不断扩大文化竞争力、传播力和影响力。

在这18条的规划指导中，我们看到了关于对北京历史文化名城最科学、最完美、最有历史使命感的一次规划，真正地实现了从单体文物保护单位到历史文化名城整体环境的保护的实现目标。毋庸置疑，这是北京作为一个历史文化名城最有历史意义的发展契机，更是作为一个国家的首都完善自己的最好的历史机遇。

在中国的文化发展中，有许多特征和历史基础与西方文明是完全不同的，在城市发展的路径上就是一个绝佳的体现过程。在过去的若干年中，我们总是比照西方的建筑理念和建筑思想来发展自己的城市，其种做法的结果就是把自己的城市搞得支离破碎。中国古代的城市都是一种特有文化的产物，在朝代更迭过程中以它自己的方式进行着自我的新陈代谢，而如今在全球化的进程中，不应一味地以靠近别人而牺牲自己来换取文化上的认同和妥协，此时更该完成的是对自我文化的不断保存、更新与发展，北京历史文化名城的发展就具有其绝对的代表意义，虽然在过去的趋同过程中不断地牺牲着自我，但是在未来的发展路途中它一定会迷途知返，重新找回自己的文化自信，建立属于自己的发展路径。而2016—2035年北京城市总体规划就是一个最完美的印证和开端。

附：

北京历史文化名城保护条例

（2005年3月25日北京市第十二届人民代表大会常务委员会第十九次会议通过 2005年5月1日起施行）

第一章 总 则

第一条 为了加强对北京历史文化名城的保护，根据国家城乡规划、文物保护等有关法律、法规，结合本市实际情况，制定本条例。

第二条 北京历史文化名城的保护，适用本条例。其中文物、古树名木的保护，法律、法规已有规定的，依照有关法律、法规的规定执行。

第三条 北京历史文化名城保护工作，应当坚持统筹规划、统一管理、保护为主、合理利用的原则。

第四条 市人民政府统一领导北京历史文化名城的保护工作。

区、县人民政府负责本辖区内有关北京历史文化名城保护的具体工作。

市规划行政主管部门负责北京历史文化名城保护的规划管理工作。

市文物行政主管部门应当按照本条例规定的职责，负责具有保护价值的建筑的保护工作，参与北京历史文化名城保护规划的编制、保护措施的制定、历史文化街区的认定等工作。

发展改革、财政、建设、国土资源、水务、市政管理、园林、旅游、宗教事务和区县文物等行政主管部门，应当按照各自职责，负责北京历史文化名城保护的相关工作。

第五条 本市应当统筹协调国民经济和社会发展与北京历史文化名城保护工作，将北京历史文化名城保护纳入国民经济和社会发展规划和年度计划。

第六条 市和区、县人民政府应当在本级财政预算中安排北京历史文化名城保护资金，并将其纳入政府投资管理程序执行。

第七条 本市鼓励单位和个人以捐赠、资助、提供技术服务或者提出建议等方式参与北京历史文化名城的保护工作。

本市支持与北京历史文化名城保护相关的科学研究、技术创新和专业人才的培养。

第八条 任何单位和个人都有保护北京历史文化名城的义务，并有权对保护规划的制定和实施提出建议，对破坏北京历史文化名城的行为进行劝阻、检举和控告。

第九条 对保护北京历史文化名城做出突出贡献的单位和个人，市和区、县人民政府或者有关行政主管部门应当予以表彰和奖励。

第二章 保护内容

第十条 北京历史文化名城的保护内容包括：旧城的整体保护、历史文化街区的保护、文物保护单位的保护、具有保护价值的建筑的保护。

第十一条 旧城，是指明清时期北京城护城河及其遗址以内（含护城河及其遗址）的区域。

旧城的保护内容包括：历史河湖水系、传统中轴线、皇城、旧城“凸”字形城廓、传统街巷胡同格局、建筑高度、城市景观线、街道对景、建筑色彩、古树名木等。

旧城保护应当坚持整体保护的原则，针对不同区域采取不同的方式进行保护。

第十二条 皇城保护应当完整、真实地保持以紫禁城为核心，以皇家宫殿、衙署、坛庙建筑群、皇家园林为主体，以四合院为衬托的历史风貌、规划布局和建筑风格。

第十三条 对具有特定历史时期传统风貌或者民族地方特色的街区、建筑群、村镇等，应当认定为历史文化街区。

历史文化街区的范围应当包括核心保护区和建设控制区。建设控制区的划定应当符合核心保护区的风貌保护和视觉景观的要求。

第十四条 对尚未列为不可移动文物、反映一定时代特征、具有保护价值、承载真实和相对完整历史信息的四合院和其他建筑，应当认定为具有保护价值的建筑。具体认定标准和程序，由市人民政府制定并公布。

第十五条 历史文化街区的名单及其核心保护区和建设控制区的范围，由市规划行政主管部门会同市文物行政主管部门提出，报市人民政府批准并公布。

具有保护价值的建筑、城市景观线、对景建筑的名单，由市文物行政主管部门会同市规划行政主管部门提出，报市人民政府批准并公布。

历史河湖水系的名单，由市水行政主管部门会同市文物行政主管部门提出，报市人民政府批准并公布。

第三章 保护规划

第十六条 市人民政府应当根据北京历史文化名城保护工作的要求，组织编制北京历史文化名城保护规划，并将其纳入北京城市总体规划。

市规划行政主管部门应当根据北京历史文化名城保护规划及市人民政府公布的名单和保护范围，组织编制城市地理环境、城市中轴线、旧城、皇城、历史文化街区等专项保护规划和旧城、历史文化街区修建性详细规划，报市人民政府批准并公布。

编制北京历史文化名城保护规划、专项保护规划、修建性详细规划（以下统称保护规划），应当广泛征求社会公众意见，并组织专家论证。

保护规划应当按照统一的标准和要求编制。

本市其他各类城市专项规划和详细规划应当符合保护规划。

第十七条 北京历史文化名城保护规划的内容应当包括：保护的总体目标、保护内容、保护范围、保护标准、保护规划的实施保障措施等。

专项保护规划和修建性详细规划的内容应当包括：保护范围，保护原则，需要保护的建筑物、构筑物和其他设施，保持传统风貌的建筑高度、体量、色彩等控制指标，土地使用功能，人口密度，市政基础设施的改善，不同建筑的分类保护和整治措施，保证保护规划实施的具体措施以及其他应当纳入专项保护规划和修建性详细规划的内容。

第十八条 保护规划经依法批准公布后，不得违法调整；确因公共利益需要调整的，应当广泛征求社会公众意见，并组织专家论证后，报原批准机关批准并公布。

第四章 保护措施

第十九条 建设单位在保护规划范围内进行建设，应当符合修建性详细规划的要求，依法取得市规划行政主管部门的批准。设计单位应当按照保护规划中规定的设计要求进行设计。

第二十条 在保护规划范围内不得有下列行为：

（一）违反保护规划进行拆除或者建设；

（二）改变保护规划确定的土地使用功能；

（三）突破建筑高度、容积率等控制指标，违反建筑体量、色彩等要求；

（四）破坏历史文化街区内保护规划确定的院落布局和胡同肌理；

（五）其他不符合保护规划的行为。

第二十一条 市和有关区人民政府应当根据保护规划的要求，制定调整旧城城市功能和疏解旧城居住人口的政策和措施，降低旧城人口密度，逐步改善旧城居民的居住条件。

第二十二条 市人民政府应当按照保护规划的要求，调整旧城路网规划，统筹兼顾交通出行、市政设施、城市景观和生态环境等各项功能的需要。

第二十三条 本市鼓励采用新材料、新技术，按照保护要求和技术规范，统筹改善旧城和历史文化街区内的道路交通、消防设施和市政基础设施条件。

第二十四条 市规划行政主管部门对旧城内的建设项目进行审批时，应当就建设项目用地范围内现存建筑是否具有保护价值，征求市文物行政主管部门和专家的意见。

第二十五条 市规划行政主管部门对历史文化街区内的建设项目、历史文化街区外具有保护价值的建筑的保护范围内的建设项目和旧城内历史文化街区外重点道路及其两侧的建设项目进行规划审批时，应当对建设项目进行有关北京历史文化名城风貌影响的评估。未经评估，或者未通过评估的，市规划行政主管部门不得批准。

重点道路的具体范围由市人民政府划定并公布。

第二十六条 对历史文化街区内的建筑，应当按照下列规定进行分类保护和整治：

（一）不可移动文物依照文物保护法律、法规的规定进行保护；

（二）具有保护价值的建筑按照本条例的有关规定进行保护；

（三）其他建筑应当按照历史文化街区保护规划的要求进行整治。

历史文化街区内建筑的具体分类标准、保护和整治的具体要求由市人民政府制定并公布。

第二十七条 市规划行政主管部门应当将历史文化街区内各类建筑和历史文化街区外具有保护价值的建筑的基本情况向社会公布。

第二十八条 区、县人民政府应当对历史文化街区和具有保护价值的建筑，自市人民政府公布之日起30日内设置保护标志。保护标志的设置标准由市人民政府统一确定。

任何单位和个人不得损毁或者非法移动、拆除保护标志。

第二十九条 历史文化街区内的消防设施、通道应当按照有关的消防技术标准和规范设置。因保护的需要无法达到规定的标准和规范的，公安消防机构和市规划行政主管部门应当协商制定相应的防火安全措施。

第三十条 在城市景观线和街道对景保护规划范围内进行建设，应当符合视觉景观的要求，禁止建设对景观保护有影响的建筑。

对景建筑周围建筑的高度、体量、造型和色彩，应当与对景建筑相协调。

第三十一条　具有保护价值的建筑不得违法拆除、改建、扩建。

建设工程选址，应当避开具有保护价值的建筑；确因公共利益需要不能避开的，应当对具有保护价值的建筑采取迁移异地保护等保护措施。

迁移异地保护的，建设单位应当提供迁移的可行性论证报告、迁移新址的资料以及其他资料，市规划行政主管部门会同市文物行政主管部门进行审查后，报市人民政府批准。

第三十二条　城市建设中发现具有保护价值而尚未确定为具有保护价值的建筑的，任何单位和个人都可以向市文物行政主管部门或者市规划行政主管部门提出保护建议。市文物行政主管部门会同市规划行政主管部门应当按照本条例第十四条规定的标准和程序进行初步确认，经初步确认具有保护价值的，应当采取临时保护措施，并按照本条例第十五条的规定向市人民政府报告。

第三十三条　具有保护价值的建筑的所有人、管理人、使用人，应当按照有关保护规划的要求和保护修缮标准履行管理、维护、修缮的义务。保护修缮标准由市规划行政主管部门会同市建设、市文物行政主管部门制定。

所有人和管理人、使用人对维护、修缮义务有约定的，从其约定。

对于所有人和管理人、使用人确不具备管理、维护、修缮能力的具有保护价值的建筑，市人民政府应当采取措施进行保护。

第三十四条　任何单位和个人不得违法更改具有保护价值的建筑、传统街巷胡同、区域等的历史名称。确因特殊情况需要更名的，地名行政主管部门在审批时应当征求市文物行政主管部门的意见。

第五章　法律责任

第三十五条　依法负有保护北京历史文化名城职责的国家机关及其工作人员，违反本条例规定，有下列情形之一的，由其上级行政机关或者监察机关依法追究直接负责的主管人员和其他直接责任人员的行政责任；构成犯罪的，依法追究刑事责任：

（一）违法调整保护规划的；

（二）违法调整历史文化街区范围的；

（三）违反本条例第二十条、第三十条的规定进行审批的；

（四）不按照本条例的规定和保护规划的要求履行审批和其他保护职责的；

（五）其他滥用职权、徇私枉法、玩忽职守的。

第三十六条 对违反本条例第十九条规定，未经规划行政主管部门批准进行建设的，由城市管理综合执法组织依法处理；未按照规划批准的要求进行建设的，由市规划行政主管部门依法处理。

第三十七条 对违反本条例第二十八条第二款规定，损毁或者非法移动、拆除保护标志的，由城市管理综合执法组织责令改正，可以并处200元以上500元以下的罚款。

第三十八条 对违反本条例第三十一条第一款的规定，违法拆除、改建、扩建具有保护价值的建筑的，由市规划行政主管部门责令恢复原状，并处10万元以上20万元以下的罚款。

第三十九条 对违反本条例第三十三条规定，未按照有关保护规划的要求和风貌修缮标准履行管理、维护、修缮义务的，由市规划行政主管部门责令改正，可以并处10万元以上20万元以下的罚款。

第四十条 对违反本条例的行为，法律、法规已经规定法律责任的，依照其规定追究法律责任。

第六章 附 则

第四十一条 本条例自2005年5月1日起施行。

·第五章· 国际宪章中历史城市整体性保护的法律思想①

① 该部分内容有些介绍性的语言及表述参考借鉴了张松先生《历史城市保护学导论——文化遗产和历史环境保护的一种整体方法》（第二版），2008年，第229—239页。笔者对此部分的贡献就在于，将这些宪章的原文部分呈现出来，使得读者边阅读边思考这些宪章中优美的语言表述以及厚重的历史责任感，这似乎比单纯罗列这些宪章的简述更有意义。

“评价一个制度、一种力量是进步还是反动，重要的一点是看它对待历史、文化的态度。”

——习近平总书记

第 1 节

国际宪章中历史城市整体性保护内容简介

从 20 世纪初开始，特别是第二次世界大战后，国际社会已经开始关注历史城市的保护。在第二次世界大战中，欧洲和亚洲许多国家的古城被摧毁，引发了人们对城市文化遗产保护问题的进一步思考。波兰首都华沙的重建成为轰动一时的典型个案，这种恢复历史城市风貌的做法在欧洲也产生了很大的影响。德国的伯恩、慕尼黑以及匈牙利的布达佩斯等被战争破坏的古城，都按照“修旧如旧”的原则进行了很好的修复。不少城市都把恢复历史建筑和保护古城视为重建民族精神的重要手段，借此来提高民族的文化素质和凝聚力。

为了促进人类社会对文化遗产的切实保护，多年以来，国际组织和机构通过了一系列保护文化遗产的重要法律文件。这些法律文件凝聚了世界文化遗产保护理论与实践发展的精髓。世界文化遗产保护史以充分的证据证明，法治是世界文化遗产保护过程中的基础和关键。

国际宪章以及相关法律文件中均有关于城市整体保护的内容，这些内容从 20 世纪 30 年代开始，当时正值欧洲一些国家迎来第一次城市化的过程，因此从这些国际宪章中我们可以充分地吸纳关于历史城市保护过程中整体性保护思想的精髓。这些规定对中国历史文化名城整体性保护均提供了原则性规定的参考，读起来颇有价值。为了使读者更直观地阅读并体会到有关内容，其对国际宪章中关于整体保护的内容予以原文摘录。

一、《关于历史性纪念物修复的雅典宪章》（1931年）

1931年10月21—30日，“第一届历史纪念物建筑师及技师国际会议”（The First International Congress of Architects and Technicians of Historic Monuments）在雅典召开，来自23个国家的120名代表出席了会议。“雅典会议”就保护学科及普遍原则、管理与法规措施、古迹的审美意义、修复技术和材料、古迹的老化问题、国际合作等议题进行了充分讨论。

在雅典会议上通过了以下七项决议，它被称为“修复宪章”（Carta del Restauro）：

（1）创立纪念物保护修复方面运作和咨询的国际组织；

（2）计划修复的项目应接受有见地的考评，以避免出现有损建筑特性和历史价值的错误；

（3）所有国家都要通过国家立法来解决历史古迹的保存问题；

（4）已发掘的遗址若不是立即修复的话应回填以利于保护；

（5）在修复工程中允许采用现代技术和材料；

（6）考古遗址将实行严格的“监护式”保护（custodial protection）；

（7）应注意对历史古迹周边地区的保护。

雅典会议的概括性结论为：

第一条　学说和普遍原理（略）；

第二条　保护历史性纪念物的行政和立法措施（略）；

第三条　提升文物古迹的美学意义。

会议认为，在建造过程中，新建筑的选址应尊重城市特征和周边环境，特别是当其邻近文物古迹时，应给予周边环境特别考虑。一些特殊的建筑群和风景如画的眺望景观也需要加以保护。

从保存其历史特征的角度出发，有必要研究某些纪念物或纪念物群合适配置何种装饰性的花木。会议特别强调，在具有艺术和历史价值的纪念物的邻近地区，应杜绝设置任何形式的广告和树立有损景观的电杆，不许建设有噪声污染的工厂和高耸柱状物。

第四条 纪念物的修复（略）；

第五条 文物古迹的老化（略）；

第六条 保护的技术（略）；

第七条 纪念物保护和国际协作（略）。

《关于历史性纪念物修复的雅典宪章》是关于文化遗产保护的第一份重要的国际文献，是后来国际古迹遗址理事会大会所采纳的《威尼斯宪章》（1964 年）、《华盛顿宪章》（1987 年）的基础。国内不少研究著述经常将 1933 年国际建协在雅典通过的《国际建筑协会"雅典宪章"》（以下简称《雅典宪章》）与该宪章混为一谈。历史性纪念物建筑师及技师国际协会（ICOM）为国际古迹遗址理事会（ICOMOS）的前身；国际智力合作组织联盟（ICOLN）则为联合国教科文组织（UNESCO）的前身。

二、《雅典宪章》（1933 年）

国际现代建筑协会（CIAM）第四次会议于 1933 年 8 月在雅典通过了《雅典宪章》。该宪章确立了现代城市规划的基本原则，它所提出的"居住、工作、游憩、交通"等功能分区的理性主义规划思想已为建筑界所熟悉，但是该宪章针对历史遗产的建议在理论研究和实际工作中却未能得到同等程度的关注。该宪章与 1931 年的《雅典宪章》虽名称一致，内容却完全不同，不可相提并论。该宪章共分为三部分，第一部分概论；第二部分城市的四大主要活动——审视与解决方法；第三部分结论：主要原则。该宪章对城市以及城市的基本问题、城市的发展给出了有建设性的规定。其中第二部分涉及一个专题——"城市的历史文化遗产"（第 65 ~ 70 条款）摘录如下，对城市建筑遗产保也提出了有意义的基本要求。

（65）有历史价值的古建筑应保留，无论是建筑单体还是城市片区。

城市的布局和建筑结构塑造了城市的个性，孕育了城市的精魂，使城市的生命力得以在数个世纪中延续。它们是城市的光辉岁月与沧桑岁月最宝贵的见证者，应该得到尊重。这首先是因为它们凝聚着历史或情感价值；其次，它们传达出一种融会着人类所有智慧结晶的可塑特征。它们是人类遗产的一部分，任何拥有它们的人都有责任、有义务尽其所能地保护它们，保证这些珍贵的遗产完好无损、世代流传。

(66) 代表某种历史文化并引起普遍兴趣的建筑应当保留。

永生是不可能的，人类的创造物也不能例外。面对时间的物质痕迹，我们应该判断哪些仍具有真正的活力和价值，而不是把整个过去全盘保留。假如保留一处古迹将与城市的当前利益相冲突，我们就必须寻求一个两全之策。在某种旧式建筑大量存在的情况下，可以有选择地保留作为纪念，而其他建筑可以清除；有时只需保留建筑中真正具有价值的部分，并加以适当修缮；在某些特殊情况下，对极具美学和历史价值却位置不当的名胜，可以考虑整体迁移。

(67) 历史建筑的保留不应该妨害居民享受健康生活条件的要求。

我们决不能由于因循守旧而忽视社会公平的原则。有些人重视美感胜过社会的整体利益，他们为了保留某处独特的旧区而不顾其可能滋生的贫穷、混乱和疾病，这些人应该对所有这些痼疾负责。对于这样的问题，我们应当深入研究，以获得巧妙的解决方案。无论如何，我们对古迹的珍爱都不能凌驾于居住环境利益之上，这直接关系到个人的福利与身心健康。

(68) 不仅要治标，还要治本，譬如应尽量避免干道穿行古建筑区，甚至采取大动作转移某些中心区。

城市的扩张一旦失控，必将陷入危险的僵局，没有退路，似乎只有把某些地方夷为平地才能消除障碍。然而当遇到极具建筑、历史和精神价值的遗产时，我们显然不得不另求良方。我们不能移除建筑以适应交通，但可以令道路转向，有条件的话还可以从地下穿过。还有一种选择，就是将密集的交通中心转移别处，以彻底改变整个区域拥堵的交通状况。为了清理这些千丝万缕的头绪，我们需要综合、充分地利用一切想象力、创造力和技术资源。

(69) 可以清除历史性纪念建筑周边的贫民窟，将其改建成绿地。

有时候，清除卫生状况较差的房屋和贫民窟可能会破坏古老的氛围，这很可惜，但却是不可避免的。以绿地取代这些旧建筑，将对环境大有裨益。设想，岁月的旧迹被笼罩在全新的、甚至是新奇的氛围之中——这毕竟是一种舒适的氛围，能给邻近的地区带来数不尽的好处。

(70) 借着美学的名义在历史性地区建造旧形制的新建筑，这种做法有百害而无一利，应及时制止。

这样的方式恰是与传承历史的宗旨背道而驰的。时间永是流逝，绝无逆转的可能，而人类也不会再重蹈覆辙。那些古老的杰作表明，每一个时代都有其独特的思维方式、概念和审美观，因此产生了该时代相应的技术，以支持这些特有的想象力。倘若盲目机械地模仿旧形制，必将导致我们误入歧途，发生根本方向上的错误，因为过去的工作条件不可能重现，而用现代技术堆砌出来的旧形制，至多只是一个毫无生气的幻影罢了。这种“假”与“真”的杂糅，不仅不能给人以纯粹风格的整体印象，作为一种矫揉造作的模仿，它还会使人们在面对至真至美时，却无端产生迷茫和困惑。

这部分内容即使在21世纪的今日读起来依然深有同感，而有些内容已经被现代社会的城市发展深深地得以印证。

三、《关于古迹遗址保护与修复的国际宪章（威尼斯宪章）》（1964年）

意大利政府于1964年5月25—31日邀请了来自61个国家的600多名建筑师、技术人员在威尼斯举行第二届历史古迹建筑师及技师国际会议，讨论通过了《关于古迹遗址保护与修复的国际宪章》（The International Charter for the Conservation and Restoration of Monuments and Sites），简称《威尼斯宪章》。面对社会发展的复杂化和多样化，《威尼斯宪章》对1931年的《雅典宪章》进行了重新审阅和修订，其主要内容参照了意大利的范式。尽管其重点依然放在对纪念物的保护方面，但此时“历史纪念物”的概念不仅包括单体建筑物，而且包括能从中找出一种独特文明、一种有意义的发展或一个历史事件见证的城市或乡村环境。其全文如下：

世世代代人民的历史古迹，饱含着过去岁月的信息留存至今，成为人们古老的活的见证。人们越来越意识到人类价值的统一性，并把古代遗迹看作共同的遗产，认识到为后代保护这些古迹的共同责任。将它们真实地、完整地传下去是我们的职责。

古代建筑的保护与修复指导原则应在国际上得到公认并作出规定，这一点至关重要。各国在各自的文化和传统范畴内负责实施这一规划。

1931年的雅典宪章第一次规定了这些基本原则，为一个国际运动的广泛发展做出了贡献，这一运动所采取的具体形式体现在各国的文件之中，体现在国际博物馆协会和联合国教育、科学及文化组织的工作之中，以及在由后者建立的国际文化财产保护与修复研究中心之中。一些已经并在继续变得更为复杂和多样化的问题已越来越受到注意，并展开了紧急研究。现在，重新审阅宪章的时候已经来临，以便对其所含原则进行彻底研究，并在一份新文件中扩大其范围。

为此，1964 年 5 月 25 日至 31 日在威尼斯召开了第二届历史古迹建筑师及技师国际会议，通过了以下文本：

定　义

第一条　历史古迹的要领不仅包括单个建筑物，而且包括能从中找出一种独特的文明、一种有意义的发展或一个历史事件见证的城市或乡村环境。这不仅适用于伟大的艺术作品，而且适用于随时光流逝而获得文化意义的过去一些较为朴实的艺术品。

第二条　古迹的保护与修复必须求助于对研究和保护考古遗产有利的一切科学技术。

宗　旨

第三条　保护与修复古迹的目的旨在把它们既作为历史见证，又作为艺术品予以保护。

保　护

第四条　古迹的保护至关重要的一点在于日常的维护。

第五条　为社会公用之目的使用古迹永远有利于古迹的保护。因此，这种使用合乎需要，但决不能改变该建筑的布局或装饰。只有在此限度内才可考虑或允许因功能改变而需做的改动。

第六条　古迹的保护包含着对一定规模环境的保护。凡传统环境存在的地方必须予以保存，决不允许任何导致改变主体和颜色关系的新建、拆除或改动。

第七条　古迹不能与其所见证的历史和其产生的环境分离。除非出于保护古迹之需要，或因国家或国际之极为重要利益而证明有其必要，否则不得全部或局部搬迁古迹。

第八条　作为构成古迹整体一部分的雕塑、绘画或装饰品，只有在非移动而不能确保其保存的唯一办法时方可进行移动。

修　复

第九条　修复过程是一个高度专业性的工作，其目的旨在保存和展示古迹的美学与历史价值，并以尊重原始材料和确凿文献为依据。一旦出现臆测，必须立即予以停止。此外，即使如此，任何不可避免的添加都必须与该建筑的构成有所区别，并且必须要有现代标记。无论在任何情况下，修复之前及之后必须对古迹进行考古及历史研究。

第十条 当传统技术被证明为不适用时，可采用任何经科学数据和经验证明为有效的现代建筑及保护技术来加固古迹。

第十一条 各个时代为一古迹之建筑物所做的正当贡献必须予以尊重，因为修复的目的不是追求风格的统一。当一座建筑物含有不同时期的重叠作品时，揭示底层只有在特殊情况下，在被去掉的东西价值甚微，而被显示的东西具有很高的历史、考古或美学价值，并且保存完好足以说明这么做的理由时才能证明其具有正当理由。评估由此涉及的各部分的重要性以及决定毁掉什么内容不能仅仅依赖于负责此项工作的个人。

第十二条 缺失部分的修补必须与整体保持和谐，但同时须区别于原作，以使修复不歪曲其艺术或历史见证。

第十三条 任何添加均不允许，除非它们不致于贬低该建筑物的有趣部分、传统环境、布局平衡及其与周围环境的关系。

第十四条 古迹遗址必须成为专门照管对象，以保护其完整性，并确保用恰当的方式进行清理和开放。在这类地点开展的保护与修复工作应得到上述条款所规定之原则的鼓励。

发 掘

第十五条 发掘应按照科学标准和联合国教育、科学及文化组织1956年通过的适用于考古发掘国际原则的建议予以进行。遗址必须予以保存，并且必须采取必要措施，永久地保存和保护建筑风貌及其所发现的物品。此外，必须采取一切方法促进对古迹的了解，使它得以再现而不曲解其意。然而对任何重建都应事先予以制止，只允许重修，也就是说，把现存但已解体的部分重新组合。所用粘结材料应永远可以辨别，并应尽量少用，只须确保古迹的保护和其形状的恢复之用便可。

出 版

第十六条 一切保护、修复或发掘工作永远应有用配以插图和照片的分析及评论报告这一形式所做的准确的记录。清理、加固、重新整理与组合的每一阶段，以及工作过程中所确认的技术及形态特征均应包括在内。这一记录应存放于一公共机构的档案馆内，使研究人员都能查到。该记录应建议出版。

这是第一个关于文物保护的国际宪章，也是第一次提出对文物所在地段作为一个整体进行保护的国际宪章，同时首次提出必须保护文物所在地的历史环境。

四、《关于历史地区的保护及其当代作用的建议》（联合国教科文组织内罗毕建议）（1976年）

（联合国教科文组织大会第十九届会议于1976年11月26日在内罗毕通过。）

联合国教育、科学及文化组织大会于1976年10月26日至11月30日在内罗毕举行第十九届会议：

考虑到历史地区是各地人类日常环境的组成部分，它们代表着形成其过去的生动见证，提供了与社会多样化相对应所需的生活背景的多样化，并且基于以上各点，它们获得了自身的价值，又得到了人性的一面；

考虑到自古以来，历史地区为文化、宗教及社会活动的多样化和财富提供了最确切的见证，保护历史地区并使它们与现代社会生活相结合是城市规划和土地开发的基本因素；

考虑到面对因循守旧和非个性化的危险，这些昔日的生动见证对于人类和对那些从中找到其生活方式缩影及其某一基本特征的民族，是至关重要的；

注意到整个世界在扩展或现代化的借口之下，拆毁（却不知道拆毁的是什么）和不合理不适当重建工程正给这一历史遗产带来严重的损害；

考虑到历史地区是不可移动的遗产，其损坏即使不会导致经济损失，也常常会带来社会动乱；

考虑到这种情况使每个公民承担责任，并赋予公共当局只有他们才能履行的义务；

考虑到为了使这些不可替代的财产免受它们所面临的退化甚至全部毁坏的危险，各成员国当务之急是采取全面而有力的政策，把保护和复原历史地区及其周围环境作为国家、地区或地方规划的组成部分；

注意到在许多情况下缺乏一套有关建筑遗产及其与城市规划、领土、地区或地方规划相互联系的相当有效而灵活的立法；

注意到大会已通过了保护文化和自然遗产的国际文件，如《关于适用于考古发掘的国际原则的建议》(1956 年)、《关于保护景观和遗址的风貌与特征的建议》(1962 年)、《关于保护受到公共或私人工程威胁的文化财产的建议》(1972 年)；

希望补充并扩大这些国际文件所确定的标准和原则的适用范围；

收到关于历史地区的保护及其当代作用的建议，该问题作为本届会议第 27 项议程；

第十八次会议决定该问题应采取向各成员国的建议的形式于 1976 年 11 月 26 日通过本建议。

大会建议各成员国应通过国家法律或其他方式制定使本建议所规定的原则和准则在其所管辖的领土上生效的措施，也适用以上规定。大会建议各成员国应将本建议提请与保护历史地区及其周围环境有关的国家、地区和地方当局、事业单位、行政部门或机构以及各种协会的注意。大会建议各成员国应按大会决定的日期和形式向大会提交有关本建议执行情况的报告。

一　定义

1. 为本建议之目的：

(1)“历史和建筑（包括本地的）地区”系指包含考古和古生物遗址的任何建筑群、结构和空旷地，它们构成城乡环境中的人类居住地，从考古、建筑、史前史、历史、艺术和社会文化的角度看，其凝聚力和价值已得到认可。在这些性质各异的地区中，可特别划分为以下各类：史前遗址、历史城镇、老城区、老村庄、老村落以及相似的古迹群。不言而喻，后者通常应予以精心保存，维持不变。

(2)“环境”系指影响观察这些地区的动态、静态方法的、自然或人工的环境。

(3)“保护”系指对历史或传统地区及其环境的鉴定、保护、修复、修缮、维修和复原。

二　总则

2. 历史地区及其环境应被视为不可替代的世界遗产的组成部分。其所在国政府和公民应把保护该遗产并使之与我们时代的社会生活融为一体作为自己的义务。国家、地区或地方当局应根据各成员国关于权限划分的情况，为全体公民和国际社会的利益，负责履行这一义务。

3. 每一历史地区及其周围环境应从整体上视为一个相互联系的统一体，其协调及特性取决于它的各组成部分的联合，这些组成部分包括人类活动、建筑物、空间结构及周围环境。因此一切有效的组成部分，包括人类活动，无论多么微不足道，都对整体具有不可忽视的意义。

4. 历史地区及其周围环境应得到积极保护，使之免受各种损坏，特别是由于不适当的利用、不必要的添建和诸如将会损坏其真实性的错误的或愚蠢的改变而带来的损害，以及由于各种形式的污染而带来的损害。任何修复工程的进行应以科学原则为基础。同样，也应十分注意组成建筑群并赋予各建筑群以自身特征的各个部分之间的联系与对比所产生的和谐与美感。

5. 在导致建筑物的规模和密度大量增加的现代城市化的情况下，历史地区除了遭受直接破坏的危险外，还存在一个真正的危险：新开发的地区会毁坏临近的历史地区的环境和特征。建筑师和城市规划者应谨慎从事，以确保古迹和历史地区的景色不致于遭到破坏，并确保历史地区与当代生活和谐一致。

6. 当存在建筑技术和建筑形式的日益普遍化可能造成整个世界的环境单一化的危险时，保护历史地区能对维护和发展每个国家的文化和社会价值作出突出贡献。这也有助于从建筑上丰富世界文化遗产。

三　国家、地区和地方政策

7. 各成员国应根据各国关于权限划分的情况制定国家、地区和地方政策，以便使国家、地区和地方当局能够采取法律、技术、经济和社会措施，保护历史地区及其周围环境，并使之适应于现代生活的需要。由此制定的政策应对国家、地区或地方各级的规划产生影响，并为各级城市规划，以及地区和农村发展规划，为由此而产生的共构成制定目标和计划重要组成部分的活动、责任分配以及实施行为提供指导。在执行保护政策时，应寻求个人和私人协会的合作。

四　保护措施

8. 历史地区及其周围环境应按照上述原则和以下措施予以保护，具体措施应根据各国立法和宪法权限以及各国组织和经济结构来决定。

五　立法及行政措施

9. 保护历史地区及其周围环境的总政策之适用应基于对各国整体有效的原则。各成员国应修改现有规定，或必要时，制定新的法律和规章以便参照本章及下列章节所述之规定，确保对历史地区及其周围环境的保护。它们应鼓励修改或采取地区或地方措施以确保此种保护。有关城镇和地区规划以及住宅政策的法律应予以审议，以便使它们与有关保护建筑遗产的法律相协调、相结合。

10. 关于保护历史地区的制度的规定应确立关于制订必要的计划和文件的一般原则，特别是：适用于保护地区及其周围环境的一般条件和限制；关于为保护和提供公共服务而制订的计划和行动说明；将要进行的维护工作并为此指派负责人；适用于城市规划，再开发以及农村土地管理的区域；指派负责审批任何在保护范围内的修复、改动、新建或拆除的机构；保护计划得到资金并得以实施的方式。

11. 保护计划和文件应确定：

被保护的区域和项目；

对其适用的具体条件和限制；

在维护、修复和改进工作中所应遵守的标准；

关于建立城市或农村生活所需的服务和供应系统的一般条件；

关于新建项目的条件。

12. 原则上，这些法律也应包括旨在防止违反保护法的规定，以及防止在保护地区内财产价值的投机性上涨的规定，这一上涨可能危及为整个社会利益而计划的保护和维修。这些规定可以包括提供影响建筑用地价格之方法的城市规划措施，例如，设立邻里区或制订较小型的开发计划，授予公共机构优先购买权、在所有人不采取行动的情况下，为了保护、修复或自动干预之目的实行强制购买。这些规定可以确定有效的惩罚，如暂停活动、强制修复和适当的罚款。

13. 个人和公共当局有义务遵守保护措施。然而，也应对武断的或不公正的决定提供上诉的机制。

14. 有关建立公共和私人机构以及公共和私人工程项目的规定应与保护历史地区及其周围环境的规定相适应。

15. 有关贫民区的房产和街区以及有补贴住宅之建设的规定，尤其应本着符合并有助于保护政策的目的予以制定或修改。因此，应拟定并调整已付补贴的计划，以便专门通过修复古建筑推动有补贴的住宅建筑和公共建设的发展。在任何情况下，一切拆除应仅限于没有历史或建筑价值的建筑物，并对所涉及的补贴应谨慎予以控制。另外，应将专用于补贴住宅建设的基金拨出一部分，用于旧建筑的修复。

16. 有关建筑物和土地的保护措施的法律后果应予以公开并由主管官方机构作出记录。

17. 考虑到各国的具体条件以及各个国家、地区和地方当局的责任划分，下列原则应构成保护机制运行的基础：

（1）应设有一个负责确保长期协调一切有关部门，如国家、地区和地方公共部门或私人团体的权力机构；

（2）跨学科小组一旦完成了事先一切必要的科学研究后，应立即制订保护计划和文件，这些跨学科小组特别应由以下人员组成：保护和修复专家，包括艺术史学家；建筑师和城市规划师；社会学家和经济学家；生态学家和风景建筑师；公共卫生和社会福利的专家。并且更广泛地说，所有涉及历史地区保护和发展学科方面的专家；

（3）这些机构应在传播有关民众的意见和组织他们积极参予方面起带头作用；

（4）保护计划和文件应由法定机构批准；

（5）负责实施保护规定和规划的国家、地区和地方各级公共当局应配有必要的工作人员和充分的技术、行政管理和财政来源。

六　技术、经济和社会措施

18. 应在国家、地区或地方一级制定保护历史地区及其周围环境的清单。该清单应确定重点，以使可用于保护的有限资源能够得到合理的分配。需要采取的任何紧急保护措施，不论其性质如何，均不应等到制订保护计划和文件后再采取。

19. 应对整个地区进行一次全面的研究，其中包括对其空间演变的分析。它还应包括考古、历史、建筑、技术和经济方面的数据。应制定一份分析性文件，以便确定哪些建筑物或建筑群应予以精心保护、哪些应在某种条件下予以保存，哪些应在极例外的情况下经全面记录后予以拆毁。这将能使有关当局下令停止任何与本建议不相符合的工程。此外，出于同样目的，还应制定一份公共或私人开阔地及其植被情况的清单。

20. 除了这种建筑方面的研究外，也有必要对社会、经济、文化和技术数据与结构以及更广泛的城市或地区联系进行全面的研究。如有可能，研究应包括人口统计数据以及对经济、社会和文化活动的分析、生活方式和社会关系、土地使用问题、城市基础设施、道路系统、通信网络以及保护区域与其周围地区的相互联系。有关当局应高度重视这些研究并应牢记没有这些研究，就不可能制订出有效的保护计划。

21. 在完成上述研究之后，并在保护计划和详细说明制订之前，原则上应有一个实施计划，其中既要考虑城市规划、建筑、经济和社会问题，又要考虑城乡机构吸收与其具体特点相适应的功能的能力。实施计划应在使居住密度达到理想水平，并应规定分期进行的工作及其进行中所需的临时住宅，以及为那些无法重返先前住所的居民提供永久性的住房。该实施计划应由有关的社区和人民团体密切参予制订。由于历史地区及其周围环境的社会、经济及自然状态方面会随时间流逝而不断变化，因此，对其研究和分析应是一个连续不断的过程。所以，至关重要的是在能够进行研究的基础上制订保护计划并加以实施，而不是由于推敲计划过程而予以拖延。

22. 一旦制订出保护计划和详细说明并获得有关公共当局批准，最好由制定者本人或在其指导下予以实施。

23. 在具有几个不同时期特征的历史地区，保护应考虑到所有这些时期的表现形式。

24. 在有保护计划的情况下，只有根据该计划方可批准涉及拆除既无建筑价值和历史价值且结构又极不稳固、无法保存的建筑物的城市发展或贫民区治理计划，以及拆除无价值的延伸部分或附加楼层，乃至拆除有时破坏历史地区整体感的新建筑。

25. 保护计划未涉及地区的城市发展或贫民区治理计划应尊重具有建筑或历史价值的建筑物和其他组成部分及其附属建筑物。如果这类组成部分可能受到该计划的不利影响，应在拆除之前制订上述保护计划。

26. 为确保这些计划的实施不致有利于牟取暴利或与计划的目标相悖，有必要经常进行监督。

27. 任何影响历史地区的城市发展或贫民区治理计划应遵守适用于防止火灾和自然灾害的通用安全标准，只要这与适用于保护文化遗产的标准相符。如果确实出现了不符的情况，各有关部门应通力合作找出特别的解决方法，以便在不损坏文化遗产的同时，提供最大的安全保障。

28. 应特别注意对新建筑物制定规章并加以控制，以确保该建筑能与历史建筑群的空间结构和环境协调一致。为此，在任何新建项目之前，应对城市的来龙去脉进行分析，其目的不仅在于确定该建筑群的一般特征，而且在于分析其主要特征，如高度、色彩、材料及造型之间的和谐、建筑物正面和屋顶建造方式的衡量、建筑面积与空间体积之间的关系及其平均比例和位置。特别应注意基址的面积，因为存在着这样一个危险，即基址的任何改动都可能带来整体的变化，均对整体的和谐不利。

29. 除非在极个别情况下并出于不可避免的原因，一般不应批准破坏古迹周围环境而使其处于孤立状态，也不应将其迁移他处。

30. 历史地区及其周围环境应得到保护，避免因架设电杆、高塔、电线或电话线、安置电视天线及大型广告牌而带来的外观损坏。在已经设置这些装置的地方，应采取适当措施予以拆除。张贴广告、霓虹灯和其他各种广告、商业招牌及人行道与各种街道设备应精心规划并加以控制，以使它们与整体相协调。应特别注意防止各种形式的破坏活动。

31. 各成员国及有关团体应通过禁止在历史地区附近建立有害工业，并通过采取预防措施消除由机器和车辆所带来的噪声、振动和颤动的破坏性影响，保护历史地区及其周围环境免受由于某种技术发展，特别是各种形式的污染所造成的日益严重的环境损害。另外还应做出规定，采取措施消除因旅游业的过分开发而造成的危害。

32. 各成员国应鼓励并帮助地方当局寻求解决大多数历史建筑群中所存在的一方面机动交通另一方面建筑规模以及建筑质量之间的矛盾的方法。为了解决这一矛盾并鼓励步行，应特别重视设置和开放既便于步行、服务通行又便于公共交通的外围乃至中央停车场和道路系统。许多诸如在地下铺设电线和其他电缆的修复工程，如果单独实施耗资过大，可以简单而经济地与道路系统的发展相结合。

33. 保护和修复工作应与振兴活动齐头并进。因此，适当保持现有的适当作用，特别是贸易和手工艺，并增加新的作用是非常重要的。这些新作用从长远来看，如果具有生命力，应与其所在的城镇、地区或国家的经济和社会状态相符合。保护工作的费用不仅应根据建筑物的文化价值而且应根据其经使用获得的价值进行估算。只有参照了这两方面的价值尺度，才能正确看待保护的社会问题。这些作用应满足居民的社会、文化和经济需要，而又不损坏有关地区的具体特征。文化振兴政策应使历史地区成为文化活动的中心，并使其在周围社区的文化发展中发挥中心作用。

34. 在农村地区，所有引起干扰的工程和经济、社会结构的所有变化应严加控制，以使具有历史意义的农村社区保持其在自然环境中的完整性。

35. 保护活动应把公共当局的贡献同个人或集体所有者、居民和使用者单独或共同作出的贡献联系起来，应鼓励他们提出建议并充分发挥其积极作用。因此，特别应通过以下方法在社区和个人之间建立各种层次的经常性的合作：适合于某类人的信息资料，适合于有关人员的综合研究，建立附属于计划小组的顾问团体；所有者、居民和使用者在对公共企业机构发挥咨询作用方面的代表性。这些机构负责有关保护计划的决策、管理和组织实施的机构或负责创建参与实施计划。

36. 应鼓励建立自愿保护团体和非营利性协会以及设立荣誉或物质奖励，以使保护领域中各方面卓有成效的工作能得到认可。

37. 应通过中央、地区和地方当局足够的预算拨款，确保得到保护历史地区及其环境计划中所规定的用于公共投资的必要资金。所有这些资金应由受委托协调国家、地区或地方各级一切形式的财政援助，并根据全面行动计划发放资金的公共、私人或半公半私的机构集中管理。

38. 下述形式的公共援助应基于这样的原则：在适当和必要的情况下，有关当局采取的措施，应考虑到修复中的额外开支，即与建筑物新的市场价格或租金相比，强加给所有者的附加开支。

39. 一般来说，这类公共资金应主要用于保护现有建筑，特别包括低租金的住宅建筑，而不应划拨给新建筑的建设，除非后者不损害现有建筑物的使用和作用。

40. 赠款、补贴、低息贷款或税收减免应提供给按保护计划所规定的标准进行保护计划所规定的工程的私人所有者和使用者。这些税收减免、赠款和贷款可首先提供给拥有住房和商业财产的所有者或使用者团体，因为联合施工比单独行动更加节省。给予私人所有者和使用者的财政特许权，在适当情况下，应取决于要求遵守为公共利益而规定的某些条件的契约，并确保建筑物的完整，例如，允许参观建筑物，允许进入公园，花园或遗址，允许拍照等。

41. 应在公共或私人团体的预算中，拨出一笔特别资金，用于保护受到大规模公共工程和污染危害的历史建筑群。公共当局也应拨出专款，用于修复由于自然灾害所造成的损坏。

42. 另外，一切活跃于公共工程领域的政府部门和机构应通过既符合自己目的，又符合保护计划目标的融资，安排其计划与预算，以便为历史建筑群的修复作出贡献。

43. 为了增加可资利用的财政资源，各成员国应鼓励建立保护历史地区及其周围环境的公共和/或私人金融机构。这些机构应有法人地位，并有权接受来自个人、基金会以及有关工业和商业方面的赠款。对捐赠人可给予特别的税收减免。

44. 通过建立借贷机构为保护历史地区及其周围环境所进行的各种工程的融资工作，可由公共机构和私人信贷机构提供便利，这些机构将负责向所有者提供低息长期贷款。

45. 各成员国和其他有关各级政府部门可促进非赢利组织的建立。这些组织负责以周转资金购买，或如果合适在修复后出售建筑物。这笔资金是为了使那些希望保护历史建筑物、维护其特色的所有人能够在其中继续居住而专门设立的。

46. 保护措施不应导致社会结构的崩溃，这一点尤为重要。为了避免因翻修给不得不从建筑物或建筑群迁出的最贫穷的居民所带来的艰辛，补偿上涨的租金能使他们得以维持家庭住房、商业用房、作坊以及他们传统的生活方式和职业，特别是农村手工业、小型农业、渔业等。这项与收入挂钩的补偿，将会帮助有关人员偿付由于进行工程而导致的租金上涨。

五　研究、教育和信息

47. 为了提高所需技术工人和手工艺者的工作水平，并鼓励全体民众认识到保护的必要性并参予保护工作，各成员国应根据其立法和宪法权限，采取以下措施。

48. 各成员国和有关团体应鼓励系统地学习和研究：

城市规划中有关历史地区及其环境方面；

各级保护和规划之间的相互联系；

适用于历史地区的保护方法；

材料的改变；

现代技术在保护工作中的运用；

与保护不可分割的工艺技术。

49. 应采用与上述问题有关的包括实习培训期的专门教育。另外，至关重要的是鼓励培养专门从事保护历史地区，包括其周围的空间地带的专业技术工人和手工艺者。此外，还有必要振兴受工业化进程破坏的工艺本身。在这方面有关机构有必要与专门的国际机构进行合作，如在罗马的文化财产保护与修复研究中心、国际古迹遗址理事会和国际博物馆协会。

50. 对地方在历史地区保护方面发展中所需行政人员的教育，应根据实际需要，按照长远计划由有关当局提供资金并进行指导。

51. 应通过校外和大学教育，以及通过诸如书籍、报刊、电视、广播、电影和巡回展览等信息媒介增强对保护工作必要性的认识。还应提供不仅有关美学而且有关社会和经济得益于进展良好的保护历史地区及其周围环境的政策方面的、全面明确的信息。这种信息应在私人和政府专门机构以及一般民众中广为传播，以使他们知道为什么以及怎样才能按此方法改善他们的环境。

52. 对历史地区的研究应包括在各级教育之中，特别是在历史教学中，以便反复向青年人灌输理解和尊重昔日成就，并说明这些遗产在现代生活中的作用。这种教育应广泛利用视听媒介及参观历史建筑群的方法。

53. 为了帮助那些想了解历史地区的青年人和成年人，应加强教师和导游的进修课程以及对教师的培训。

七　国际合作

54. 各成员国应在历史地区及其周围环境的保护方面进行合作，如有必要，寻求政府间的和非政府间的国际组织的援助，特别是联合国教育、科学及文化组织、国际博物馆协会、国际古迹遗址理事会文献中心的援助。此种多边或双边合作应认真予以协调，并应采取诸如下列形式的措施：

(1) 交流各种形式的信息及科技出版物；

(2) 组织专题研讨会或工作会；

(3) 提供研究或旅行基金，派遣科技和行政工作人员并发送有关设备；

(4) 采取共同行动以对付各种污染；

(5) 实施大规模保护、修复与复原历史地区的项目，并公布已取得的经验。在边境地区，如果发展和保护历史地区及其周围的环境导致影响边境两边的成员国的共同问题，双方应协调其政策和行动，以确保文化遗产以尽可能的最佳方法得到利用和保护；

(6) 邻国之间在保护共同感兴趣并具有本地区历史和文化发展特点的地区方面应互相协助。

55. 根据本建议的精神和原则，一成员国不应采取任何行动拆除或改变其所占领土之上的历史区段、城镇和遗址的特征。以上乃1976年11月30日在内罗毕召开的联合国教育、科学及文化组织大会第十九届会议正式通过之公约的作准文本。

特此签字，以昭信守。

五、《马丘比丘宪章》(1977年)

(1977年12月12日在马丘比丘通过)

文物和历史遗产的保存与保护（节选）

城市的个性和特性取决于城市的体型结构和社会特征。因此不仅要保存和维护好城市的历史遗址和古迹，而且还要继承优秀的文化传统。一切有价值的说明社会和民族特性的文物必须保护起来。

保护、恢复和重新使用现有历史遗址和古建筑必须同城市建设过程结合起来，用以保证这些文物具有经济意义并继续具有生命力。

在考虑再生和更新历史地区的过程中，应把优秀设计质量的当代建筑物也包括在内。

六、《保护历史城镇与城区宪章（华盛顿宪章）》（1987 年）

（国际古迹遗址理事会第八届全体大会于 1987 年 10 月在华盛顿通过）

序言与定义

一、所有城市社区，不论是长期逐渐发展起来的，还是有意创建的，都是历史上各种各样的社会的表现。

二、本宪章涉及历史城区，不论大小，其中包括城市、城镇以及历史中心或居住区，也包括其自然的和人造的环境。除了它们的历史文献作用之外，这些地区体现着传统的城市历史文化的价值。今天，由于社会到处实行工业化而导致城镇发展的结果，许多这类地区正面临着威胁，遭到物理退化、破坏甚至毁灭。

三、面对这种经常导致不可改变的文化、社会甚至经济损失的惹人注目的状况，国际古迹遗址理事会认为有必要为历史城镇和城区起草国际宪章，作为“国际古迹保护与修复宪章”（通常称为威尼斯宪章）的补充。这个新文本规定了保护历史城镇和城区的原则、目标和方法。它也寻求促进这一地区私人生活和社会生活的协调方法，并鼓励对这些文化财产的保护。这些文化财产无论其等级多低，均构成人类的记忆。

四、正如联合国教育、科学及文化组织 1976 年华沙——内罗毕会议“关于历史地区保护及其当代作用的建议”以及其他一些文件所规定的，“保护历史城镇与城区”意味着这种城镇和城区的保护、保存和修复及其发展，并和谐地适应现代生活所需的各种步骤。

原则和目标

一、为了更加卓有成效，对历史城镇和其他历史城区的保护应成为经济与社会发展政策的完整组成部分，并应当列入各级城市和地区规划。

二、所要保存的特性包括历史城镇和城区的特征以及表明这种特征的一切物质的和精神的组成部分，特别是：

（一）用地段和街道说明的城市的形制；

（二）建筑物与绿地和空地的关系；

（三）用规模、大小、风格、建筑、材料、色彩以及装饰说明的建筑物的外貌，包括内部的和外部的；

（四）该城镇和城区与周围环境的关系，包括自然的和人工的；

（五）长期以来该城镇和城区所获得的各种作用。任何危及上述特性的威胁，都将损害历史城镇和城区的真实性。

三、居民的参与对保护计划的成功起着重大的作用，应加以鼓励。历史城镇和城区的保护首先涉及它们周围的居民。

四、历史城镇和城区的保护需要认真、谨慎以及系统的方法和学科，必须避免僵化，因为，个别情况会产生特定问题。

方法和手段

一、在作出保护历史城镇和城区规划之前必须进行多学科的研究。保护规划必须反映所有相关因素，包括考古学、历史学、建筑学、工艺学、社会学以及经济学。保护规划的主要目标应该明确说明达到上述目标所需的法律、行政和财政手段。保护规划的目的应旨在确保历史城镇和城区作为一个整体的和谐关系。保护规划应该决定哪些建筑物必须保存，哪些在一定条件下应该保存以及哪些在极其例外的情况下可以拆毁。在进行任何治理之前，应对该地区的现状作出全面的记录。保护规划应得到该历史地区居民的支持。

二、在采纳任何保护规划之前，应根据本宪章和威尼斯宪章的原则和目的开展必要的保护活动。

三、新的作用和活动应该与历史城镇和城区的特征相适应，使这些地区适应现代生活需要认真仔细地安装或改进公共服务设施。

四、房屋的改进应是保存的基本目标之一。

五、当需要修建新建筑物或对现有建筑物改建时，应该尊重现有的空间布局，特别是在规模和地段大小方面。与周围环境和谐的现代因素的引入不应受到打击，因为，这些特征能为这一地区增添光彩。

六、通过考古调查和适当展出考古发掘物，应使一个历史城镇和城区的历史知识得到拓展。

七、历史城镇和城区内的交通必须加以控制，必须划定停车场，以免损坏其历史建筑物及其环境。

八、城市或区域规划中作出修建主要公路的规定时，这些公路不得穿过历史城镇或城区，但应改进接近它们的交通。

九、为了保护这一遗产并为了居民的安全与安居乐业，应保护历史城镇免受自然灾害、污染和噪声的危害。不管影响历史城镇或城区的灾害的性质如何，必须针对有关财产的具体特性采取预防和维修措施。

十、为了鼓励全体居民参与保护，应为他们制订一项普通信息计划，从学龄儿童开始。与遗产保护相关的行为亦应得到鼓励，并应采取有利于保护和修复的财政措施。

十一、对一切与保护有关的专业应提供专门培训。

十二、历史城镇和城区内的交通必须加以控制，必须划定停车场，以免损坏其历史建筑物及其环境。

十三、城市或区域规划中作出修建主要公路的规定时，这些公路不得穿过历史城镇或城区，但应改进接近它们的交通。

十四、对一切与保护有关的专业应提供专门培训。

七、《奈良真实性文件》（1994年）

（《奈良真实性文件》是应日本政府文化事务部的邀请下，于1994年11月1日至6日出席在奈良举办的“与世界遗产公约相关的奈良真实性会议”的45名代表起草。而此次会议是由日本政府文化事务部与联合国教科文组织、国际文物保护与修复研究中心（ICCROM）及国际古迹遗址理事会（ICOMOS）共同举办。）

价值与真实性（节选）

1. 对文化遗产的所有形式与历史时期加以保护是遗产价值的根本。我们了解这些价值的能力部分取决于这些价值的信息来源是否真实可靠。对这些与文化遗产的最初与后续特征有关的信息来源及其意义的认识与了解是全面评估真实性的必备基础。

2.《威尼斯宪章》所探讨及认可的真实性是有关价值的基本要素。对于真实性的了解在所有有关文化遗产的科学研究、保护与修复规划以及《世界遗产公约》与其他遗产名单收录程序中都起着至关重要的基本作用。

3. 一切有关文化项目价值以及相关信息来源可信度的判断都可能存在文化差异，即使在相同的文化背景内，也可能出现不同。因此不可能基于固定的标准来进行价值性和真实性评判。反之，出于对所有文化的尊重，必须在相关文化背景之下对遗产项目加以考虑和评判。

4. 因此，在每一种文化内部就其遗产价值的具体性质以及相关信息来源的真实性和可靠性达成共识就变得极其重要和迫切。

5. 取决于文化遗产的性质、文化语境、时间演进，真实性评判可能会与很多信息来源的价值有关。这些来源可包括很多方面，譬如形式与设计、材料与物质、用途与功能、传统与技术、地点与背景、精神与感情以及其他内在或外在因素。使用这些来源可对文化遗产的特定艺术、历史、社会和科学维度加以详尽考虑。

八、《保护和发展历史城市国际合作苏州宣言》（1998 年）

考虑到保护历史城市的重要性和根据《世界遗产公约》，各国和国际社会所应履行职责，以及传播信息的必要性，所参加“中国—欧洲历史城市市长会议”的代表着重强调，应根据社会和经济发展的需要，加强对历史城市的保护。并按照可持续发展的原则，为未来寻求保护的途径和方法。

来自中国 15 个和欧盟 9 个历史城市的市长或其代表于 1998 年 4 月 7—9 日相聚在中国苏州。

代表们重申了各自国家的政府对《保护世界文化和自然遗产公约》《世界遗产公约》所作的承诺，并回顾了《关于国家一级保护文化和自然遗产的建议》，二者均是 1972 年 11 月 16 日由联合国教科文组织大会通过的；同时，还回顾了 1976 年 11 月 26 日和 1968 年 11 月 19 日联合国教科文组织大会通过的《关于历史地区保护与现代功能的建议》以及《关于保护受到公共或私营工程危害财产的建议》。

代表们进一步回顾了 1992 年里约日内卢“全球首脑会议”通过的《二十一世纪议程》和 1996 年伊斯坦布尔“城市最高级会议——人居会议”通过的《人居议程》，并注意到 1998 年 4 月 2 日联合国教科文组织在斯德哥尔摩召开的“政府间文化政策促进发展会议”所通过的《文化政策促进发展行动计划》。

代表们还认识到市长和地方当局在实施以上国际条约和文件的作用正在日益加强，因此，于 1998 年 4 月 9 日重申：

在全球化和城市迅速转变的年代，城市本身的特征应集中体现在历史地区及其文化之中，城市发展的一个基本因素是历史地区的保护和延续。由此，市长及其代表们将致力于：

1. 按照联合国教科文组织 1972 年通过的《保护世界文化与自然遗产公约》中第四、第五条款的精神和内容，采取行动；

2. 制定有效的保护政策，特别是通过城市规划措施，保护和修复历史城镇地区，尊重其真实性，一方面，是因为历史城镇地区集中保存着对不同文化的记忆；另一方面，这类城区能够使居民体验到文明由到过去向未来的延续，可持续发展就是建立在这个基础上的；

3. 为繁荣丰富多采的文化提供资源和基础设施，从而，推动不同文化背景、自然环境和发展阶段的历史城镇和地区的可持续发展；

4. 制定法律保护和规划框架体系，不仅通过立法，而且也通过为居民提供资金和技术手段，鼓励采用传统建筑材料，尊重文化的多样性来开展保护和修复工作，以实现保护和加强历史城镇地区价值的目标；

5. 制定与历史城镇形态相协调的历史地区公共服务设施和社会住房政策，为此，在可能的情况下，重新调整现存建筑物的功用，以及需要有一个与这些周边地区环境相联系的公共交通政策，而且重点应该发展步行街；

6. 通过采取适当的技术、法规、经济和财务措施，防止对环境的污染；

7. 积极支持能够保证历史地区在发展中发挥关键作用的社会和经、济政策；

8. 保证旅游能尊重文化、环境和当地居民的生活方式，并且保证由此而创造收入的合理部分能用于保护遗产，加强文化发展；

9. 保护并促进作为实体环境不可分割组成部分的无形文化遗产；

10. 充分发挥这些政策的有效性，并通过促进公共和私人的合作关系，落实这些政策；

11. 制订提高公众认识和教育的计划，以便在遗产保护中能够征得当地居民的意见，并能使其充分参与这项工作；

12. 制订执行这些政策的合作计划，为此与联合国教科文组织、欧洲联盟及其他机构一起，共同寻求各自国家和区域当局，以及其他机构的支持，开发中国和欧盟地方当局之间的合作项目，同时，提高邀请其他中国和欧盟历史城市，乃至世界各国城市的参与，扩大此宣言的影响范围。

九、《北京共识》

（中国文化遗产保护与城市发展国际会议 2000 年）

中国文化遗产保护与城市发展国际会议于 2000 年 7 月 5—7 日在北京通过《北京共识》

考虑到历史文化遗产在现代化城市建设中的重要意义；考虑到保护世界文化遗产有助于各国人民相互了解，并有利于促进世界和平事业；考虑到当前文化遗产的保护正受到来自城市建设方面的冲击；同时，也考虑到文化遗产的保护和现代化城市建设的根本利益趋向一致，为制订城市发展规划的基本目标，来自世界各地的与会代表就以下问题达成共识：

保存在城市中的文化遗产不仅是历史上不同传统和精神成就的载体和见证，同时也体现了全世界各民族的基本特征，构成了各个城市面貌和特点的基本要素。它凝聚了数千年人类辛勤的劳动和无穷的智慧，沉淀了人类文明世代相传的宝贵精神资源和物质财富，并作为一种精神动力支撑着城市居民构筑 21 世纪美好家园的信心和理念。

长期以来，世界各国为保护城市中的历史文化遗产所付出的努力，不仅有效地延续了城市的历史文化，同时极大地促进了当地旅游业乃至经济的发展。在人类即将进入 21 世纪的今天，我们更加认识到保护城市中的历史文化遗产的重要性，同时，随着广大民众文明程度的不断提高和对精神文化生活的迫切要求，城市化进程中的文化遗产保护必将拥有十分美好的前景。

在经济快速发展的 21 世纪，许多历史城市中的文化遗产遭受冲击，甚至面临着遭受破坏的危险。城市人口的增加，城市向大型化、现代化、经济化的发展，正日益侵蚀着历史文化遗产赖以生存的环境，许多具有历史意义的传统文化街区的历史真实性正在消失。

要妥善保护城市中的历史文化遗产，迎接来自各个方面的挑战，必须采取相应的保护措施。第一，需要制定一个完备的保护法规体系，无论国际组织，还是各个国家乃至地方，建立一个更加完善、更加丰富、更加具体的法规体系是历史文化遗产保护的基本前提。第二，需要一个与城市建设相吻合的、切合实际的历史文化遗产保护规划，并且严格按照规划进行各项城市建设。第三，需要城市的市长以及政府有关机构具有重视城市文化遗产保护的长远目光和胆识，需要广大公民，特别是城市中的居民能够充分认识到所负有的保护城市历史文化遗产的责任感和使命感，使保护历史文化遗产成为每一位公民的责任和义务。长期以来，新闻媒体在保护历史文化中发挥着积极的作用，我们期待着更多的社会力量参与到历史文化的保护工作中来，以形成更为强大的社会舆论。

愿通过我们的共同努力，使历史文化遗产更多地保留在日益发展的现代化城市中，并得以永世流传。

第2节 对中国历史文化名城整体性保护的参考价值

国际宪章关于历史城市整体性保护的内容大致包括如下几点，对于各部分内容采用了罗列分类的方式进行评述。

一、注重历史城市周边环境的建设

1931年，《关于历史性纪念物修复的雅典宪章》率先提出了“在建造过程中，新建筑的选址应尊重城市特征和周边环境，特别是当其邻近文物古迹时，应给予周边环境特别考虑。一些特殊的建筑群和风景如画的眺望景观也需要加以保护。从保存其历史特征的角度出发，有必要研究某些纪念物或纪念物群合适配置何种装饰性的花木。会议特别强调，在具有艺术和历史价值的纪念物的邻近地区，应杜绝设置任何形式的广告和树立有损景观的电杆，不许建设有噪音污染的工厂和高耸柱状物”。

1964年《关于古迹遗址保护与修复的国际宪章》（威尼斯宪章）第6条规定；“古迹的保护包含着对一定规模环境的保护。凡传统环境存在的地方必须予以保存，绝不允许任何导致改变主体和颜色关系的新建、拆除或改动。”第7条规定：“古迹不能与其所见证的历史和其产生的环境分离。除非出于保护古迹之需要，或因国家或国际之极为重要利益而证明有其必要，否则不得全部或局部搬迁古迹。”

1976年《关于历史地区的保护及其当代作用的建议》（联合国教科文组织·内罗毕建议）第2条指出："历史地区及其环境应被视为不可替代的世界遗产的组成部分。其所在国政府和公民应把保护该遗产并使之与我们时代的社会生活融为一体作为自己的义务。国家、地区或地方当局应根据各成员国关于权限划分的情况，为全体公民和国际社会的利益，负责履行这一义务。"

二、注重历史城市的整体风貌保护

1933年国际现代建筑协会的《雅典宪章》提出，"有历史价值的古建筑应保留，无论是建筑单体还是城市片区。城市的布局和建筑结构塑造了城市的个性，孕育了城市的精魂，使城市的生命力得以在数个世纪中延续。它们是城市的光辉岁月与沧桑岁月最宝贵的见证者，应该得到尊重。这首先是因为它们凝聚着历史或情感价值；其次，它们传达出一种融会着人类所有智慧结晶的可塑特征。它们是人类遗产的一部分，任何拥有它们的人都有责任、有义务尽其所能地保护它们，保证这些珍贵的遗产完好无损、世代流传。"

1976年《关于历史地区的保护及其当代作用的建议》（联合国教科文组织·内罗毕建议）第3条指出："每一历史地区及其周围环境应从整体上视为一个相互联系的统一体，其协调及特性取决于它的各组成部分的联合，这些组成部分包括人类活动、建筑物、空间结构及周围环境。因此一切有效的组成部分，包括人类活动，无论多么微不足道，都对整体具有不可忽视的意义。"

三、强调历史城市文脉的沿承

1964年《关于古迹遗址保护与修复的国际宪章》（威尼斯宪章）第1条指出，"历史古迹的要领不仅包括单个建筑物，而且包括能从中找出一种独特的文明、一种有意义的发展或一个历史事件见证的城市或乡村环境。这不仅适用于伟大的艺术作品，而且适用于随时光流逝而获得文化意义的过去一些较为朴实的艺术品。”其中谈到的“独特的文明”“有意义的发展”均为历史文脉的沿承。

1977 年《马丘比丘宪章》中提到了“文物和历史遗产的保存与保护”一章，指出“城市的个性和特性取决于城市的体型结构和社会特征。因此不仅要保存和维护好城市的历史遗址和古迹，而且还要继承一般的文化传统。一切有价值的说明社会和民族特性的文物必须保护起来》”。

1987 年《保护历史城镇与城区宪章》（华盛顿宪章 ）的序言中提到：“所有城市社区，不论是长期逐渐发展起来的，还是有意创建的，都是历史上各种各样的社会的表现。”“本宪章涉及历史城区，不论大小，其中包括城市、城镇以及历史中心或居住区，也包括其自然的和人造的环境。除了它们的历史文献作用之外，这些地区体现着传统的城市历史文化的价值。今天，由于社会到处实行工业化而导致城镇发展的结果，许多这类地区正面临着威胁，遭到物理退化、破坏甚至毁灭。”

四、 强调真实性的意义

1994 年的《奈良真实性文件》提到了文化遗产的“价值与真实性”，指出“对文化遗产的所有形式与历史时期加以保护是遗产价值的根本。我们了解这些价值的能力部分取决于这些价值的信息来源是否真实可靠。对这些与文化遗产的最初与后续特征有关的信息来源及其意义的认识与了解是全面评估真实性的必备基础”。

1998 年的《苏州宣言》强调了“真实性保护”的重要性。

2000 年的《北京共识》也谈到了遗产保护真实性的重要意义。

五、 强调历史城市保护中法制及政策的重要作用

1976 年《关于历史地区的保护及其当代作用的建议》（联合国教科文组织 · 内罗毕建议）第 4 条指出：“ 历史地区及其周围环境应得到积极保护，使之免受各种损坏，特别是由于不适当的利用、不必要的添建和诸如将会损坏其真实性的错误的或愚蠢的改变而带来的损害，以及由于各种形

式的污染而带来的损害。任何修复工程的进行应以科学原则为基础。同样，也应十分注意组成建筑群并赋予各建筑群以自身特征的各个部分之间的联系与对比所产生的和谐与美感。”第 7 条指出：“各成员国应根据各国关于权限划分的情况制定国家、地区和地方政策，以便使国家、地区和地方当局能够采取法律、技术、经济和社会措施，保护历史地区及其周围环境，并使之适应于现代生活的需要。由此制定的政策应对国家、地区或地方各级的规划产生影响，并为各级城市规划，以及地区和农村发展规划，为由此而产生的共构成制定目标和计划重要组成部分的活动、责任分配以及实施行为提供指导。在执行保护政策时，应寻求个人和私人协会的合作。”

1987 年《保护历史城镇与城区宪章》（华盛顿宪章）中提到“历史城镇和城区的保护需要认真、谨慎以及系统的方法和学科，必须避免僵化，因为，个别情况会产生特定问题。”在谈到方法和手段时指出：“在作出保护历史城镇和城区规划之前必须进行多学科的研究。保护规划必须反映所有相关因素，包括考古学、历史学、建筑学、工艺学、社会学以及经济学。保护规划的主要目标应该明确说明达到上述目标所需的法律、行政和财政手段。保护规划的目的应旨在确保历史城镇和城区作为一个整体的和谐关系。保护规划应该决定哪些建筑物必须保存，哪些在一定条件下应该保存以及哪些在极其例外的情况下可以拆毁。在进行任何治理之前，应对该地区的现状作出全面的记录。保护规划应得到该历史地区居民的支持。”

1998 年《保护和发展历史城市国际合作苏州宣言》指出：“制定有效的保护政策，特别是通过城市规划措施，保护和修复历史城镇地区，尊重其真实性，一方面，因为历史城镇地区集中保存着对不同文化的记忆；另一方面，这类城区能够使居民体验到文明由到过去向未来的延续，可持续发展就是建立在这个基础上的。”“制定法律保护和规划框架体系，不仅通过立法，而且也通过为居民提供资金和技术手段，鼓励采用传统建筑材料，尊重文化的多样性来开展保护和修复工作，以实现保护和加强历史城镇地区价值的目标。”

基于上述分析，从国际宪章及文件的发展角度来看，保护世界文化遗产过程中遵循“原真性”“完整性”，提倡大力保护遗产周围的历史环境已经是一个不可阻挡的历史趋势。人类是有着共同记忆的，保护世界文化遗产要尊重这些共同的历史记忆。

· 第六章 ·

中国历史文化名城整体性保护的法理分析

“历史文化名城、名镇、名村应当整体保护，保持传统格局、历史风貌和空间尺度，不得改变与其相互依存的自然景观和环境。”

——《历史文化名城名镇名村保护条例》第21条

“历史文化名城、名镇、名村的保护，除了对文物古迹各构成要素的保护，还须考虑对整体的城镇历史景观的保护。保护不仅要考虑城市肌理和建筑体量、密度、高度、色彩、材料等因素，同时也应保护、延续仍保持活力的文化传统。从环境景观的角度还需考虑对视线通廊、周围山水环境等体现城镇、村落选址、景观设计意图等要素的保护。”

——《中国文物古迹保护准则》（2015年）第39条

第1节

中国历史文化名城整体性保护的法理分析

中国文化遗产保护与城市发展国际会议于2000年7月5日在北京召开，期间通过了《北京共识》，这份共识是以历史文化遗产在现代化城市建设中的重要意义以及当前文化遗产保护受到的来自城市建设方面的冲击为现实基础，为了实现保护文化遗产和促进现代化城市建设的根本利益一致，促进城市发展规划的基本目标，来自各国的与会代表所达成的一致共识。共识中指出："在经济快速发展的21世纪，许多历史城市中的文化遗产受到冲击，甚至面临着遭受破坏的危险。城市人口的增加，城市向大型化、现代化、经济化的发展，正日益侵蚀着历史文化遗产赖以生存的环境，许多具有历史意义的传统文化街区的历史真实性正在消失。"为此，共识正式提出："要妥善保护城市中的历史文化遗产，迎接来自各个方面的挑战，必须采取相应的措施。

首先，需要制定一个完备的保护法规体系，无论国际组织，还是各个国家乃至地方，建立一个更加完善、更加丰富、更加具体的法规体系是历史文化遗产保护的基本前提。

其次，需要一个与城市建设相吻合的、切合实际的历史文化遗产保护规划，并且严格按照规划进行各项城市建设。

最后，需要城市的市长以及政府有关机构具有重视城市文化遗产保护的长远目光和胆识，需要广大公民，特别是城市中的居民能够充分认识到所负有的保护城市历史文化遗产的责任感和使命感，使保护历史文化遗产成为每一位公民的责任和义务。长期以来，新闻媒体在保护历史文化中发挥着积极的作用，我们期待着更多的社会力量参与到历史文化的保护工作中来，以形成更为强大的社会舆论。愿通过我们的共同努力，使历史文化遗产更多地保留在日益发展的现代化城市中，并得以永世流传。”

在这份国际性城市保护文件中提到：“一个更加完善、更加丰富、更加具体的法规体系是历史文化遗产保护的基本前提。”在我国的历史文化名城的保护过程中，制定一个完备的保护法规体系则是当下的重中之重。

有一个问题必须要首先明确，历史文化名城的保护属于文化保护范畴，虽然保护历史文化名城过程中我们保护的对象许多都有物质载体的形式存在，如建筑物或建筑群、街道、庙宇、水系、宫殿等，但是保护这些内容最终的目的是维护一种文化的脉络，是对于某种特殊的文化归属感的寻找留下痕迹或可循之迹，这一切都被称为文化。保护文化是需要良知和审美鉴别力的，而这两样都与物质基础和生活方式有关系。缺一样都不可能真正实现对于文化的保护意愿，从心底如果保护主体失去了对被保护内容的审美需求，而代之以一味的经济效益追求目的，那文化最终也就变成赚取财富的必然手段。如果普遍的良知和审美鉴别力都没有达到社会普遍的水平，保护文化就需要暂时的强制手段来约束社会成员普遍遵守，等社会成员的良知以及审美随着他们的行为模式固定下来，不再以破坏文化来换取经济效益的时候，文化保护就会变成一件社会自觉的事情。而现在当下的中国现有国情还没有实现这种较为理想的状态，法治就更是一种必须的保障措施。

法是调整社会中人们行为规范的总称，一般都会以特定的形式存在，具有具体的外部表现形态。现时期我国成文法形式包括宪法、法律、行政法规、地方性法规、自治法规、行政规章、特别行政区法、国际条约。其中宪法、法律、行政法规在中国法的形式体系中分别居于核心地位和重要地位。我国关于历史文化名城保护的法律法规体系比较全面，但是对历史文化名城整体性保护的规定则又散见在不同的法律文件中，这些规定之间并无有机的紧密的联系，在笔者看来，应该尽快在已有法律法规的基础上建立历史文化名城整体性保护的单行立法，才能真正实现历史文化名城的整体性保护。

以下是我国现行相关法律法规中关于整体性保护的内容的节选与呈现，以供读者参阅分析。

一、法律

法律在我国主要是指由全国人民代表大会及其常委会依据法定职权和程序制定和修改的，规定和调整国家、社会和公民生活中某一方面带有根本性的社会关系或基本问题的一种法，是中国法的形式体系的主导。法律的地位和效力低于宪法高于其他法，是法的形式体系中的二级大法。法律是行政法规和地方性法规的立法依据或基础，行政法规和地方性法规不得与它相抵触，否则无效。法律分为基本法律和基本法律以外的法律两种。基本法律由全国人民代表大会制定和修改，规定国家、社会和公民生活中具有重大意义的基本问题，如刑法、民法等。基本法律以外的法律由全国人民代表大会单务委员会制定和修改，规定由基本法律调整以外的国家、社会和公民生活中某一方面的基本问题，其调整面相对狭窄，内容较具体，如商标法、文物保护法等。两种法律具有同等效力。

涉及历史文化名城整体性保护内容的法律主要包括《中华人民共和国文物保护法》和《中华人民共和国城乡规划法》。截至目前，还没有关于历史文化名城整体性保护的单行法律，这是一个比较大的遗憾之处。

1.《中华人民共和国文物保护法》

1982 年 11 月 19 日第五届全国人民代表大会常务委员会第二十五次会议通过，根据 1991 年 6 月 29 日第七届全国人民代表大会常务委员会第二十次会议《关于修改〈中华人民共和国文物保护法〉第三十条、第三十一条的决定》第一次修正；2002 年 10 月 28 日第九届全国人民代表大会常务委员会第三十次会议修订，根据 2007 年 12 月 29 日第十届全国人民代表大会常务委员会第三十次会议《关于修改〈中华人民共和国文物保护法〉的决定》第二次修正，如下所示（节选）：

第一章　总　则

第一条　为了加强对文物的保护，继承中华民族优秀的历史文化遗产，促进科学研究工作，进行爱国主义和革命传统教育，建设社会主义精神文明和物质文明，根据宪法，制定本法。

第二条　在中华人民共和国境内，下列文物受国家保护：

（一）具有历史、艺术、科学价值的古文化遗址、古墓葬、古建筑、石窟寺和石刻、壁画；

（二）与重大历史事件、革命运动或者著名人物有关的以及具有重要纪念意义、教育意义或者史料价值的近代现代重要史迹、实物、代表性建筑；

（三）历史上各时代珍贵的艺术品、工艺美术品；

（四）历史上各时代重要的文献资料以及具有历史、艺术、科学价值的手稿和图书资料等；

（五）反映历史上各时代、各民族社会制度、社会生产、社会生活的代表性实物。

文物认定的标准和办法由国务院文物行政部门制定，并报国务院批准。

具有科学价值的古脊椎动物化石和古人类化石同文物一样受国家保护。

第三条　古文化遗址、古墓葬、古建筑、石窟寺、石刻、壁画、近代现代重要史迹和代表性建筑等不可移动文物，根据它们的历史、艺术、科学价值，可以分别确定为全国重点文物保护单位，省级文物保护单位，市、县级文物保护单位。

历史上各时代重要实物、艺术品、文献、手稿、图书资料、代表性实物等可移动文物，分为珍贵文物和一般文物；珍贵文物分为一级文物、二级文物、三级文物。

第四条　文物工作贯彻保护为主、抢救第一、合理利用、加强管理的方针。

第七条　一切机关、组织和个人都有依法保护文物的义务。

第八条　国务院文物行政部门主管全国文物保护工作。

地方各级人民政府负责本行政区域内的文物保护工作。县级以上地方人民政府承担文物保护工作的部门对本行政区域内的文物保护实施监督管理。

县级以上人民政府有关行政部门在各自的职责范围内，负责有关的文物保护工作。

第九条　各级人民政府应当重视文物保护，正确处理经济建设、社会发展与文物保护的关系，确保文物安全。

基本建设、旅游发展必须遵守文物保护工作的方针，其活动不得对文物造成损害。

公安机关、工商行政管理部门、海关、城乡建设规划部门和其他有关国家机关，应当依法认真履行所承担的保护文物的职责，维护文物管理秩序。

第二章　不可移动文物

第十三条　国务院文物行政部门在省级、市、县级文物保护单位中，选择具有重大历史、艺术、科学价值的确定为全国重点文物保护单位，或者直接确定为全国重点文物保护单位，报国务院核定公布。

省级文物保护单位，由省、自治区、直辖市人民政府核定公布，并报国务院备案。

市级和县级文物保护单位，分别由设区的市、自治州和县级人民政府核定公布，并报省、自治区、直辖市人民政府备案。

尚未核定公布为文物保护单位的不可移动文物，由县级人民政府文物行政部门予以登记并公布。

第十四条　保存文物特别丰富并且具有重大历史价值或者革命纪念意义的城市，由国务院核定公布为历史文化名城。

保存文物特别丰富并且具有重大历史价值或者革命纪念意义的城镇、街道、村庄，由省、自治区、直辖市人民政府核定公布为历史文化街区、村镇，并报国务院备案。

历史文化名城和历史文化街区、村镇所在地的县级以上地方人民政府应当组织编制专门的历史文化名城和历史文化街区、村镇保护规划，并纳入城市总体规划。

历史文化名城和历史文化街区、村镇的保护办法，由国务院制定。

第十五条　各级文物保护单位，分别由省、自治区、直辖市人民政府和市、县级人民政府划定必要的保护范围，作出标志说明，建立记录档案，并区别情况分别设置专门机构或者专人负责管理。全国重点文物保护单位的保护范围和记录档案，由省、自治区、直辖市人民政府文物行政部门报国务院文物行政部门备案。

县级以上地方人民政府文物行政部门应当根据不同文物的保护需要，制定文物保护单位和未核定为文物保护单位的不可移动文物的具体保护措施，并公告施行。

第十六条　各级人民政府制定城乡建设规划，应当根据文物保护的需要，事先由城乡建设规划部门会同文物行政部门商定对本行政区域内各级文物保护单位的保护措施，并纳入规划。

第十七条　文物保护单位的保护范围内不得进行其他建设工程或者爆破、钻探、挖掘等作业。但是，因特殊情况需要在文物保护单位的保护范围内进行其他建设工程或者爆破、钻探、挖掘等作业的，必须保证文物保护单位的安全，并经核定公布该文物保护单位的人民政府批准，在批准前应当征得上一级人民政府文物行政部门同意；在全国重点文物保护单位的保护范围内进行其他建设工程或者爆破、钻探、挖掘等作业的，必须经省、自治区、直辖市人民政府批准，在批准前应当征得国务院文物行政部门同意。

第十八条 根据保护文物的实际需要，经省、自治区、直辖市人民政府批准，可以在文物保护单位的周围划出一定的建设控制地带，并予以公布。

在文物保护单位的建设控制地带内进行建设工程，不得破坏文物保护单位的历史风貌；工程设计方案应当根据文物保护单位的级别，经相应的文物行政部门同意后，报城乡建设规划部门批准。

第十九条 在文物保护单位的保护范围和建设控制地带内，不得建设污染文物保护单位及其环境的设施，不得进行可能影响文物保护单位安全及其环境的活动。对已有的污染文物保护单位及其环境的设施，应当限期治理。

第二十六条 使用不可移动文物，必须遵守不改变文物原状的原则，负责保护建筑物及其附属文物的安全，不得损毁、改建、添建或者拆除不可移动文物。

对危害文物保护单位安全、破坏文物保护单位历史风貌的建筑物、构筑物，当地人民政府应当及时调查处理，必要时，对该建筑物、构筑物予以拆迁。

第七章 法律责任

第六十五条 违反本法规定，造成文物灭失、损毁的，依法承担民事责任。

违反本法规定，构成违反治安管理行为的，由公安机关依法给予治安管理处罚。

违反本法规定，构成走私行为，尚不构成犯罪的，由海关依照有关法律、行政法规的规定给予处罚。

第六十六条 有下列行为之一，尚不构成犯罪的，由县级以上人民政府文物主管部门责令改正，造成严重后果的，处五万元以上五十万元以下的罚款；情节严重的，由原发证机关吊销资质证书：

（一）擅自在文物保护单位的保护范围内进行建设工程或者爆破、钻探、挖掘等作业的；

（二）在文物保护单位的建设控制地带内进行建设工程，其工程设计方案未经文物行政部门同意、报城乡建设规划部门批准，对文物保护单位的历史风貌造成破坏的；

（三）擅自迁移、拆除不可移动文物的；

（四）擅自修缮不可移动文物，明显改变文物原状的；

（五）擅自在原址重建已全部毁坏的不可移动文物，造成文物破坏的；

（六）施工单位未取得文物保护工程资质证书，擅自从事文物修缮、迁移、重建的。

刻划、涂污或者损坏文物尚不严重的，或者损毁依照本法第十五条第一款规定设立的文物保护单位标志的，由公安机关或者文物所在单位给予警告，可以并处罚款。

第六十七条　在文物保护单位的保护范围内或者建设控制地带内建设污染文物保护单位及其环境的设施的，或者对已有的污染文物保护单位及其环境的设施未在规定的期限内完成治理的，由环境保护行政部门依照有关法律、法规的规定给予处罚。

第六十九条　历史文化名城的布局、环境、历史风貌等遭到严重破坏的，由国务院撤销其历史文化名城称号；历史文化城镇、街道、村庄的布局、环境、历史风貌等遭到严重破坏的，由省、自治区、直辖市人民政府撤销其历史文化街区、村镇称号；对负有责任的主管人员和其他直接责任人员依法给予行政处分。

第七十七条　有本法第六十六条、第六十八条、第七十条、第七十一条、第七十四条、第七十五条规定所列行为之一的，负有责任的主管人员和其他直接责任人员是国家工作人员的，依法给予行政处分。

2002年修订后的《文物保护法》，从法律所包含的内容来看，属于实体法与程序法合体的法律，也就是说，在这部法律中既包括保护文物过程中涉及的实体问题，如文物保护过程中该保护什么、怎样保护等问题，同时也包括如果这些问题实现不了可以通过哪些途径获得权利救济。实体和程序合体的法律通常情况下在实际操作过程中并不一定能够很好地发挥惩罚已有违法行为的作用，通常更多的是起到防患于未然的作用，行业内通常把这种法律称作“里程碑”式的法律，表达的是一种保护理念。

在文物保护法中只有第14条是直接涉及历史文化名城的内容，对于历史文化名城需要具备的条件、申报程序、历史文化名城规划做出了概括性的规定，同时第14条第4款授权国务院对历史文化名城的保护办法做出相应规定。这也是后来2008年《历史文化名城名镇名村保护条例》的立法基础。

《文物保护法》第二章不可移动文物中其他大多数内容都是关于文物保护单位的规定，由于文物保护单位同样属于历史文化名城的保护内容，所以笔者将相关内容同样予以摘录。

同时，《文物保护法》第七章法律责任是对违反本法相关规定应承担的法律责任的罗列，包括刑事责任、民事责任和行政责任。其中涉及历史文化名城的内容主要有第66~69条。细心的读者都会发现，这3个条文的担责形式均为以行政责任为主，如“警告”“责令改正”“罚款”“吊销营业执照”“行政处分”“没收违法所得”等。

另外在《文物保护法》第17~19条提到了两个概念“保护范围”“建设控制地带”，这两个概念完全背离了历史文化名城保护的整体性原则，看似要保护文物单位，但在实践当中这两个概念恰恰成为许多大拆大建行为的合法依据。从有的学者的角度来解读，“只要是非保护范围、非建设控制地带就是可以拆除的，就是可以重建的”，虽然第18条第2款也提到了“在文物保护单位的建设控制地带内进行建设工程，不得破坏文物保护单位的历史风貌”，但这条规定本身就是矛盾的，也是当时立法时对历史风貌解读较为片面的结果。按照后来2005年《历史文化名城保护规划规范》中的术语来解释：“建设控制地带是指在保护区范围以外允许建设，但应严格控制其建（构）筑物的性质、体量、高度、色彩及形式的区域。”在这份国家标准中对于风貌是这样规定的：“本规范的风貌指反映历史文化特征的城镇景观和自然、人文环境的整体面貌”。因此，在所谓的历史文化保护区中允许建设新的建筑物，而建筑物是不是会按照已有的城市历史风貌延续这种文脉，这件事情如果没有强制性的规定予以实现的话，就只能依靠开发商或者建设者的伦理道德来约束了。而实际的情形就是无规矩就肯定没有风貌，历史文化名城后来的发展也恰恰印证了这一点。

2. 《中华人民共和国城乡规划法》

2007年10月28日第十届全国人民代表大会常务委员会第三十次会议通过。《中华人民共和国文物保护法》第14条第3款规定历史文化名城和历史文化街区、村镇所在地的县级以上地方人民政府应当组织编制专门的历史文化名城和历史文化街区、村镇保护规划，并纳入城市总体规划。《中华人民共和国城乡规划法》的前身是全国人大常委会 1989 年 12 月 26 日通过的《中华人民共和国城市规划法》。本法自 1990 年 4 月 1 日起施行。该法第 14 条规定："编制城市规划应当注意保护和改善城市生态环境，防止污染和其他公害，加强城市绿化建设和市容环境卫生建设，保护历史文化遗产、城市传统风貌、地方特色和自然景观。"第 23 条规定："城市新区开发和旧区改建必须坚持统一规划、合理布局、因地制宜、综合开发、配套建设的原则。各项建设工程的选址、定点，不得妨碍城市的发展，危害城市的安全，污染和破坏城市环境，影响城市各项功能的协调。"第 27 条规定："城市旧区改建应当遵循加强维护、合理利用、调整布局、逐布改善的原则，统一规划，分期实施，并逐步改善居住和交通运输条件，加强基础设施和公共设施建设，提高城市的综合功能。"这三条规定均与历史文化名城的保护有关，由此可见，该法也包含了历史文化名城整体性保护的基本思想。

2007 年制定的《中华人民共和国城乡规划法》替代了过去的《中华人民共和国城市规划法》，这是我国城镇化发展进程中的必然结果，在该法中，我们同样可以找到对于历史文化名城整体性保护的相关精神和规定。如下所示（节选）：

第一章 总 则

第一条 为了加强城乡规划管理，协调城乡空间布局，改善人居环境，促进城乡经济社会全面协调可持续发展，制定本法。

第二条 制定和实施城乡规划，在规划区内进行建设活动，必须遵守本法。

第四条 制定和实施城乡规划，应当遵循城乡统筹、合理布局、节约土地、集约发展和先规划后建设的原则，改善生态环境，促进资源、能源节约和综合利用，保护耕地等自然资源和历史文化遗产，保持地方特色、民族特色和传统风貌，防止污染和其他公害，并符合区域人口发展、国防建设、防灾减灾和公共卫生、公共安全的需要。

第十七条 城市总体规划、镇总体规划的内容应当包括：城市、镇的发展布局，功能分区，用地布局，综合交通体系，禁止、限制和适宜建设的地域范围，各类专项规划等。

规划区范围、规划区内建设用地规模、基础设施和公共服务设施用地、水源地和水系、基本农田和绿化用地、环境保护、自然与历史文化遗产保护以及防灾减灾等内容，应当作为城市总体规划、镇总体规划的强制性内容。

城市总体规划、镇总体规划的规划期限一般为二十年。城市总体规划还应当对城市更长远的发展作出预测性安排。

第三十一条 旧城区的改建，应当保护历史文化遗产和传统风貌，合理确定拆迁和建设规模，有计划地对危房集中、基础设施落后等地段进行改建。

历史文化名城、名镇、名村的保护以及受保护建筑物的维护和使用，应当遵守有关法律、行政法规和国务院的规定。

第三十二条 城乡建设和发展，应当依法保护和合理利用风景名胜资源，统筹安排风景名胜区及周边乡、镇、村庄的建设。风景名胜区的规划、建设和管理，应当遵守有关法律、行政法规和国务院的规定。

遗憾的是，在《中华人民共和国城乡规划法》中并没有以更详尽的方式规范对历史文化名城整体风貌保护的规范要求，只是在第 31 条提到“旧城区的改建”问题所应当依据的基本原则，同时在第 2 款中对“历史文化名城、名镇、名村的保护以及受保护建筑物的维护和使用”问题均归为“遵守有关法律、行政法规和国务院的规定”这种概括性的规定。

二、 行政法规

行政法规是由国家行政机关国务院依法制定和修改的，有关行政管理和管理行政两方面事项的规范性法律文件的总称。在法的形式体系中处于低于宪法、法律而高于地方性法规的地位。行政法规应根据宪法、法律制定，不得与宪法、法律相抵触，地方性法规不得与行政法规相抵触，否则无效。它调整的社会关系和规定的事项远比法律调整的社会关系和规定的事项广泛、具体。经济、政治、教育、科学、文化、体育以及其他方面的社会关系和事项，只要不带根本性或一定要由宪法、法律调整的，行政法规都可调整。

1.《中华人民共和国文物保护法实施条例》

《中华人民共和国文物保护法实施条例》即属于行政法规，于 2003 年 5 月 18 日国务院令第 377 号发布。在该条例中涉及历史文化名城的内容如下：

第七条 历史文化名城，由国务院建设行政主管部门会同国务院文物行政主管部门报国务院核定公布。

历史文化街区、村镇，有声、自治区、直辖市人民政府城乡规划行政主管部门会同文物行政主管部门报本级人民政府核定公布。

县级以上地方人民政府组织编制的历史文化名城和历史文化街区、村镇的保护规划，应当符合文物保护的要求。

第九条 文物保护单位的保护范围，是指对文物保护单位本体及周围一定范围实施重点保护的区域。

文物保护单位的保护范围，应当根据文物保护单位的类别、规模、内容以及周围环境的历史和现实情况合理划定，并在文物保护单位本体之外保持一定的安全距离，确保文物保护单位的真实性和完整性。

第十三条 文物保护单位的建设控制地带，是指文物保护单位的保护范围外，为保护文物保护单位的安全、环境、历史风貌对建设项目加以限制的区域。

文物保护单位的建设控制地带，应当根据文物保护单位的类别、规模、内容以及周围环境的历史和现实情况合理划定。

实施细则的相关内容是对《文物保护法》中涉及历史文化名城的内容的进一步细化。而另一部关于历史文化名城保护的行政法规则是历史文化名城保护法律规范中最“名正言顺”的《历史文化名城明镇名村保护条例》。

2.《历史文化名城名镇名村保护条例》

中华人民共和国国务院令第 524 号《历史文化名城名镇名村保护条例》已经 2008 年 4 月 2 日国务院第 3 次常务会议通过，现予公布，自

2008年7月1日起施行。

前文已谈及《中华人民共和国文物保护法》第14条第4款规定“历史文化名城和历史文化街区、村镇的保护办法，由国务院制定。”也可以说，这是《历史文化名城名镇名村保护条例》的直接立法依据，同时《中华人民共和国城乡规划法》也对历史文化名城名镇名村做出原则性规定，也是条例的立法依据。

随着国民经济和社会的发展，各地城镇化进程明显加快，建设工程的数量明显增大，所涉面积也逐渐广泛，历史文化名城的保护工作面临诸多亟待解决的问题。例如，由于保护措施不力、管理不到位、过度开发和不合理的利用，许多重要历史文化遗产正在消失，传统格局和历史风貌遭到严重破坏。同时保护规划的编制、修改工作滞后，缺乏科学性和合理性，权威性不够。许多历史建筑年久失修，居住环境差，甚至存在很大的安全隐患。更为重要的是，对于破坏传统格局、历史风貌和历史建筑的违法行为，缺乏相应的法律责任。

为了解决历史文化名城、名镇、名村保护工作中存在的问题，加强保护工作，改变我国历史文化名城、名镇、名村保护滞后、管理薄弱的状况，原建设部会同国家文物局，在总结历史文化名城、名镇、名村保护实践经验的基础上，草拟了条例送审稿，于2003年报请国务院审议。国务院法制办收到此文件后，多次征求了发展改革委、财政部、文化部、文物局等部门和北京、上海、四川、安徽等地地方人民政府以及多位专家的意见，先后赴浙江、江苏实地听取意见，并召开专家论证会和部门协调会。为了充分听取各方意见，国务院法制办还征求了所有已公布历史文化名城和部分历史文化名镇、名村的意见，并经国务院领导同意，向社会公开征求了意见。各方意见普遍认为，历史文化名城、名镇、名村是珍贵的历史文化遗产，也是不可再生的资源，制定条例，加强立法保护是非常必要和迫切的。同时也提出了一些修改意见和建议。国务院法制办会同原建设部、国家文物局对这些意见和建议进行了认真分析研究，对条例草案又作了进一步的修改、完善。2008年4月2日，经国务院第三次常务会议审议通过条例，自 2008 年 7 月 1 日起施行。①

条例的出台及实施将进一步加强对历史文化名城的保护。条例确立了对历史文化名城、名镇、名村实行整体保护的原则，强化了政府的保护责任，规定了严格的保护措施，明确了在保护范围内禁止从事的活动，重点加强了对历史建筑的保护。

全文如下：

第一章 总 则

第一条 为了加强历史文化名城、名镇、名村的保护与管理，继承中华民族优秀历史文化遗产，制定本条例。

第二条 历史文化名城、名镇、名村的申报、批准、规划、保护，适用本条例。

第三条 历史文化名城、名镇、名村的保护应当遵循科学规划、严格保护的原则，保持和延续其传统格局和历史风貌，维护历史文化遗产的真实性和完整性，继承和弘扬中华民族优秀传统文化，正确处理经济社会发展和历史文化遗产保护的关系。

第四条 国家对历史文化名城、名镇、名村的保护给予必要的资金支持。

历史文化名城、名镇、名村所在地的县级以上地方人民政府，根据本地实际情况安排保护资金，列入本级财政预算。

国家鼓励企业、事业单位、社会团体和个人参与历史文化名城、名镇、名村的保护。

第五条 国务院建设主管部门会同国务院文物主管部门负责全国历史文化名城、名镇、名村的保护和监督管理工作。

地方各级人民政府负责本行政区域历史文化名城、名镇、名村的保护和监督管理工作。

第六条 县级以上人民政府及其有关部门对在历史文化名城、名镇、名村保护工作中做出突出贡献的单位和个人，按照国家有关规定给予表彰和奖励。

第二章 申报与批准

第七条 具备下列条件的城市、镇、村庄，可以申报历史文化名城、名镇、名村：

（一）保存文物特别丰富；

① 《历史文化名城名镇名村保护条例》释义，知识产权出版社，2009：21.

（二）历史建筑集中成片；

（三）保留着传统格局和历史风貌；

（四）历史上曾经作为政治、经济、文化、交通中心或者军事要地，或者发生过重要历史事件，或者其传统产业、历史上建设的重大工程对本地区的发展产生过重要影响，或者能够集中反映本地区建筑的文化特色、民族特色。

申报历史文化名城的，在所申报的历史文化名城保护范围内还应当有2个以上的历史文化街区。

第八条 申报历史文化名城、名镇、名村，应当提交所申报的历史文化名城、名镇、名村的下列材料：

（一）历史沿革、地方特色和历史文化价值的说明；

（二）传统格局和历史风貌的现状；

（三）保护范围；

（四）不可移动文物、历史建筑、历史文化街区的清单；

（五）保护工作情况、保护目标和保护要求。

第九条 申报历史文化名城，由省、自治区、直辖市人民政府提出申请，经国务院建设主管部门会同国务院文物主管部门组织有关部门、专家进行论证，提出审查意见，报国务院批准公布。

申报历史文化名镇、名村，由所在地县级人民政府提出申请，经省、自治区、直辖市人民政府确定的保护主管部门会同同级文物主管部门组织有关部门、专家进行论证，提出审查意见，报省、自治区、直辖市人民政府批准公布。

第十条 对符合本条例第七条规定的条件而没有申报历史文化名城的城市，国务院建设主管部门会同国务院文物主管部门可以向该城市所在地的省、自治区人民政府提出申报建议；仍不申报的，可以直接向国务院提出确定该城市为历史文化名城的建议。

对符合本条例第七条规定的条件而没有申报历史文化名镇、名村的镇、村庄，省、自治区、直辖市人民政府确定的保护主管部门会同同级文物主管部门可以向该镇、村庄所在地的县级人民政府提出申报建议；仍不申报的，可以直接向省、自治区、直辖市人民政府提出确定该镇、村庄为历史文化名镇、名村的建议。

第十一条 国务院建设主管部门会同国务院文物主管部门可以在已批准公布的历史文化名镇、名村中，严格按照国家有关评价标准，选择具有重大历史、艺术、科学价值的历史文化名镇、名村，经专家论证，确定为中国历史文化名镇、名村。

第十二条 已批准公布的历史文化名城、名镇、名村，因保护不力使其历史文化价值受到严重影响的，批准机关应当将其列入濒危名单，予以公布，并责成所在地城市、县人民政府限期采取补救措施，防止情况继续恶化，并完善保护制度，加强保护工作。

第三章 保护规划

第十三条 历史文化名城批准公布后，历史文化名城人民政府应当组织编制历史文化名城保护规划。

历史文化名镇、名村批准公布后，所在地县级人民政府应当组织编制历史文化名镇、名村保护规划。

保护规划应当自历史文化名城、名镇、名村批准公布之日起1年内编制完成。

第十四条 保护规划应当包括下列内容：

（一）保护原则、保护内容和保护范围；

（二）保护措施、开发强度和建设控制要求；

（三）传统格局和历史风貌保护要求；

（四）历史文化街区、名镇、名村的核心保护范围和建设控制地带；

（五）保护规划分期实施方案。

第十五条 历史文化名城、名镇保护规划的规划期限应当与城市、镇总体规划的规划期限相一致；历史文化名村保护规划的规划期限应当与村庄规划的规划期限相一致。

第十六条 保护规划报送审批前，保护规划的组织编制机关应当广泛征求有关部门、专家和公众的意见；必要时，可以举行听证。

保护规划报送审批文件中应当附具意见采纳情况及理由；经听证的，还应当附具听证笔录。

第十七条 保护规划由省、自治区、直辖市人民政府审批。

保护规划的组织编制机关应当将经依法批准的历史文化名城保护规划和中国历史文化名镇、名村保护规划，报国务院建设主管部门和国务院文物主管部门备案。

第十八条 保护规划的组织编制机关应当及时公布经依法批准的保护规划。

第十九条 经依法批准的保护规划，不得擅自修改；确需修改的，保护规划的组织编制机关应当向原审批机关提出专题报告，经同意后，方可编制修改方案。修改后的保护规划，应当按照原审批程序报送审批。

第二十条 国务院建设主管部门会同国务院文物主管部门应当加强对保护规划实施情况的监督检查。

县级以上地方人民政府应当加强对本行政区域保护规划实施情况的监督检查，并对历史文化名城、名镇、名村保护状况进行评估；对发现的问题，应当及时纠正、处理。

第四章 保护措施

第二十一条 历史文化名城、名镇、名村应当整体保护，保持传统格局、历史风貌和空间尺度，不得改变与其相互依存的自然景观和环境。

第二十二条 历史文化名城、名镇、名村所在地县级以上地方人民政府应当根据当地经济社会发展水平，按照保护规划，控制历史文化名城、名镇、名村的人口数量，改善历史文化名城、名镇、名村的基础设施、公共服务设施和居住环境。

第二十三条 在历史文化名城、名镇、名村保护范围内从事建设活动，应当符合保护规划的要求，不得损害历史文化遗产的真实性和完整性，不得对其传统格局和历史风貌构成破坏性影响。

第二十四条 在历史文化名城、名镇、名村保护范围内禁止进行下列活动：

（一）开山、采石、开矿等破坏传统格局和历史风貌的活动；

（二）占用保护规划确定保留的园林绿地、河湖水系、道路等；

（三）修建生产、储存爆炸性、易燃性、放射性、毒害性、腐蚀性物品的工厂、仓库等；

（四）在历史建筑上刻划、涂污。

第二十五条 在历史文化名城、名镇、名村保护范围内进行下列活动，应当保护其传统格局、历史风貌和历史建筑；制订保护方案，经城市、县人民政府城乡规划主管部门会同同级文物主管部门批准，并依照有关法律、法规的规定办理相关手续：

（一）改变园林绿地、河湖水系等自然状态的活动；

（二）在核心保护范围内进行影视摄制、举办大型群众性活动；

（三）其他影响传统格局、历史风貌或者历史建筑的活动。

第二十六条 历史文化街区、名镇、名村建设控制地带内的新建建筑物、构筑物，应当符合保护规划确定的建设控制要求。

第二十七条 对历史文化街区、名镇、名村核心保护范围内的建筑物、构筑物，应当区分不同情况，采取相应措施，实行分类保护。

历史文化街区、名镇、名村核心保护范围内的历史建筑，应当保持原有的高度、体量、外观形象及色彩等。

第二十八条　在历史文化街区、名镇、名村核心保护范围内，不得进行新建、扩建活动。但是，新建、扩建必要的基础设施和公共服务设施除外。

在历史文化街区、名镇、名村核心保护范围内，新建、扩建必要的基础设施和公共服务设施的，城市、县人民政府城乡规划主管部门核发建设工程规划许可证、乡村建设规划许可证前，应当征求同级文物主管部门的意见。

在历史文化街区、名镇、名村核心保护范围内，拆除历史建筑以外的建筑物、构筑物或者其他设施的，应当经城市、县人民政府城乡规划主管部门会同同级文物主管部门批准。

第二十九条　审批本条例第二十八条规定的建设活动，审批机关应当组织专家论证，并将审批事项予以公示，征求公众意见，告知利害关系人有要求举行听证的权利。公示时间不得少于20日。

利害关系人要求听证的，应当在公示期间提出，审批机关应当在公示期满后及时举行听证。

第三十条　城市、县人民政府应当在历史文化街区、名镇、名村核心保护范围的主要出入口设置标志牌。

任何单位和个人不得擅自设置、移动、涂改或者损毁标志牌。

第三十一条　历史文化街区、名镇、名村核心保护范围内的消防设施、消防通道，应当按照有关的消防技术标准和规范设置。确因历史文化街区、名镇、名村的保护需要，无法按照标准和规范设置的，由城市、县人民政府公安机关消防机构会同同级城乡规划主管部门制订相应的防火安全保障方案。

第三十二条　城市、县人民政府应当对历史建筑设置保护标志，建立历史建筑档案。

历史建筑档案应当包括下列内容：

（一）建筑艺术特征、历史特征、建设年代及稀有程度；

（二）建筑的有关技术资料；

（三）建筑的使用现状和权属变化情况；

（四）建筑的修缮、装饰装修过程中形成的文字、图纸、图片、影像等资料；

（五）建筑的测绘信息记录和相关资料。

第三十三条 历史建筑的所有权人应当按照保护规划的要求，负责历史建筑的维护和修缮。

县级以上地方人民政府可以从保护资金中对历史建筑的维护和修缮给予补助。

历史建筑有损毁危险，所有权人不具备维护和修缮能力的，当地人民政府应当采取措施进行保护。

任何单位或者个人不得损坏或者擅自迁移、拆除历史建筑。

第三十四条 建设工程选址，应当尽可能避开历史建筑；因特殊情况不能避开的，应当尽可能实施原址保护。

对历史建筑实施原址保护的，建设单位应当事先确定保护措施，报城市、县人民政府城乡规划主管部门会同同级文物主管部门批准。

因公共利益需要进行建设活动，对历史建筑无法实施原址保护、必须迁移异地保护或者拆除的，应当由城市、县人民政府城乡规划主管部门会同同级文物主管部门，报省、自治区、直辖市人民政府确定的保护主管部门会同同级文物主管部门批准。

本条规定的历史建筑原址保护、迁移、拆除所需费用，由建设单位列入建设工程预算。

第三十五条 对历史建筑进行外部修缮装饰、添加设施以及改变历史建筑的结构或者使用性质的，应当经城市、县人民政府城乡规划主管部门会同同级文物主管部门批准，并依照有关法律、法规的规定办理相关手续。

第三十六条 在历史文化名城、名镇、名村保护范围内涉及文物保护的，应当执行文物保护法律、法规的规定。

第五章　法律责任

第三十七条 违反本条例规定，国务院建设主管部门、国务院文物主管部门和县级以上地方人民政府及其有关主管部门的工作人员，不履行监督管理职责，发现违法行为不予查处或者有其他滥用职权、玩忽职守、徇私舞弊行为，构成犯罪的，依法追究刑事责任；尚不构成犯罪的，依法给予处分。

第三十八条 违反本条例规定，地方人民政府有下列行为之一的，由上级人民政府责令改正，对直接负责的主管人员和其他直接责任人员，依法给予处分：

（一）未组织编制保护规划的；

（二）未按照法定程序组织编制保护规划的；

（三）擅自修改保护规划的；

（四）未将批准的保护规划予以公布的。

第三十九条 违反本条例规定，省、自治区、直辖市人民政府确定的保护主管部门或者城市、县人民政府城乡规划主管部门，未按照保护规划的要求或者未按照法定程序履行本条例第二十五条、第二十八条、第三十四条、第三十五条规定的审批职责的，由本级人民政府或者上级人民政府有关部门责令改正，通报批评；对直接负责的主管人员和其他直接责任人员，依法给予处分。

第四十条 违反本条例规定，城市、县人民政府因保护不力，导致已批准公布的历史文化名城、名镇、名村被列入濒危名单的，由上级人民政府通报批评；对直接负责的主管人员和其他直接责任人员，依法给予处分。

第四十一条 违反本条例规定，在历史文化名城、名镇、名村保护范围内有下列行为之一的，由城市、县人民政府城乡规划主管部门责令停止违法行为、限期恢复原状或者采取其他补救措施；有违法所得的，没收违法所得；逾期不恢复原状或者不采取其他补救措施的，城乡规划主管部门可以指定有能力的单位代为恢复原状或者采取其他补救措施，所需费用由违法者承担；造成严重后果的，对单位并处50万元以上100万元以下的罚款，对个人并处5万元以上10万元以下的罚款；造成损失的，依法承担赔偿责任：

（一）开山、采石、开矿等破坏传统格局和历史风貌的；

（二）占用保护规划确定保留的园林绿地、河湖水系、道路等的；

（三）修建生产、储存爆炸性、易燃性、放射性、毒害性、腐蚀性物品的工厂、仓库等的。

第四十二条 违反本条例规定，在历史建筑上刻划、涂污的，由城市、县人民政府城乡规划主管部门责令恢复原状或者采取其他补救措施，处50元的罚款。

第四十三条 违反本条例规定，未经城乡规划主管部门会同同级文物主管部门批准，有下列行为之一的，由城市、县人民政府城乡规划主管部门责令停止违法行为、限期恢复原状或者采取其他补救措施；有违法所得的，没收违法所得；逾期不恢复原状或者不采取其他补救措施的，城乡规划主管部门可以指定有能力的单位代为恢复原状或者采取其他补救措施，所需费用由违法者承担；造成严重后果的，对单位并处5万元以上10万元以下的罚款，对个人并处1万元以上5万元以下的罚款；造成损失的，依法承担赔偿责任：

（一）改变园林绿地、河湖水系等自然状态的；

（二）进行影视摄制、举办大型群众性活动的；

（三）拆除历史建筑以外的建筑物、构筑物或者其他设施的；

（四）对历史建筑进行外部修缮装饰、添加设施以及改变历史建筑的结构或者使用性质的；

（五）其他影响传统格局、历史风貌或者历史建筑的。

有关单位或者个人经批准进行上述活动，但是在活动过程中对传统格局、历史风貌或者历史建筑构成破坏性影响的，依照本条第一款规定予以处罚。

第四十四条 违反本条例规定，损坏或者擅自迁移、拆除历史建筑的，由城市、县人民政府城乡规划主管部门责令停止违法行为、限期恢复原状或者采取其他补救措施；有违法所得的，没收违法所得；逾期不恢复原状或者不采取其他补救措施的，城乡规划主管部门可以指定有能力的单位代为恢复原状或者采取其他补救措施，所需费用由违法者承担；造成严重后果的，对单位并处20万元以上50万元以下的罚款，对个人并处10万元以上20万元以下的罚款；造成损失的，依法承担赔偿责任。

第四十五条 违反本条例规定，擅自设置、移动、涂改或者损毁历史文化街区、名镇、名村标志牌的，由城市、县人民政府城乡规划主管部门责令限期改正；逾期不改正的，对单位处1万元以上5万元以下的罚款，对个人处1000元以上1万元以下的罚款。

第四十六条 违反本条例规定，对历史文化名城、名镇、名村中的文物造成损毁的，依照文物保护法律、法规的规定给予处罚；构成犯罪的，依法追究刑事责任。

第六章 附 则

第四十七条 本条例下列用语的含义：

（一）历史建筑，是指经城市、县人民政府确定公布的具有一定保护价值，能够反映历史风貌和地方特色，未公布为文物保护单位，也未登记为不可移动文物的建筑物、构筑物。

（二）历史文化街区，是指经省、自治区、直辖市人民政府核定公布的保存文物特别丰富、历史建筑集中成片、能够较完整和真实地体现传统格局和历史风貌，并具有一定规模的区域。

历史文化街区保护的具体实施办法，由国务院建设主管部门会同国务院文物主管部门制定。

第四十八条 本条例自2008年7月1日起施行。

三、 行政规章

行政规章是有关行政机关依法制定的事关行政管理的规范性法律文件的总称，分为部门规章和政府规章。部门规章是国务院所属部委根据法律和国务院行政法规、决定、命令，在本部门的权限内，所发布的各种行政性的规范性法律文件，也称部门规章。国务院所属的具有行政职能的直属机构发布的具有行政职能的规范性法律文件，也属于部门规章的范围。部门规章发布的宪法、法律、行政法规，不得同它们相抵触。政府规章是有权制定地方性法规的地方人民政府根据法律、行政法规制定的规范性法律文件，也称为地方政府规章。政府规章除不得同宪法、法律、行政法规相抵触外，还不得同上级和同级地方性法规相抵触。

1.《城市紫线管理办法》

《城市紫线管理办法》即属于部门规章，它于2004年12月17日由原建设部令第119号发布。该办法主要针对历史文化街区和历史建筑的保护范围实施监督与管理。原文如下：

第一条 为了加强对城市历史文化街区和历史建筑的保护，根据《中华人民共和国城市规划法》《中华人民共和国文物保护法》和国务院有关规定，制定本办法。

第二条 本办法所称城市紫线，是指国家历史文化名城内的历史文化街区和省、自治区、直辖市人民政府公布的历史文化街区的保护范围界线，以及历史文化街区外经县级以上人民政府公布保护的历史建筑的保护范围界线。本办法所称紫线管理是划定城市紫线和对城市紫线范围内的建设活动实施监督、管理。

第三条 在编制城市规划时应当划定保护历史文化街区和历史建筑的紫线。国家历史文化名城的城市紫线由城市人民政府在组织编制历史文化名城保护规划时划定。其他城市的城市紫线由城市人民政府在组织编制城市总体规划时划定。

第四条 国务院建设行政主管部门负责全国城市紫线管理工作。

省、自治区人民政府建设行政主管部门负责本行政区域内的城市紫线管理工作。

市、县人民政府城乡规划行政主管部门负责本行政区域内的城市紫线管理工作。

第五条 任何单位和个人都有权了解历史文化街区和历史建筑的紫线范围及其保护规划，对规划的制定和实施管理提出意见，对破坏保护规划的行为进行检举。

第六条 划定保护历史文化街区和历史建筑的紫线应当遵循下列原则：

（一）历史文化街区的保护范围应当包括历史建筑物、构筑物和其风貌环境所组成的核心地段，以及为确保该地段的风貌、特色完整性而必须进行建设控制的地区。

（二）历史建筑的保护范围应当包括历史建筑本身和必要的风貌协调区。

（三）控制范围清晰，附有明确的地理座标及相应的界址地形图。

城市紫线范围内文物保护单位保护范围的划定，依据国家有关文物保护的法律、法规。

第七条 编制历史文化名城和历史文化街区保护规划，应当包括征求公众意见的程序。审查历史文化名城和历史文化街区保护规划，应当组织专家进行充分论证，并作为法定审批程序的组成部分。

市、县人民政府批准保护规划前，必须报经上一级人民政府主管部门审查同意。

第八条 历史文化名城和历史文化街区保护规划一经批准，原则上不得调整。因改善和加强保护工作的需要，确需调整的，由所在城市人民政府提出专题报告，经省、自治区、直辖市人民政府城乡规划行政主管部门审查同意后，方可组织编制调整方案。

调整后的保护规划在审批前，应当将规划方案公示，并组织专家论证。审批后应当报历史文化名城批准机关备案，其中国家历史文化名城报国务院建设行政主管部门备案。

第九条 市、县人民政府应当在批准历史文化街区保护规划后的一个月内，将保护规划报省、自治区人民政府建设行政主管部门备案。其中国家历史文化名城内的历史文化街区保护规划还应当报国务院建设行政主管部门备案。

第十条 历史文化名城、历史文化街区和历史建筑保护规划一经批准，有关市、县人民政府城乡规划行政主管部门必须向社会公布，接受公众监督。

第十一条 历史文化街区和历史建筑已经破坏，不再具有保护价值的，有关市、县人民政府应当向所在省、自治区、直辖市人民政府提出专题报告，经批准后方可撤销相关的城市紫线。

撤销国家历史文化名城中的城市紫线，应当经国务院建设行政主管部门批准。

第十二条 历史文化街区内的各项建设必须坚持保护真实的历史文化遗存，维护街区传统格局和风貌，改善基础设施、提高环境质量的原则。历史建筑的维修和整治必须保持原有外形和风貌，保护范围内的各项建设不得影响历史建筑风貌的展示。

市、县人民政府应当依据保护规划，对历史文化街区进行整治和更新，以改善人居环境为前提，加强基础设施、公共设施的改造和建设。

第十三条　在城市紫线范围内禁止进行下列活动：

（一）违反保护规划的大面积拆除、开发；

（二）对历史文化街区传统格局和风貌构成影响的大面积改建；

（三）损坏或者拆毁保护规划确定保护的建筑物、构筑物和其他设施；

（四）修建破坏历史文化街区传统风貌的建筑物、构筑物和其他设施；

（五）占用或者破坏保护规划确定保留的园林绿地、河湖水系、道路和古树名木等；

（六）其他对历史文化街区和历史建筑的保护构成破坏性影响的活动。

第十四条　在城市紫线范围内确定各类建设项目，必须先由市、县人民政府城乡规划行政主管部门依据保护规划进行审查，组织专家论证并进行公示后核发选址意见书。

第十五条　在城市紫线范围内进行新建或者改建各类建筑物、构筑物和其他设施，对规划确定保护的建筑物、构筑物和其他设施进行修缮和维修以及改变建筑物、构筑物的使用性质，应当依照相关法律、法规的规定，办理相关手续后方可进行。

第十六条　城市紫线范围内各类建设的规划审批，实行备案制度。

省、自治区、直辖市人民政府公布的历史文化街区，报省、自治区人民政府建设行政主管部门或者直辖市人民政府城乡规划行政主管部门备案。其中国家历史文化名城内的历史文化街区报国务院建设行政主管部门备案。

第十七条　在城市紫线范围内进行建设活动，涉及文物保护单位的，应当符合国家有关文物保护的法律、法规的规定。

第十八条　省、自治区建设行政主管部门和直辖市城乡规划行政主管部门，应当定期对保护规划执行情况进行检查监督，并向国务院建设行政主管部门提出报告。

对于监督中发现的擅自调整和改变城市紫线，擅自调整和违反保护规划的行政行为，或者由于人为原因，导致历史文化街区和历史建筑遭受局部破坏的，监督机关可以提出纠正决定，督促执行。

第十九条　国务院建设行政主管部门，省、自治区人民政府建设行政主管部门和直辖市人民政府城乡规划行政主管部门根据需要可以向有关城市派出规划监督员，对城市紫线的执行情况进行监督。

规划监督员行使下述职能：

（一）参与保护规划的专家论证，就保护规划方案的科学合理性向派出机关报告；

（二）参与城市紫线范围内建设项目立项的专家论证，了解公示情况，可以对建设项目的可行性提出意见，并向派出机关报告；

（三）对城市紫线范围内各项建设审批的可行性提出意见，并向派出机关报告；

（四）接受公众的投诉，进行调查，向有关行政主管部门提出处理建议，并向派出机关报告。

第二十条 违反本办法规定，未经市、县人民政府城乡规划行政主管部门批准，在城市紫线范围内进行建设活动的，由市、县人民政府城乡规划行政主管部门按照《城市规划法》等法律、法规的规定处罚。

第二十一条 违反本办法规定，擅自在城市紫线范围内审批建设项目和批准建设的，对有关责任人员给予行政处分；构成犯罪的，依法追究刑事责任。

第二十二条 本办法自2004年2月1日起施行。

2.《城市规划编制办法》

《城市规划编制办法》也属于部门规章，于2005年12月31日建设部令第146号发布。原文如下（节选）：

第一章 总 则

第四条 编制城市规划，应当以科学发展观为指导，以构建社会主义和谐社会为基本目标，坚持五个统筹，坚持中国特色的城镇化道路，坚持节约和集约利用资源，保护生态环境，保护人文资源，尊重历史文化，坚持因地制宜确定城市发展目标与战略，促进城市全面协调可持续发展。

第五条 编制城市规划，应当考虑人民群众需要，改善人居环境，方便群众生活，充分关注中低收入人群，扶助弱势群体，维护社会稳定和公共安全。

第七条 城市规划分为总体规划和详细规划两个阶段。大、中城市根据需要，可以依法在总体规划的基础上组织编制分区规划。

城市详细规划分为控制性详细规划和修建性详细规划。

第三章 城市规划编制要求

第十八条 编制城市规划，要妥善处理城乡关系，引导城镇化健康发展，体现布局合理、资源节约、环境友好的原则，保护自然与文化资源、体现城市特色，考虑城市安全和国防建设需要。

第十九条 编制城市规划，对涉及城市发展长期保障的资源利用和环境保护、区域协调发展、风景名胜资源管理、自然与文化遗产保护、公共安全和公众利益等方面的内容，应当确定为必须严格执行的强制性内容。

第二十条 城市总体规划包括市域城镇体系规划和中心城区规划。

编制城市总体规划，应当先组织编制总体规划纲要，研究确定总体规划中的重大问题，作为编制规划成果的依据。

第二十五条 历史文化名城的城市总体规划，应当包括专门的历史文化名城保护规划。

历史文化街区应当编制专门的保护性详细规划。

第四章 城市规划编制内容

第一节 城市总体规划

第二十八条 城市总体规划的期限一般为二十年，同时可以对城市远景发展的空间布局提出设想。

确定城市总体规划具体期限，应当符合国家有关政策的要求。

第三十一条 中心城区规划应当包括下列内容：

（一）分析确定城市性质、职能和发展目标。

（二）预测城市人口规模。

（三）划定禁建区、限建区、适建区和已建区，并制定空间管制措施。

（四）确定村镇发展与控制的原则和措施；确定需要发展、限制发展和不再保留的村庄，提出村镇建设控制标准。

（五）安排建设用地、农业用地、生态用地和其他用地。

（六）研究中心城区空间增长边界，确定建设用地规模，划定建设用地范围。

（七）确定建设用地的空间布局，提出土地使用强度管制区划和相应的控制指标（建筑密度、建筑高度、容积率、人口容量等）。

（八）确定市级和区级中心的位置和规模，提出主要的公共服务设施的布局。

（九）确定交通发展战略和城市公共交通的总体布局，落实公交优先政策，确定主要对外交通设施和主要道路交通设施布局。

（十）确定绿地系统的发展目标及总体布局，划定各种功能绿地的保护范围（绿线），划定河湖水面的保护范围（蓝线），确定岸线使用原则。

（十一）确定历史文化保护及地方传统特色保护的内容和要求，划定历史文化街区、历史建筑保护范围（紫线），确定各级文物保护单位的范围；研究确定特色风貌保护重点区域及保护措施。

（十二）研究住房需求，确定住房政策、建设标准和居住用地布局；重点确定经济适用房、普通商品住房等满足中低收入人群住房需求的居住用地布局及标准。

（十三）确定电信、供水、排水、供电、燃气、供热、环卫发展目标及重大设施总体布局。

（十四）确定生态环境保护与建设目标，提出污染控制与治理措施。

（十五）确定综合防灾与公共安全保障体系，提出防洪、消防、人防、抗震、地质灾害防护等规划原则和建设方针。

（十六）划定旧区范围，确定旧区有机更新的原则和方法，提出改善旧区生产、生活环境的标准和要求。

（十七）提出地下空间开发利用的原则和建设方针。

（十八）确定空间发展时序，提出规划实施步骤、措施和政策建议。

第三十二条 城市总体规划的强制性内容包括：

（一）城市规划区范围。

（二）市域内应当控制开发的地域。包括：基本农田保护区，风景名胜区，湿地、水源保护区等生态敏感区，地下矿产资源分布地区。

（三）城市建设用地。包括：规划期限内城市建设用地的发展规模，土地使用强度管制区划和相应的控制指标（建设用地面积、容积率、人口容量等）；城市各类绿地的具体布局；城市地下空间开发布局。

（四）城市基础设施和公共服务设施。包括：城市干道系统网络、城市轨道交通网络、交通枢纽布局；城市水源地及其保护区范围和其他重大市政基础设施；文化、教育、卫生、体育等方面主要公共服务设施的布局。

（五）城市历史文化遗产保护。包括：历史文化保护的具体控制指标和规定；历史文化街区、历史建筑、重要地下文物埋藏区的具体位置和界线。

（六）生态环境保护与建设目标，污染控制与治理措施。

（七）城市防灾工程。包括：城市防洪标准、防洪堤走向；城市抗震与消防疏散通道；城市人防设施布局；地质灾害防护规定。

第三十四条　城市总体规划应当明确综合交通、环境保护、商业网点、医疗卫生、绿地系统、河湖水系、历史文化名城保护、地下空间、基础设施、综合防灾等专项规划的原则。

编制各类专项规划，应当依据城市总体规划。

第二节　城市近期建设规划

第三十五条　近期建设规划的期限原则上应当与城市国民经济和社会发展规划的年限一致，并不得违背城市总体规划的强制性内容。

近期建设规划到期时，应当依据城市总体规划组织编制新的近期建设规划。

第三十六条　近期建设规划的内容应当包括：

（一）确定近期人口和建设用地规模，确定近期建设用地范围和布局。

（二）确定近期交通发展策略，确定主要对外交通设施和主要道路交通设施布局；

（三）确定各项基础设施、公共服务和公益设施的建设规模和选址。

（四）确定近期居住用地安排和布局。

（五）确定历史文化名城、历史文化街区、风景名胜区等的保护措施，城市河湖水系、绿化、环境等保护、整治和建设措施。

（六）确定控制和引导城市近期发展的原则和措施。

第三十七条　近期建设规划的成果应当包括规划文本、图纸，以及包括相应说明的附件。在规划文本中应当明确表达规划的强制性内容。

第三节　城市分区规划

第三十八条　编制分区规划，应当综合考虑城市总体规划确定的城市布局、片区特征、河流道路等自然和人工界限，结合城市行政区划，划定分区的范围界限。

第三十九条　分区规划应当包括下列内容：

（一）确定分区的空间布局、功能分区、土地使用性质和居住人口分布。

（二）确定绿地系统、河湖水面、供电高压线走廊、对外交通设施用地界线和风景名胜区、文物古迹、历史文化街区的保护范围，提出空间形态的保护要求。

（三）确定市、区、居住区级公共服务设施的分布、用地范围和控制原则。

（四）确定主要市政公用设施的位置、控制范围和工程干管的线路位置、管径，进行管线综合。

（五）确定城市干道的红线位置、断面、控制点座标和标高，确定支路的走向、宽度，确定主要交叉口、广场、公交站场、交通枢纽等交通设施的位置和规模，确定轨道交通线路走向及控制范围，确定主要停车场规模与布局。

第四十条 分区规划的成果应当包括规划文本、图件，以及包括相应说明的附件。

第五章 附 则

第四十五条 县人民政府所在地镇的城市规划编制，参照本办法执行。

第四十六条 对城市规划文本、图纸、说明、基础资料等的具体内容、深度要求和规格等，由国务院建设主管部门另行规定。

第四十七条 本办法自2006年4月1日起施行。1991年9月3日建设部颁布的《城市规划编制办法》同时废止。

四、其他

1.《中国文物古迹保护准则》修订前言（2015年）

2000年，由中国国家文物局与美国盖蒂保护所、澳大利亚遗产委员会合作编制的《中国文物古迹保护准则》（以下简称《中国准则》）印发颁行，至今已有15个年头。它在对中国当时的文物保护工作进行充分总结的基础上，明确了文物保护工作的基本程序和基本原则，澄清了当时文物保护工作中存在的一些争议，提升了中国文物保护的理论水平，规范了中国文物保护的实践工作，促进了中国和国际文物保护理论的交流和学习。《中国准则》作为中国文物保护工作的最高行业规则和主要标准，问世后得到了广泛的宣传、普及和运用，一大批文物保护工作者接受了《中国准则》的培训，有中国特色的文物保护理念在业内乃至社会上广泛传播，对中国的文化遗产保护工作起到了很好的理论指引和重要的推动作用，在国内外文化遗产保护领域产生了广泛而深刻的影响。应该说，《中国准则》为2000年以后中国文物保护工作的科学开展创造了条件，奠定了基础，对中国文物保护事业的发展具有重要的指导意义。

2000年以后，随着经济社会的迅速发展，中国文物保护事业进入一个蓬勃发展的黄金时期。这首先体现在空前活跃的文物保护实践上。在15年里，我们进一步摸清了文物家底，登记的不可移动文物数量有了井喷式增长。通过第三次全国文物普查工作，被认定为不可移动文物的数量从30余万处增加到76万余处。全国重点文物保护单位的数量也从2000年的750处，增长到目前的4296处。各地省级和市县级文物保护单位的数量也有了大幅度增长。

在15年里，一大批重点文物保护单位得到妥善保护，周边环境明显改善。三峡文物保护工程、南水北调文物保护工程、山西南部早期建筑保护工程、西藏重点文物保护工程等取得显著成果，积累了大量宝贵的实践经验。汶川震后文物抢救保护工程、玉树震后文物抢救保护工程，反映了中国文物工作者应对大规模灾害后文物保护应急水平和专业能力。蒙古博格达汉宫门前区维修工程、柬埔寨吴哥窟周萨神庙和茶胶寺维修工程等援外项目，则向世界展示了中国文物保护的理念、技术和水平。

在15年里，大遗址保护、考古遗址公园建设方兴未艾。安阳殷墟遗址、洛阳隋唐洛阳城遗址、成都金沙遗址和西安大明宫遗址等大遗址保护工程和考古遗址公园的建设，为解决遗址保护利用、阐释展示、利益相关者权益的实现、旅游发展、民生改善等问题提供了基于考古学研究的新模式，为文化遗产保护和经济社会共同发展探索了崭新的解决方案，是当前新型城镇化背景下各利益相关者实现共赢发展的有效途径，既实现了考古遗产的可持续发展，维护了文化多样性，又使文物保护的成果真正惠及地方，惠及民众，产生了良好的社会效益和经济效益。

在15年里，中国的世界文化遗产保护管理取得了长足进步。截至2014年，中国已经拥有了47项世界遗产，在世界文化遗产的申报、保护、管理、监测、研究等各个方面逐步形成了一套较为完备、行之有效的工作机制。更为重要的是，随着突出普遍价值、真实性、完整性等世界遗产保护理念的普及，以及丝绸之路、大运河这类巨型线性遗产保护实践工作的开展，文化遗产保护在中国的广度和深度都得到了大大地拓展。不仅列入《世界遗产名录》中的文化遗产得到很好的保护与管理，其他各类文化遗产的保护也从世界文化遗产保护的理论与方法上汲取了宝贵的营养，世界文化遗产在保护、监测、展示等方面的先进理念和方法在中国得到了普遍运用，大大提高了文化遗产保护管理的整体水平，带动了遗产地的经济社会全面发展。

文物保护事业进入蓬勃发展的黄金时期，另一个体现就是中国文化遗产保护理论的不断丰富。20 世纪 90 年代以后，特别是进入新世纪以后，文化遗产保护理论发展进入了新的活跃期，人们对文化遗产的真实性和完整性、文化遗产的合理利用等有了更加深入的认识，一些新型文化遗产的保护也逐渐进入视野，这进一步推动了中国文物保护理论的发展和丰富。2005 年 12 月，国务院印发了《关于加强文化遗产保护的通知》，明确提出了加强文化遗产保护的指导思想、基本方针、总体目标和主要措施，标志着中国文物事业进入一个新的发展阶段。自 2006 年开始，中国国家文物局每年举办一次文化遗产保护无锡论坛，先后对工业遗产、乡土建筑、20 世纪遗产、文化景观、文化线路、运河遗产、世界遗产的可持续发展、文化遗产的保护与利用等主题进行了广泛深入的讨论。第 28 届世界遗产委员会大会、第 15 届国际古迹遗址理事会大会、第 2 届文化遗产保护与可持续发展国际会议、东亚地区文物建筑保护理念与实践国际研讨会、东亚地区木结构彩画保护国际研讨会、国际古迹遗址理事会顾问委员会暨科学委员会会议等重要国际会议在中国先后召开，《世界遗产青少年教育苏州宣言》《西安宣言》《绍兴宣言》《北京文件——关于东亚地区文物建筑保护与修复》《关于东亚地区关于彩画保护和修复的北京备忘录》等国际文件的陆续出台，加强了中国与国际文化遗产保护领域的沟通与交流，为国际文化遗产保护理论的丰富与发展做出了重要贡献。

当今社会，文化遗产保护与社会发展结合得更加紧密。文化遗产作为促进经济社会可持续发展的积极的力量，正在努力、更好地造福人类的当代生活，使得这个世界更加丰富多彩，更加和谐美好。文化遗产在社会发展中的影响不断凸显，对文化遗产保护提出了更高的要求。如何从单纯对文物的保护，逐渐发展成展示、利用与保护并重，综合考虑文化遗产保护的社会效益，更加强调保护对社会发展的促进作用，是当今文化遗产保护要重点解决的问题。

同时，不可否认，文化遗产在当今仍然面临诸多威胁。国际上，一些争端地区的文化遗产屡遭破坏。极端分子妄图通过摧毁文化遗产来摧毁一个地区人民的信仰，摧毁人类的历史记忆。在中国，我们面临的主要问题是如何处理好经济社会发展与文化遗产保护的关系，实现发展与保护的共赢。中国目前正在经历一个经济快速发展期，不少地方存在单纯追求经济利益、忽视文化遗产保护的现象，甚至为了短期经济利益不惜破坏文化遗产；还有一些地方在经济发展后开始重视文化遗产保护，投入了大量经费，但却没有按照正确的保护理论去加以保护，结果好心办了坏事。为解决这些问题，我们一是加强了文化遗产保护的执法督察，重点查处破坏文化遗产的违法行为；二是加强了宣传，让全社会、各利益相关者正确理解文化遗产对当代社会的积极作用；更为重要的是加强了对文化遗产保护理念的探索，用正确的理念去引导、解决文化遗产保护问题。比如，我们重点加强了对文化遗产合理利用的理论探索，指出合理利用是保持文物古迹在当代社会生活中的活力，促进保护文物古迹及其价值的重要方法，这已成为业内外的高度共识。我们所关注的早已不是连篇累牍的研讨，而是大量案例的实质性推进，在大遗址、乡土建筑、工业遗产、文化景观等各种类型遗产的保护利用实践中都做了很多有益的尝试。

经济社会的快速发展，对文化遗产保护提出了新的要求，需要对《中国准则》及时作出相应的修订与补充，以更好地解决当今文化遗产保护面临的主要问题。而十多年来的文化遗产保护实践的经验积累和理论探索也为《中国准则》的修订创造了条件。2009 年，在敦煌举行的文化和自然遗产地旅游可持续发展国际研讨会期间，我与美国盖蒂保护所的内维尔·阿格纽先生就《中国准则》修订问题交换了意见。修订工作由此提上了议事日程。

2010 年，经中国国家文物局批准，中国古迹遗址保护协会开始了《中国准则》的修订工作。我们为此成立了由古建筑、石窟寺、考古、世界遗产、规划、行政管理、法律等领域专家组成的专家小组，具体进行《中国准则》正文和阐释的修订工作，美国盖蒂保护所也受邀参与了修订工作。

历时4年，经过大大小小近30次国内、国际专家研讨会，并广泛征求了中国古迹遗址保护协会顾问委员会成员、各省级文物行政管理部门和文物保护相关资质单位的意见，修订工作于2014年初终告完成。修订后的《中国准则》是集体智慧的结晶和辛勤工作的成果。在这里，我要对专家小组每位专家、美国盖蒂保护所和所有参与了修订工作的同人表示衷心的感谢。

与2000年版《中国准则》相比，修订后的《中国准则》既充分尊重了前版的主要内容，保证了内容上的延续性，又充分吸收了中国ICOMOS十多年来文化遗产保护理论和实践的成果，在文化遗产价值认识、保护原则、新型文化遗产保护、合理利用等方面充分体现了当今中国文化遗产保护的认识水平，呈现出一系列新的特点和亮点，更具针对性、前瞻性、指导性和权威性。

关于价值认识。新版《中国准则》在强调文物的历史、艺术和科学价值的基础上，又充分吸纳了国内外文化遗产保护理论研究成果和文物保护、利用的实践经验，进一步提出了文物的社会价值和文化价值。社会价值和文化价值不仅是大量文物自身具备的价值；同时，社会价值还体现了文物在文化知识和精神传承、社会凝聚力产生等方面所具有的社会效益，文化价值还体现了文化多样性的特征和与非物质文化遗产的密切联系。社会价值和文化价值进一步丰富了中国文化遗产的价值构成和内涵，对于构建以价值保护为核心的中国文化遗产保护理论体系，将产生积极的推动作用。

关于文物保护基本原则。新版《中国准则》在继续坚持不改变原状、最低限度干预、使用恰当的保护技术、防灾减灾等文物保护基本原则的同时，进一步强调了真实性、完整性、保护文化传统等保护原则，真正体现了中国文化遗产保护基本原则丰富而深刻的内涵。真实性原则不仅强调了对物质遗存的保护，而且强调了相关的非物质文化遗产的保护。完整性原则强调要从空间、时间两个维度，把文化遗产的相关要素，包括体现文物价值的相关文物环境要素等加以完整保护。文化传统保护原则强调了对与物质遗产相关的文化传统的保护，这是能否实现对优秀传统文化保护的重要因素。

关于各类新型文化遗产的保护。2000 年之后，新型文化遗产保护在中国文化遗产保护中开始占有越来越重要的地位，无论工业遗产、20 世纪遗产、文化景观、遗产运河、文化线路的保护都具有传统文物保护所不具有的特点。在经过一段时间的实践探索之后，中国在新型文化遗产保护方面积累了重要的经验。新版《中国准则》进行了系统总结，分类提出了新型文化遗产保护的基本准则，初步建立起了涵盖各种类型文化遗产、相对完整的中国文化遗产保护准则体系。

关于文化遗产监测。中国现有的世界文化遗产的保护理念和水平在国内同行中堪为典范。在中国文化遗产保护中引进和推广世界遗产的保护理念和方法，将有力推动保护工作水平的全面提升。监测是随着世界遗产保护发展而受到广泛关注的一种保护方式，它可以及时发现和处理文化遗产保护中出现的问题，实现对文化遗产最早和最低限度的干预，最大限度地保护其真实性和完整性。监测应当注重实效，集中关注文物本体和价值的保护。专业人员的巡查和技术装备的应用都是监测的重要手段。监测的技术装备并不需要是最先进的，而应当是最适宜的，即与文物保护实际需要和保护管理机构能力相匹配。新版《中国准则》将包括监测在内的系统化和预防性保护进一步融入文化遗产保护体系当中，使中国文化遗产保护与世界遗产保护体系更为紧密地结合在一起。

关于合理利用。合理利用是中国文物保护工作方针的重要内容，但在实践中却长期存在着利用方式相对单一或利用过度等问题。随着社会对文化遗产关注程度的不断提高，加大合理利用文物古迹，已成为中国文化遗产保护面临的重要挑战。新版《中国准则》对合理利用问题专辟章节，分别从功能延续和赋予新功能等角度，阐述了合理利用的原则和方法，提出应根据文物古迹的价值、特征、保存状况、环境条件，综合考虑研究、展示、延续原有功能和赋予文物古迹适宜的当代功能的各种利用方式，强调了利用的公益性和可持续性，反对和避免过度利用。这本身也是中国文化遗产保护的重要探索。

关于文物古迹的展示。新版《中国准则》将已损毁的历史建筑重建，定位为对原有建筑的展示方式，确定了重建建筑的性质和价值，回答了中国文物古迹保护中长期存在的争议。同时它强调了对历史建筑、遗址、遗迹的多种展示方式特别是数字化展示方式的运用，强调了展示必须遵守的基本原则。

总体来看，新版《中国准则》科学构建了中国文化遗产保护从价值认知到保护原则，再到保护实践的完整体系，是对2000年以来中国文化遗产保护理论与实践发展的科学分析与总结。今年是国际古迹遗址理事会成立50周年，中国加入《世界遗产公约》30周年。《中国准则》此时完成修订并向社会公布，可谓恰逢其时。谨此希望，《中国准则》修订、公布，能够为下一阶段中国文化遗产保护工作的开展提供理论指导，促进中国文化遗产保护水平的整体提升，同时也希望能对国际文化遗产保护理论的发展、对人类文化遗产保护事业的发展作出应有的贡献。

2.《中国文物古迹保护准则》(2015年)

第一章　总　则

第一条　本准则适用对象统称为文物古迹。它是指人类在历史上创造或遗留的具有价值的不可移动的实物遗存，包括古文化遗址、古墓葬、古建筑、石窟寺、石刻、近现代史迹及代表性建筑、历史文化名城、名镇、名村和其中的附属文物；文化景观、文化线路、遗产运河等类型的遗产也属于文物古迹的范畴。

第二条　准则的宗旨是对文物古迹实施有效保护。保护是指为保存文物古迹及其环境和其他相关要素进行的全部活动。保护的目的是通过技术和管理措施真实、完整地保存其历史信息及其价值。

第三条　文物古迹的价值包括历史价值、艺术价值、科学价值以及社会价值和文化价值。社会价值包含了记忆、情感、教育等内容，文化价值包含了文化多样性、文化传统的延续及非物质文化遗产要素等相关内容。文化景观、文化线路、遗产运河等文物古迹还可能涉及相关自然要素的价值

第四条　保护必须按照本《准则》规定的程序进行。价值评估应置于首位，保护

程序的每一步骤都实行专家评审制度。

第五条　研究应贯穿保护工作全过程，所有保护程序都要以研究成果为依据。研究成果应当通过有效的途径公布或出版，促进文物古迹保护研究，促进公众对文物古迹价值的认识。

第六条　文物古迹的利用必须以文物古迹安全为前提，以合理利用为原则。利用必须坚持突出社会效益，不允许为利用而损害文物古迹的价值。

第七条　文物古迹的从业人员应具有相关的专业教育背景，并经过专业培训取得相应资格。获取资格的从业人员，应定期接受培训，提高工作能力。

第八条　文物古迹的保护是一项社会事业，需要全社会的共同参与。全社会应当共享文物古迹保护的成果。

第二章　保护原则

第九条　不改变原状：是文物古迹保护的要义。它意味着真实、完整地保护文物古迹在历史过程中形成的价值及其体现这种价值的状态，有效地保护文物古迹的历史、文化环境，并通过保护延续相关的文化传统。

第十条　真实性：是指文物古迹本身的材料、工艺、设计及其环境和它所反映的历史、文化、社会等相关信息的真实性。对文物古迹的保护就是保护这些信息及其来源的真实性。与文物古迹相关的文化传统的延续同样也是对真实性的保护。

第十一条　完整性：文物古迹的保护是对其价值、价值载体及其环境等体现文物古迹价值的各个要素的完整保护。文物古迹在历史演化过程中形成的包括各个时代特征、具有价值的物质遗存都应得到尊重。

第十二条　最低限度干预：应当把干预限制在保证文物古迹安全的程度上。为减少对文物古迹的干预，应对文物古迹采取预防性保护。

第十三条　保护文化传统：当文物古迹与某种文化传统相关联，文物古迹的价值又取决于这种文化传统的延续时，保护文物古迹的同时应考虑对这种文化传统的保护。

第十四条　使用恰当的保护技术：应当使用经检验有利于文物古迹长期保存的成熟技术，文物古迹原有的技术和材料应当保护。对原有科学的、利于文物古迹长期保护的传统工艺应当传承。所有新材料和工艺都必须经过前期试验，证明切实有效，对文物古迹长期保存无害、无碍，方可使用。所有保护措施不得妨碍再次对文物古迹进行保护，在可能的情况下应当是可逆的。

第十五条　防灾减灾：及时认识并消除可能引发灾害的危险因素，预防灾害的发生。要充分评估各类灾害对文物古迹和人员可能造成的危害，制定应对突发灾害的应急预案，把灾害发生后可能出现的损失减到最小程度。对相关人员进行应急预案培训。

第三章　保护和管理工作程序（略）

第四章　保护措施

第三十条　环境整治：是保证文物古迹安全，展示文物古迹环境原状，保障合理利用的综合措施。整治措施包括：对保护区划中有损景观的建筑进行调整、拆除或置换，清除可能引起灾害的杂物堆积，制止可能影响文物古迹安全的生产及社会活动，防止环境污染对文物造成的损伤。绿化应尊重文物古迹及周围环境的历史风貌，如采用乡土物种，避免因绿化而损害文物古迹和景观环境。

第三十八条　文化景观、文化线路、遗产运河的保护：必须在对各构成要素保护的基础上突出对文物古迹整体的保护。一定范围内的环境和自然景观是这些文物古迹本体的构成要素，对这部分环境和自然景观的保护和修复即是对文物古迹本体的保护。

第三十九条　历史文化名城、名镇、名村的保护：除了对文物古迹各构成要素的保护，还须考虑对整体的城镇历史景观的保护。保护不仅要考虑城市肌理和建筑体量、密度、高度、色彩、材料等因素，同时也应保护、延续仍保持活力的文化传统。从环境景观的角度还需考虑对视线通廊、周围山水环境等体现城镇、村落选址、景观设计意图等要素的保护。

第五章　合理利用（略）

3.《历史文化名城保护规划规范》（GB 50357—2005）

之所以编制《历史文化名城保护规划规范》（GB 50357—2005），其原因是：1994 年原建设部、国家文物局联合颁布了《历史文化名城保护规划编制要求》，保护规划从名城本身宏观层次的保护进一步深入到历史街区及其周围环境的规划设计。由于没有相应的国家标准，全国各地城市规划编制单位编制的历史文化名城保护规划内容深度不一，甚至出现规划原则、实施措施或指导思想有误的事例。这种状况既不利于历史文化名城保护规划编制水平的提高，也不利于历史文化名城保护规划的审核与管理工作。随着国家各项法规的颁布和实施，人们的保护意识和法制观念日渐加强，迫切需要在编制历史文化名城保护规划时遵循统一的标准，提高编制水平。

在2005年7月15日原建设部第358号公告中发布了原建设部关于发布国家标准《历史文化名城保护规划规范》的公告，做出了如下规定：现批准《历史文化名城保护规划规范》为国家标准，编号为GB 50357—2005，自2005年10月1日起实施。其中，第1.0.3、3.1.1、3.1.5、3.1.6、3.2.4、3.2.5、3.2.6、3.3.1、3.4.1、3.5.1、3.6.1、3.6.2、4.1.2、4.1.3、4.1.4、4.1.5、4.3.4条为强制性条文，必须严格执行。本规范由建设部标准定额研究所组织中国建筑工业出版社出版发行。

该规范借鉴了国际宪章关于遗产保护的原则和方法，具体体现了国家保护历史文化名城的政策，保证了历史文化名城保护规划的科学合理性和可操作性，使我国城市规划规范体系日益完善。全文如下：

1 总 则

1.0.1 为确保我国历史文化遗产得到切实的保护，使历史文化遗产的保护规划及其实施管理工作科学、合理、有效进行，制定本规范。

1.0.2 本规范适用于历史文化名城、历史文化街区和文物保护单位的保护规划。

1.0.3 保护规划必须遵循下列原则：

(1) 保护历史真实载体的原则；

(2) 保护历史环境的原则；

(3) 合理利用、永续利用的原则。

1.0.4 保护规划应全面和深入调查历史文化遗产的历史及现状，分析研究文化内涵、价值和特色，确定保护的总体目标和原则。

1.0.5 保护规划应在有效保护历史文化遗产的基础上，改善城市环境，适应现代生活的物质和精神需求，促进经济、社会协调发展。

1.0.6 保护规划应研究确定历史文化遗产的保护措施与利用途径，充分体现历史文化遗产的历史、科学和艺术价值，并应对历史文化遗产利用的方式和强度提出要求。

1.0.7 历史文化名城保护规划应纳入城市总体规划。历史文化名城的保护应成为城市经济与社会发展政策的组成部分。城市用地布局的调整、发展用地的选择、道路与工程管网的选线以及其他大型工程设施的选址应有利于历史文化名城的保护。

1.0.8 对确有历史、科学和艺术价值，未列入文物保护单位的文物古迹和未列入历史文化街区的历史地段，保护规划应提出申报建议。

1.0.9　非历史文化名城的历史城区、历史地段、文物古迹的保护规划以及历史文化村、镇的保护规划可依照本规范执行。

1.0.10　历史文化名城保护规划除应遵守本规范规定外，尚应符合国家现行有关标准、规范的规定。

2　术　语

2.0.1　历史文化名城 historic city

经国务院批准公布的保存文物特别丰富并且具有重大历史价值或者革命纪念意义的城市。

2.0.2　历史城区 historic urban area

城镇中能体现其历史发展过程或某一发展时期风貌的地区。涵盖一般通称的古城区和旧城区。本规范特指历史城区中历史范围清楚、格局和风貌保存较为完整的需要保护控制的地区。

2.0.3　历史地段 historic area

保留遗存较为丰富，能够比较完整、真实地反映一定历史时期传统风貌或民族、地方特色，存有较多文物古迹、近现代史迹和历史建筑，并具有一定规模的地区。

2.0.4　历史文化街区 historic conservation area

经省、自治区、直辖市人民政府核定公布应予重点保护的历史地段，称为历史文化街区。

2.0.5　文物古迹 historic monuments and sites

人类在历史上创造的具有价值的不可移动的实物遗存，包括地面与地下的古遗址、古建筑、古墓葬、石窟寺、古碑石刻、近代代表性建筑、革命纪念建筑等。

2.0.6　文物保护单位 officially protected monuments and sites

经县以上人民政府核定公布应予重点保护的文物古迹。

2.0.7　地下文物埋藏区 underground archaeological remains

地下文物集中分布的地区，由城市人民政府或行政主管部门公布为地下文物埋藏区。地下文物包括埋藏在城市地面之下的古文化遗址、古墓葬、古建筑等。

2.0.8　历史文化名城保护规划 conservation planning of his-toric citv

以保护历史文化名城、协调保护与建设发展为目的，以确定保护的原则、内容和重点，划定保护范围，提出保护措施为主要内容的规划，是城市总体规划中的专项规划。

2.0.9　建设控制地带 development control area

在保护区范围以外允许建设，但应严格控制其建（构）筑物的性质、体量、高度、色彩及形式的区域。

2.0.10　环境协调区 coordination area

在建设控制地带之外，划定的以保护自然地形地貌为主要内容的区域。

2.0.11　风貌 townscape

本规范指反映历史文化特征的城镇景观和自然、人文环境的整体面貌。

2.0.12　保护建筑 candidacy listing building

具有较高历史、科学和艺术价值，规划认为应按文物保护单位保护方法进行保护的建（构）筑物。

2.0.13　历史建筑 historic building

有一定历史、科学、艺术价值的，反映城市历史风貌和地方特色的建（构）筑物。

2.0.14　历史环境要素 historic environment element

除文物古迹、历史建筑之外，构成历史风貌的围墙、石阶、铺地、驳岸、树木等景物。

2.0.15　保护 conservation

对保护项目及其环境所进行的科学的调查、勘测、鉴定、登录、修缮、维修、改善等活动。

2.0.16　修缮 preservation

对文物古迹的保护方式，包括日常保养、防护加固、现状修整，重点修复等。

2.0.17　维修 refurbishment

对历史建筑和历史环境要素所进行的不改变外观特征的加固和保护性复原活动。

2.0.18　改善 improvement

对历史建筑所进行的不改变外观特征，调整、完善内部布局及设施的建设活动。

2.0.19　整修 repair

对与历史风貌有冲突的建（构）筑物和环境因素进行的改建活动。

2.0.20　整治 rehabilitation

为体现历史文化名城和历史文化街区风貌完整性所进行的各项治理活动。

3　历史文化名城

3.1　一般规定

3.1.1　历史文化名城保护的内容应包括：历史文化名城的格局和风貌；与历史文化密切相关的自然地貌、水系、风景名胜、古树名木；反映历史风貌的建筑群、街区、村镇；各级文物保护单位；民俗精华、传统工艺、传统文化等。

3.1.2　历史文化名城保护规划必须分析城市的历史、社会、经济背景和现状，体现名城的历史价值、科学价值、艺术价值和文化内涵。

3.1.3　历史文化名城保护规划应建立历史文化名城、历史文化街区与文物保护单位三个层次的保护体系。

3.1.4　历史文化名城保护规划应确定名城保护目标和保护原则，确定名城保护内容和保护重点，提出名城保护措施。

3.1.5　历史文化名城保护规划应包括城市格局及传统风貌的保持与延续，历史地段和历史建筑群的维修改善与整治，文物古迹的确认。

3.1.6　历史文化名城保护规划应划定历史地段、历史建筑群、文物古迹和地下文物埋藏区的保护界线，并提出相应的规划控制和建设的要求。

3.1.7　历史文化名城保护规划应合理调整历史城区的职能，控制人口容量，疏解城区交通，改善市政设施，以及提出规划的分期实施及管理的建议。

3.1.8　地下文物埋藏区保护界线范围内的道路交通建设、市政管线建设、房屋建设以及农业活动等，不得危及地下文物的安全。

3.1.9　历史城区内除文物保护单位、历史文化街区和历史建筑群以外的其他地区，应考虑延续历史风貌的要求。

3.2　保护界线划定

3.2.1　历史文化街区应划定保护区和建设控制地带的具体界限，也可根据实际需要划定环境协调区的界线。

3.2.2　文物保护单位应划定保护范围和建设控制地带的具体界限，也可根据实际需要划定环境协调区的界限。

3.2.3　保护建筑应划定保护范围和建设控制地带的具体界线，也可根据实际需要划定环境协调区的界线。

3.2.4　当历史文化街区的保护区与文物保护单位或保护建筑的建设控制地带出现重叠时，应服从保护区的规划控制要求。当文物保护单位或保护建筑的保护范围与历史文化街区出现重叠时，应服从文物保护单位或保护建筑的保护范围的规划控制要求。

3.2.5　历史文化街区内应保护文物古迹、保护建筑、历史建筑与历史环境要素。

3.2.6　历史文化街区建设控制地带内应严格控制建筑的性质、高度、体量、色彩及形式。

3.2.7　位于历史文化街区外的历史建筑群，应按照历史文化街区内保护历史建筑的要求予以保护。

3.3　建筑高度控制

3.3.1　历史文化名城保护规划必须控制历史城区内的建筑高度。

在分别确定历史城区建筑高度分区、视线通廊内建筑高度、保护范围和保护区内建筑高度的基础上，应制定历史城区的建筑高度控制规定。

3.3.2　对历史风貌保存完好的历史文化名城应确定更为严格的历史城区的整体建筑高度控制规定。

3.3.3　视线通廊内的建筑应以观景点可视范围的视线分析为依据，规定高度控制要求。视线通廊应包括观景点与景观对象相互之间的通视空间及景观对象周围的环境。

3.4　道路交通

3.4.1　历史城区道路系统要保持或延续原有道路格局；对富有特色的街巷，应保持原有的空间尺度。

3.4.2　历史城区道路规划的密度指标可在国家标准规定的上限范围内选取，道路宽度可在国家标准规定的下限范围内选取。

3.4.3　有历史城区的城市在进行城市规划时，该城市的最高等级道路和机动车交通流量很大的道路不宜穿越历史城区。

3.4.4　历史城区的交通组织应以疏解交通为主，宜将穿越交通、转换交通布局在历史城区外围。

3.4.5　历史城区应鼓励采用公共交通，道路系统应能满足自行车和行人出行，并根据实际需要相应设置自行车和行人专用道及步行区。

3.4.6　道路桥梁、轨道交通、公交客运枢纽、社会停车场、公交场站、机动车加油站等交通设施的形式应满足历史城区历史风貌要求；历史城区内不宜设置高架道路、大型立交桥、高架轨道、货运枢纽；历史城区内的社会停车场宜设置为地下停车场，也可在条件允许时采取路边停车方式。

3.4.7　道路及路口的拓宽改造，其断面形式及拓宽尺度应充分考虑历史街道的原有空间特征。

3.5 市政工程

3.5.1 历史城区内应完善市政管线和设施。当市政管线和设施按常规设置与文物古迹、历史建筑及历史环境要素的保护发生矛盾时，应在满足保护要求的前提下采取工程技术措施加以解决。

3.5.2 历史城区内不宜设置大型市政基础设施，市政管线宜采取地下敷设方式。市政管线和设施的设置应符合下列要求：

(1) 历史城区内不应新建水厂、污水处理厂、枢纽变电站，不宜设置取水构筑物。

(2) 排水体制在与城市排水系统相衔接的基础上，可采用分流制或截流式合流制。

(3) 历史城区内不得保留污水处理厂、固体废弃物处理厂。

(4) 历史城区内不宜保留枢纽变电站，变电站、开闭所、配电所应采用户内型。

(5) 历史城区内不应保留或新设置燃气输气、输油管线和贮气、贮油设施，不宜设置高压燃气管线和配气站。低压燃气调压没施宜采用箱式等小体量调压装置。

3.5.3 当多种市政管线采取下地敷设时，因地下空间狭小导致管线间、管线与建（构）筑物间净距不能满足常规要求时，应采取工程处理措施以满足管线的安全、检修等条件。

3.5.4 对历史城区内的通信、广播、电视等无线电发射接收装置的高度和外观应提出限制性要求。

3.6 防灾和环境保护

3.6.1 防灾和环境保护设施应满足历史城区保护历史风貌的要求。

3.6.2 历史城区必须健全防灾安全体系．对火灾及其他灾害产生的次生灾害应采取防治和补救措施。

3.6.3 历史城区内不得布置生产、贮存易燃易爆、有毒有害危险物品的工厂和仓库。

3.6.4 历史城区内不得保留或设置二、三类工业，不宜保留或设置一类工业，并应对现有工业企业的调整或搬迁提出要求。当历史城区外的污染源对历史城区造成大气、水体、噪声等污染时，应进行治理、调整或搬迁。

3.6.5 历史城区防洪堤坝工程设施应与自然环境和历史环境协调，保持滨水特色，重视历史上防洪构筑物、码头等的保护与利用。

4　历史文化街区

4.1　一般规定

4.1.1　历史文化街区应具备以下条件：

(1)　有比较完整的历史风貌；

(2)　构成历史风貌的历史建筑和历史环境要素基本上是历史存留的原物；

(3)　历史文化街区用地面积不小于1hm²；

(4)　历史文化街区内文物古迹和历史建筑的用地面积宜达到保护区内建筑总用地的60%以上。

4.1.2　历史文化街区保护规划应确定保护的目标和原则，严格保护该街区历史风貌。维持保护区的整体空间尺度，对保护区内的街巷和外围景观提出具体的保护要求。

4.1.3　历史文化街区保护规划应按详细规划深度要求，划定保护界既并分别提出建（构）筑物和历史环境要素维修、改善与整治的规定，调整用地性质，制定建筑高度控制规定，进行重要节点的整治规划设计，拟定实施管理措施。

4.1.4　历史文化街区增建设施的外观、绿化布局与植物配置应符合历史风貌的要求。

4.1.5　历史文化街区保护规划应包括改善居民生活环境、保持街区活力的内容。

4.1.6　位于历史文化街区外的历史建筑群，应依照历史文化街区的保护要求进行管理。

（后略）

5.《国务院关于进一步做好旅游等开发建设活动中文物保护工作的意见》（国发〔2012〕63号）

各省、自治区、直辖市人民政府，国务院各部委、各直属机构：

我国是历史悠久的文明古国，拥有极其丰富的文物资源。各类文物既是中华民族优秀传统文化的重要载体，也是旅游业可持续发展的重要基础。国家高度重视在旅游等开发建设活动中的文物保护工作，采取了一系列措施，既确保了文物安全，又有效利用了文物资源。但是也存在有的地方违法转让、抵押国有不可移动文物，将国有不可移动文物作为企业资产经营，过度开发利用文物资源、导致文物破坏或损毁，甚至擅自拆除文物古迹和历史文化街区、村镇以及历史建筑等问题。为进一步做好旅游等开发建设活动中的文物保护工作，现提出以下意见：

一、严格执行文物保护法律法规。国有不可移动文物不得转让、抵押，不得作为企业资产经营。文物古迹和历史建筑应当尽可能实施原址保护，不得擅自拆除、迁移。对于历史文化街区、村镇，要逐步改善基础设施、公共服务设施和居住环境，不得擅自拆除。国有不可移动文物已经全部毁坏的，不得擅自在原址重建、复建。辟为参观游览场所的国有文物保护单位，所在地人民政府应当依法设立专门机构负责管理，不得将文物保护单位管理机构作为企业的下属机构或交由企业管理。国有其他文物也要按照文物保护法律法规严格管理，不得赠予、出租或者出售给其他单位、个人，也不得抵押或作为企业资产经营。

二、严格履行涉及文物的旅游等开发建设活动审批。要加强各级文物保护单位的规划编制工作，提高规划的科学性。各地编制旅游等开发建设规划要符合城乡规划，并与文物保护单位的规划相衔接，坚持文物保护优先，把文物安全放在首位。旅游等开发建设项目要严格履行基本建设审批程序。在文物保护单位和历史文化街区、村镇以及历史建筑的保护范围和建设控制地带内实施建设工程的，要事先依法征得文物行政部门同意，报城乡规划部门批准；未经文物行政部门同意的，不得立项，更不得开工建设。

三、合理确定文物景区游客承载标准。文物、旅游等部门要立足文物安全，科学评估文物资源状况和游客流量，合理确定文物旅游景区的游客承载标准，并向社会公布。对于古遗址、古建筑、石窟寺等易受损害的文物资源，要通过预约参观、错峰参观等方式调节旅游旺季的游客人数，防止背离文物旅游景区实际、片面追求游客规模。要定期对利用古遗址、古建筑、石窟寺等易受损害的文物资源开展旅游等开发情况进行安全评估，对可能造成文物资源破坏的要及时采取保护措施，确保文物安全。

四、加大对文物保护的投入。各级人民政府要将文物保护经费列入本级财政预算，保证财政拨款随着财政收入增长而增加。要切实保障文物保护单位的日常维护经费和文物保护的抢救性投入。要加大基础建设投入，改善文物本体及其环境状况，加强文物保护基础设施和安全设施建设。国有文物保护单位的事业性收入应当专门用于文物保护。鼓励社会力量采取捐赠、设立文物保护社会基金等方式参与文物保护。文物旅游景区经营性收入要优先用于文物保护，具体比例由地方人民政府确定。文物保护单位管理机构要加强资金管理，严格遵守财务制度，提高资金使用效益。

五、加强文物旅游的指导和监管。旅游、文物等部门要把依法保护文物、确保文物安全列入旅游景区质量标准管理体系。对文物保护与安全管理规定不落实，造成文物破坏、损毁的，要依照相关规定处理并通报批评，涉嫌违法的要依法追究相关单位和人员责任。要建立文物旅游突发事件应急预警机制、巡视检查制度、专家咨询制度，定期组织评估文物保护与旅游发展状况并向社会公布，促进文物保护和文物资源的合理利用。

六、切实落实文物保护责任。县级以上地方人民政府及其文物行政部门是文物保护的第一责任人。地方各级人民政府要切实加强对文物保护工作的领导，把文物保护事业纳入本级国民经济和社会发展规划，加强文物保护机构队伍建设，定期解决文物保护面临的问题。国务院每两年组织开展一次文物保护法律法规落实情况检查，对领导不力、玩忽职守、决策失误，造成文物破坏损毁的，要严肃追究责任。

七、认真履行文物保护职责。进一步发挥全国文物安全工作部际联席会议制度的作用，对各地在旅游等开发建设活动中文物保护情况进行督导。文物行政部门要加强对文物保护的监督管理，统筹协调和指导文物保护工作，履行文物行政执法督察职责；旅游部门要在发展旅游中切实落实文物保护的相关规定；发展改革部门要加大对文物保护设施的投入，把好文物旅游基本建设项目立项审批关；财政部门要加大文物保护经费的投入，加强经费使用的监督管理；国土资源部门要加强对国有不可移动文物、考古遗址等重点文物保护用地及规划的监管；城乡规划、文物部门要加强对历史文化名城和历史文化街区、村镇以及历史建筑的保护；公安部门要加强对损毁文物特别是国家保护的珍贵文物或损毁全国重点文物保护单位、省级文物保护单位的违法犯罪活动的查处力度。

八、依法纠正违法违规行为。各地要对本行政区域内旅游等开发建设活动中涉及文物古迹和历史文化街区、村镇以及历史建筑等的保护情况进行一次检查，全面摸清有关情况，依法纠正违法违规行为。

（一）对于将国有不可移动文物转让、抵押的，要限期改正，予以回购、终止抵押。对于将国有不可移动文物作为企业资产经营的，要限期将其从企业资产中剥离；暂不具备剥离条件的，可以设定过渡期，并由省级人民政府向国务院报告。

（二）对于游客接待量超过承载量，造成文物破坏或可能造成文物安全隐患的，要限期改正。

（三）对于擅自拆除文物古迹和历史文化街区、村镇以及历史建筑的，由县级以上地方人民政府或其城乡规划、文物等部门依法定职权责令停止违法行为、限期恢复原状或者采取其他补救措施。历史文化街区、村镇遭到严重破坏的，由批准机关撤销历史文化街区、村镇称号。

（四）对于将文物保护单位管理机构作为企业的下属机构或交由企业管理的，要从企业中分离，恢复文物保护单位管理机构的事业单位性质，交由文物行政部门管理。

（五）对于把历史文化街区、村镇整体出让给企业管理经营的，要予以纠正。暂不具备条件的，应当由省级人民政府向国务院说明情况。

在检查工作中，对涉嫌违法的行为，要依法追究相关单位和人员的法律责任。检查结束后，各省、自治区、直辖市人民政府要在2013年5月底前将检查情况上报国务院。国务院将组织督查组对各地检查情况进行督导。

国务院

2012年12月19日

第2节

历史文化名城整体性保护的立法建议

一、历史文化名城整体性保护现有法律分析

我国现有的关于历史文化名城整体性保护的法律规定基本的体系是以《中华人民共和国文物保护法》和《城乡规划法》两部法律为主体，下位法有行政法规、部门规章，另外还包括地方行政法规，以及一些专业的实施细则等。这些法律法规所组成的体系主要是针对历史文化名城保护内容的三个层次即文物保护单位、历史文化街区以及历史文化名城的整体风貌和传统格局的保护工作，相对来说已经规定得较为详尽，但是由于前述内容已经提及的一个基本思路，在历史文化名城保护过程中应该先有一个整体性保护的法律，然后下设包含三层次保护内容的行政法规、部门规章等规定，这样的立法体系才能更好地实现历史文化名城对于“城”本体的保护，而不仅仅是城中的文物保护单位、城中的历史街区。因此，在历史文化名城整体性保护立法工作上，应该考虑专门的《历史文化名城整体保护法》。

在传统格局与历史风貌保护这个问题上，《历史文化名城名镇名村街区保护规划编制审批办法》（2014 年 12 月 29 日起施行，以下简称《办法》）发挥着较大的作用。《办法》依据《中华人民共和国城乡规划法》

和《历史文化名城名镇名村保护条例》等法律法规，细化了历史文化名城、名镇、名村、街区保护规划编制和审批的内容及要求，具有很强的可操作性。《办法》的颁布实施有利于提高保护规划编制水平，规范规划审批程序，促进历史文化遗产保护，维护历史文化名城、名镇、名村、街区保护规划的科学性和严肃性。要坚持依法行政，依据相关法律、法规和《办法》，做好保护规划的编制和审批工作。历史文化街区所在地城市、县已被确定为历史文化名城的，该街区保护规划应当依据历史文化名城保护规划单独编制。历史文化街区所在地城市、县未被确定为历史文化名城的，应当单独编制历史文化街区保护规划，并纳入城市、镇总体规划。在国家历史文化名城保护规划成果编制阶段，国家历史文化名城所在地省、自治区、直辖市人民政府城乡规划主管部门，应当提请国务院城乡规划主管部门组织专家对成果进行审查。

同时，在2017年9月20日中华人民共和国住房和城乡建设部发布的《住房城乡建设部关于加强历史建筑保护与利用工作的通知》（建规〔2017〕212号）明确指出；"要保护弘扬中华优秀传统文化，延续城市历史文脉，保留中华文化基因。要保护好前人留下的文化遗产，包括文物古迹、历史文化名城名镇名村、历史文化街区、历史建筑、工业遗产以及非物质文化遗产，既要保护古代建筑，也要保护近代建筑，既要保护单体建筑，也要保护街巷街区、城镇格局。"

通知的大概内容如下：

1. 充分认识保护历史建筑的重要意义

历史建筑是指经城市、县人民政府确定公布的具有一定保护价值，能够反映历史风貌和地方特色，未公布为文物保护单位，也未登记为不可移动文物的建筑物、构筑物，是城市发展演变历程中留存下来的重要历史载体。加强历史建筑的保护和合理利用，有利于展示城市历史风貌，留住城市的建筑风格和文化特色，是践行新发展理念、树立文化自信的一项重要工作。

2. 加强历史建筑的保护条利

（1）做好历史建筑的确定、挂牌和建档。各地要加快推进历史建筑的普查确定工作，摸清家底，多保留不同时期和不同类型的历史建筑。要注重改革开放前城市近现代建筑遗产的保护，做到应保尽保。建立历史建筑保护清单和历史建筑档案，对历史建筑予以挂牌保护。

（2）最大限度发挥历史建筑使用价值。支持和鼓励历史建筑的合理利用。要采取区别于文物建筑的保护方式，在保持历史建筑的外观、风貌等特征基础上，合理利用，丰富业态，活化功能，实现保护与利用的统一，充分发挥历史建筑的文化展示和文化传承价值。积极引导社会力量参与历史建筑的保护和利用。鼓励各地开展历史建筑保护利用试点工作，形成可复制、可推广的经验。同时，探索建立历史建筑保护和利用的规划标准规范和管理体制机制。

（3）不拆除和破坏历史建筑。各地应加强对历史建筑的严格保护，严禁随意拆除和破坏已确定为历史建筑的老房子、近现代建筑和工业遗产，不拆真遗存，不建假古董。

（4）不在历史建筑集中成片地区建高层建筑。在历史文化街区以及其他历史建筑集中成片地区，禁止在对其历史风貌产生影响的范围内建设高层建筑和大洋怪的建筑。新建建筑应与历史建筑及其历史环境相协调，保护好历史建筑周边地区的历史肌理、历史风貌，严格按照保护规划要求控制建筑高度。

各省（区、市）住房城乡建设规划主管部门要加强指导和监督检查，2017 年底前将本通知落实情况报我部，我部将适时组织督查。

随后住房城乡建设部及国家文物局联合启动对全国 132 座国家历史文化名城、252 个中国历史文化名镇和 276 个中国历史文化名村保护工作的评估检查，可视为对上述通知要求的针对性落实和回应。

住房城乡建设部办公厅公布的《历史文化街区划定和历史建筑确定工作方案》，按照“五年计划三年完成”的总体安排，对全国设市城市和公布为历史文化名城的县，开展历史文化街区划定和历史建筑确定工作。根据方案，各地将在5年的时间里核查所有符合条件的历史文化街区、历史建筑的基本情况和保护情况，并公布名单。到2020年末，全面完成历史文化街区划定和历史建筑确定工作。前3年基本完成目标任务，其中第一年完成总体工作的比例不低于30%，第二年不低于60%，第三年不低于90%。后两年对划定的历史文化街区和确定的历史建筑保护情况进行检查，补充发现符合条件但未公布的历史文化街区和历史建筑。划定和确定工作分3个阶段进行。现状统计阶段（2016年7—8月），省级住房和城乡建设（规划）主管部门组织对本地区历史文化街区、历史建筑现状情况进行统计，完成数据汇总和校核。划定、确定阶段（2016年9月—2018年12月），全面开展普查工作，对符合条件的历史文化街区进行划定，对符合标准的历史建筑进行确定、挂牌。省级住房城乡建设（规划）主管部门对本地区每年新划定和确定的信息进行汇总、校核。督导检查阶段（2019年1月—2020年12月），2019年底前，各地建立起历史文化街区划定和历史建筑确定的长效机制，住房城乡建设部将实地进行督导检查，定期通报划定、确定工作进展情况。

不难看出，我国在对历史文化名城名镇名村的传统格局和历史风貌进行规范的过程中更多依赖行政管理监督的作用，在历史文化名城整体性保护过程中并不是真正意义上的“依法护城”，而是“依法行政治城”，前者与后者的理念完全不同。

二、《历史文化名城整体风貌保护法》的立法必要性

基于上述分析，笔者认为《历史文化名城整体风貌保护法》具有现实的立法必要性。

第一，需要有一部针对历史文化名城的法律出台，这样才能从根本上遏制现在名城风貌遭到极大破坏的现象。

第二，使用《历史文化名城整体风貌保护法》而不是《历史文化名城保护法》是因为现阶段历史文化名城整体性保护出现了极大的问题，而已有的《文物保护法》《城乡规划法》以及《历史文化名城名镇名村保护条

例》中包含的整体性保护思想并没有得到完整的贯彻，由于历史文化街区概念的存在，使历史文化名城在保护的过程中以“片区”唯马首是瞻，凡是不在保护区或历史街区的均不能获得最大限度保留和保护。

第三，在《历史文化名城整体风貌保护法》中主要针对名城整体性保护的问题进行立法规定，尽量使那些还没有被经济发展所破坏的城市历史格局获得较好的法律保障。笔者认为在该部法律中首先要阐明的是“历史文化名城整体性保护”的基本含义，明确名城保护的基础是一个城市的整体格局，在划定城市基本保护格局的基础上再确定所谓的文物保护单位对象。如果说原来的历史文化名城的保护对象是“点—线—面”的三层次格局，那么《历史文化名城整体风貌保护法》的保护对象则是“由面入点”两层次结构。对于中国遗产城市而言如果不保护城市的基本格局，单纯留有文物保护单位、历史文化街区是毫无意义的，在这个问题上，北京落选“世界遗产城市”就是最具有说服力的例证。

法治的基础是先要具有良法。这个良法的意思不仅是说它的立法初衷是向善的，更重要的问题是这部法律本身所需要规范的内容是具有普遍意义的。历史文化名城与经济发展本身就是一对不可调和的矛盾，保护历史文化名城最理想的状态就是“最小限度的干预”加“最大限度的保护”，而经济发展却需要成本最小化、利益最大化，所以，在城市建设过程中所谓的建筑伦理还不成熟的时候，最有效的调和手段就是需要一部切中要害的法律来规范矛盾双方的权利义务。

笔者并没有足够的信心促成《历史文化名城整体风貌保护法》出台，但是笔者会不断努力地去探索它的立法结构以及细化相关条文，在笔者只就该法律的社会必要性进行简单的说明，最大的心愿就是见者如笔者一般引起共鸣，有公众不断地意识到这个问题的重要性才会不断地有人去思考、去争取，而最终保护的是我们自己的精神家园和历史财富。人类虽然是浩渺的宇宙中微不足道的一分子，但是人类本身的存在是需要有意义的，保护我们的城市的过去、现在以及将来，就是这个意义的一个重要的部分。

·第七章· 构建有中国特色的历史文化名城整体性保护的法律制度

“……这些珍贵的跨亚欧文化的热带建筑形式被抹去之后，现在，许多市民都对此感到惋惜，而政府也推出了一项激进的保护计划。因为一个现代化城市如果缺乏历史资产，会降低对旅游者的吸引力，而在这个喷气式飞机的时代，对于所有历史名城，旅游都是经济收入的一大来源。”

——［美］安东尼·滕《世界伟大城市的保护——历史大都会的毁灭与重建》

对于借鉴别国经验这件事情，笔者有完全不同的看法。在国内很多著作文献中，大家都提到了英国、美国、法国、意大利历史城市的保护经验，有许多学者力主向这些国家的经验中寻找保护我国历史文化名城的可靠方法。如果说单纯从文物古迹的保护技术和保护理念来看，人类有许多经验是共通的，但是从历史城市的保护措施来看，只有保证建立城市时所赖以依据的规划思想中的文化是相同的，才会有真正的借鉴意义；否则，只能是纸上谈兵。在选择借鉴他国法治经验的时候笔者更倾向于选择法系相同、地理因素相似，同时具有同源文化的国家的经验，在这个问题上没有比日本更适合中国作为参照对象的国家了，因此我们就从日本对于历史城市的保护说起。

去过日本的人，都会被它那种特有的秩序感所折服。日本与中国有着相似的地理特征、历史脉络、文化基底，更为重要的是，日本文化中有相当一部分养料源自中国古代传统文化。在历史城市保护的路程中，日本以它显著的保护措施保留了一大部分具有悠久历史的古城。和辻哲郎先生提到出的“风土”理论具有一定的代表性和科学性，他认为世界范围内存在三种风土类型：“季风型”“沙漠型”和“牧场型”，并且他认为中国和日本都属于季风型风土。他提出在明治维新以前的千百年间，日本人尊崇中国文化，撇开自我致力于摄取中国文化，直至衣食住等生活细节部分。日本文化吸收了先秦至汉唐宋的中国文化精髓，并将之融汇于自己的体内。①因此，无论是从所处的地理因素以及传统文化的传承上来讲，日本与中国之间的关系确实是一衣带水，在建筑风格上具有极高的相似度。日本在进行文化遗产保护过程中所做出的努力以及相关举措对于中国而言最具有实际意义的借鉴价值。欧洲以石质材料为建筑基础材料而形成的大量的建筑遗产的保护工作是不能同日而语的。

① ［日］和辻哲郎．风土［M］．北京：商务印书馆，2006：115.

图 7-1　日本京都街景 1

图 7-2　日本京都街景 2

图 7-3　日本金阁寺

图 7-4　日本京都祇园的花见小路标志

日本对于中国而言最有借鉴价值的就是1950年制定的《文化财保护法》和1966年颁布的《古都保存法》。前者是日本文化财产保护的第一个全面的国家法律，后者则是开始探索对“历史环境”保护的举措。在《古都保存法》中提到了“历史风土”，是指“在历史上有意义的建造物、遗迹等与周围的自然环境已成为一体。具体体现并构成了古都传统和文化的土地状况。”这个概念就是中国历史文化名城保护法律法规中涉及的“历史风貌”，意义相同。当然在历史城市保护经验中其他国家所涉及的制度、内容都有许多借鉴的意义，但笔者认为并不具有太强烈的借鉴价值。在考虑法律制度建设的过程中，笔者更倾向于在法律文化层面分析制度的可能性。欧美国家的相关经验也有可取之处，但本次讨论过程中并不将其视为重点，因为在中国历史文化名城保护过程中只有牢牢抓住“整体性保护”这个核心，许多讨论才有意义；否则，讨论只是在浪费时间，甚至会错过很多保护的最佳时机。

毋庸置疑，“建筑不仅要表达其时代，而且要与时代并存”（日本建筑师槇文彦语）。在我国，历史文化名城保护中最理想的法律保护模式是：一系列立法技术完美、立法内容合理的法律规范、主动履责的政府以及充满唯美意识的职能履行能力。这三者中最紧要的是保护内容必须进行规范立法、运用强制力要求政府部门履责、不断强化政府部门的唯美意识以增强历史责任感和民族自信心，这就是笔者前述内容需要达到的目的。

每一个保留至今的完整的历史文化名城都以它的完整性作为其魅力的灵魂所在，如若没有完整性，历史文化名城则有名无实。如大同，正在试图努力重现它的完整性，努力重新找回它的文化底蕴的灵魂，毁誉参半。相对而言，北京这座最具活力的城市，却在历史大潮中渐渐地迷失了方向，在最初错误的城市规划之下将一个最完整、最具有历史价值的历史文化古城渐渐地推倒在高楼大厦的丛林中，湮没于现代化的吞噬中。似乎只有平遥在保护它的完整性的过程中有着更多值得外人称道的可取之处，而随着现在商业化气息越来越浓重的氛围，整体保护平遥的完整性也是一个不可忽视的时代课题。中国，这座最具有文化底蕴的历史大国，原本拥有着令世界叹为观止的文化遗产，但是在高速发展的经济浪潮中，这些文化遗产的保护显得更加迫切和有意义，因为，我们要“把根留住”。如何运用现有的法律制度实现历史文化名城的整体性保护，如何不断完善历史文化名城整体性法律保护的相关制度及措施，是我们这个时代面临的一个实际的问题，不认真面对和解决，真的有可能就会使历史文化名城徒有虚名。

有一句电影台词说：“假如你的人生是一部电影，你会看吗?”答者曰:“会的!”我引用到这里:“假如这本书送给你，你会认真读吗?”我真的希望你会回答:“我会的！并且我有很多观点和你一致。”这才是一个理论建立后获得肯定的最重要的方式。理论并不需要是完美的，因为它只说明了一种解决问题的途径，它也没有对错是非的问题，只存在合不合理的问题。笔者比较理想主义，所以考虑问题的方式也比较理想化，可能并不太适应这个时代的一些音调。可笔者也在想，假如我们对某个问题的解决连一丝理想主义、浪漫主义都不存在的话，就真的印合了那个“精致的利己主义者”的提法了。对于社会而言我们都是无名者，笔者唯一幸运的地方就是借这本拙作获得了一丝一毫的暂时的话语权，对这个历史文化的问题表达了自己些许的思考结果，在这个时代笔者是幸运的。

在建筑学研究领域有一个名词为“建筑遗产”。在法国学者《建筑遗产的寓意》一书中，第一次清晰地使用了这个概念，表达了建筑作为一种物质实体有着不可忽视的传统的延承性。建筑遗产最伟大的意义就在于人类对于自身居住条件唯美的追求，在探索建筑的终极价值过程中，不仅仅局限于其功能性的价值，更放眼于过去、现在与未来的关系，寻找其中绵延流长的“文脉”。建筑遗产的保护是毋庸置疑的，对于无法复制、无法修复的建筑遗产的保护更是无条件的。在人类历史发展的长河中，几经辗转周折才最终形成了对建筑遗产保护的价值共识，而此时许许多多的建筑遗产已由于自然界不可抗拒的灾害以及人类的无知与自大永久性地消逝了。

在人类发展的历史过程中，城市扮演着举足轻重的角色，在城市中因各种生活生产资料均需由外界供给才可以实现，使城市从一开始就具有无法抹杀的人为的特色。在建构城市的过程中，建筑发挥着描摹这个城市灵魂的作用。无疑，建筑是诸多艺术形式中最唯美的形式，在每一座独特的建筑中我们都可以感受到设计者、建造者赋予其中的对于宇宙、生命以及人与自然之间关系的认真思考，美好的建筑带给人类无尽的艺术享受和对生活的热爱，更彰显着人类在地球上独一无二的理性优越感。保护建筑，尤其是保护具有历史价值、历史意义的建筑对于人类而言，应该是对于自我价值的保护，在建筑的延续中，我们通过“建筑文脉”肯定了建筑的历史延续性特征，从更广泛的意义上赋予了建筑以生命的意义，建筑中包含着自己的灵魂。每一个时代通过别具一格的建筑形式赋予这个时代完全不同的意义。虽然一个又一个时代过去了，一个又一个不同的王朝或国家风起云涌的更迭变换，但留下来的却是赋予建筑中无可意会的时代感。

当我们看到雅典卫城的神庙，脑海中不免呈现古希腊时期雅典古城的沧桑历史；而罗马的角斗场和巴尔贝克太阳神庙无疑会使观者将古往的辉煌历历在目。在城市的更新换代中，大规模的拆迁兴建从20世纪末就开始了方兴未艾的趋势，至今已是愈演愈烈。不断耸立云端的高楼大厦固然可以象征城市现代化的精进进取，但不断被忽视被遗忘甚至是被漠视的建筑历史也在此过程中离开了我们的视野，甚至永远地从地球消逝殆尽。现代化的城市建筑确实是城市的新鲜血液，但文物古建筑确是城市不朽的灵魂。唯有保住我们的灵魂，城市才会有永远不朽的魅力和生命力。

作为一座拥有着悠久历史的、依然存留着数量众多建筑遗产的古城，以一座名副其实的“历史文化名城”讲述着古老城市的前世、今生，更以她优雅的姿态喻示着她的未来。城市的建设离不开规范的制约，只有良好的制度与法制才能使如此重大的工程循循进行，进而完成。因此，笔者选取了自己的视角，以法治的视野认真审视历史文化名城在重建与保护过程中所经历的过程和使用的措施，更希望从这个极具典型代表的个案城市的建设过程中寻找到具有可借鉴的城市建设经验。当确定了这样一个思路之后，笔者才觉得自己年少时那种纯洁而理想化的“责任感”有了真正的栖息点，也或许这一次的探索过程会有诸多不尽如人意的不足，但是笔者相信只有勇敢地探索才会出真知，才会找到最适合我们自己的发展的路径。

在酝酿这本专著的过程中，犹如孕育自己体内的生命一般，虽感到时间紧迫急着交稿，但深知生命的孕育是有其独特的规律的，不急，更不能躁，唯有顺其自然，方可修成正果。

“历史文化名城”，是我国早期在保护文物过程中所产生的一个特殊的概念，在全球化的进程中这个概念其实一直受到外来的相关概念的冲击，其他国家在保护本国文物的过程中也纷纷产生着独有的文字表达方式，因此，可以肯定的一点是，在人类社会发展的过程中，各个国家都在不遗余力地保护着代表本国文化特征的建筑遗产，作为拥有着极其丰富的文化遗产、建筑遗产的中国而言更具有任重道远的责任。就某种角度而言，“历史文化名城、名镇、名村”是我国保护自有文化遗产、建筑遗产的一种独特的语言表达形式，也是我国在保护自有文化遗产、建筑遗产过程中非常重要的物质存在形式。依法保护文化遗产是世界趋势，中国正处于此趋势中，并且应该越来越规范保护工作的方方面面，才能使保护工作更加具体、更加具有实效性。

如果笔者的这本著作可以被看作是一名普通公民对于保护文化遗产的一种个人化的声音，笔者殷切地希望这个声音可以使更多的人看见、注意到笔者的家乡，进而关注他们自己的家乡。在“城市大跃进”千城一面的危机中，许多人都快要失去自己故乡的独有本色，渐渐地没有了原本根植心底的归属感。而笔者唯愿我们大家的声音能够逐渐唤回那渐渐走远的乡愁，让乡愁成为我们心中最美的中国梦！

附 录

住房城乡建设部 国家文物局 关于开展国家历史文化名城和中国历史文化名镇名村保护工作评估检查的通知[①]

建规〔2017〕221 号

各省、自治区住房城乡建设厅、文物局（文化厅），海南省规划委员会，直辖市规划局（规划国土委、规划国土局）、文物局，北京市农委：

党中央、国务院高度重视历史文化遗产保护工作，自 1982 年国务院设立历史文化名城制度以来，至今已经走过 35 年的实践历程。为进一步做好国家历史文化名城（以下简称名城）和中国历史文化名镇名村（以下简称名镇名村）保护工作，住房城乡建设部、国家文物局决定开展名城和名镇名村保护工作评估检查。现就有关事项通知如下：

一、总体要求

贯彻落实习近平总书记系列重要讲话精神和党中央国务院关于历史文化遗产保护的相关文件精神，以高度政治责任感组织做好本次名城名镇名村评估检查工作，按时、按质、按量完成各阶段评估检查任务，认真总结取得的成就，梳理存在的问题，结合实际提出新形势下继续做好名城和名镇名村保护工作的思路。

二、评估检查范围和重点内容

本次评估检查范围涵盖 132 座国家历史文化名城、252 个中国历史文化名镇和 276 个中国历史文化名村。按照《历史文化名城名镇名村保护条例》和《历史文化街区划

① http：//www. sach. gov. cn/art/2017/10/19/art_ 8_ 144526. html.

定和历史建筑确定工作方案》（建办规函〔2016〕681 号），重点评估检查以下内容：

（一）保护范围及数量变化。检查名城和名镇名村保护范围、不可移动文物、历史文化街区和历史建筑数量；评估保护范围的变化情况和变化原因。

（二）历史城区。检查传统格局、历史风貌和空间尺度的保护情况；历史城区范围内居住人口数量变化情况；历史文化遗存保护情况；评估是否存在拆真建假、大肆修建仿古街区等行为及发生原因。

（三）历史文化街区划定和历史建筑确定工作情况。对照《中共中央 国务院关于进一步加强城市规划建设管理工作的若干意见》要求，2017 年是否完成历史文化街区划定和历史建筑确定总量任务的 60%。检查新划定的历史文化街区和新确定的历史建筑数量，评估普查工作开展的总体情况。

（四）历史文化街区。检查是否依法公布历史文化街区名单；历史文化街区核心保护范围主要出入口设置标志牌情况；历史文化街区人口数量变化情况；评估是否出现大规模突击式整治改造或过度商业开发等行为。

（五）历史建筑。检查是否建立历史建筑档案并设置保护标志；历史建筑修缮保护情况；近现代建筑和工业遗产保护利用情况；历史建筑与不可移动文物双重身份情况；评估历史建筑活化利用的方式和资金支持是否具有可持续性。

（六）保护规划。检查名城、历史文化街区、名镇名村保护规划是否依法编制；名城、名镇保护规划中的保护内容、保护范围、建设控制要求是否纳入城市、镇总体规划；评估各项建设活动是否符合保护规划确定的建筑高度等控制要求；评估保护规划实施情况。

（七）地方法规及相关政策制定。检查各省、自治区、直辖市和有立法权的名城制定相关保护法规和政策情况，名镇名村所在地县级以上人民政府制定相应保护管理办法和政策的情况；评估相关法规和政策的执行情况。

（八）基础设施改善与国家专项补助资金使用。历史城区和历史文化街区基础设施改善、环境整治情况；“十二五”期间，国家发展改革委下拨的专项补助资金使用、地方资金配套以及地方日常性维护资金的投入和使用情况；评估专项资金使用的效果。

三、评估检查时间安排

评估检查采取自评自查、互评互查和抽查 3 种方式：

（一）自本通知印发之日起至 10 月 31 日，各省、自治区、直辖市住房城乡建设（规划）、文物部门对本地区的名城和名镇名村组织开展自评自查。

（二）11月1日至11月15日，各省、自治区、直辖市住房城乡建设（规划）、文物部门组织成立评估检查组（见附件1），开展跨地区交叉评估检查。

（三）自本通知印发之日起至11月30日，我部会同国家文物局赴各地抽查，重点评估检查保护工作成绩显著和存在问题较多的名城和名镇名村。

四、组织领导

为加强评估检查工作的组织和领导，住房城乡建设部会同国家文物局成立国家历史文化名城和中国历史文化名镇名村保护评估检查工作领导小组，组成人员如下：

组　长：黄　艳　住房城乡建设部副部长

　　　　宋新潮　国家文物局副局长

副组长：冯忠华　住房城乡建设部城乡规划司司长

　　　　闫亚林　国家文物局文物保护与考古司副司长

成　员：张　兵　住房城乡建设部城乡规划司副司长

　　　　唐　炜　国家文物局文物保护与考古司副司长

　　　　傅　爽　住房城乡建设部城乡规划司历史名城保护处调研员

　　　　詹德华　国家文物局文物保护与考古司资源管理处调研员

领导小组办公室设在住房城乡建设部城乡规划司，主任为冯忠华（兼），副主任为闫亚林（兼）。

五、评估检查工作要求

（一）各名城、名镇名村应认真撰写评估自查报告，填写《国家历史文化名城保护评估基础数据表》（附件2）和《中国历史文化名镇名村基础数据表》（附件3）。各省、自治区、直辖市住房城乡建设（规划）、文物部门对本地区名城、名镇名村保护工作进行评估自查，总结保护基本情况、存在的主要问题，研究拟采取的对策措施，并形成评估自查报告，于2017年11月10日前与各名城、名镇名村评估自查报告一并报住房城乡建设部和国家文物局。

（二）各省、自治区、直辖市住房城乡建设（规划）、文物部门按要求组织成立评估检查组，分别指定1名厅局级领导带队，开展跨地区交叉评估检查，并形成专题评估检查报告，于2017年11月30日之前报住房城乡建设部和国家文物局。各评估检查组在每个省、自治区至少检查2座名城（不包含只有1座名城的省、自治区），名镇名村检查数量由评估检查组自行确定。各评估检查组要确定1名联络员，负责联络协调，于2017年10月23日前将联络员名单和联系方式报我部城乡规划司。

（三）评估检查工作要严格执行中央八项规定精神，轻车简从，简化接待，不安排宴请。

评估检查工作结束后，住房城乡建设部会同国家文物局将召开总结大会，对评估检查工作进行总结，并形成总报告报国务院。对保护工作成效显著、群众普遍反映良好的名城名镇名村，予以通报表扬并推广典型经验；对保护工作开展不到位、地方政府监管不力、历史文化遗产价值受到破坏的，要通报批评，限期整改；对评估检查发现问题逾期不改或被认定为已不具备条件的名镇名村，将其列入濒危名单或撤销称号；对评估检查发现问题逾期不改或被认定为已不具备条件的国家历史文化名城，将建议国务院列入濒危名单或者撤销称号。

六、联系人及联系电话

住房城乡建设部城乡规划司：张帆　傅爽

电话：010-58933769　传真：010-58933042

E-mail：ghsmcc@ mohurd. gov. cn

国家文物局：姚丞　詹德华

电话：010-56792082　010-56792073

传真：010-56792133

E-mail：zyc@ sach. gov. cn

附件：

1. 全国评估检查组分工安排表
2. 国家历史文化名城保护评估基础数据表
3. 中国历史文化名镇名村基础数据表

附件 1

全国评估检查组分工安排表

组别	牵头单位	检查地区
第 1 组	北京市规划和国土资源管理委员会 北京市文物局	天津市
第 2 组	天津市规划局 天津市文物局	重庆市
第 3 组	河北省住房和城乡建设厅 河北省文物局	黑龙江省
第 4 组	山西省住房和城乡建设厅 山西省文物局	陕西省
第 5 组	内蒙古自治区住房和城乡建设厅 内蒙古自治区文物局	宁夏回族自治区
第 6 组	辽宁省住房和城乡建设厅 辽宁省文物局	内蒙古自治区
第 7 组	吉林省住房和城乡建设厅 吉林省文物局	山东省
第 8 组	黑龙江省住房和城乡建设厅 黑龙江省文物局	辽宁省
第 9 组	上海市规划和国土资源管理局 上海市文物局	北京市
第 10 组	江苏省住房和城乡建设厅 江苏省文物局	河南省
第 11 组	浙江省住房和城乡建设厅 浙江省文物局	江苏省

续表

组别	牵头单位	检查地区
第 12 组	安徽省住房和城乡建设厅 安徽省文物局	浙江省
第 13 组	福建省住房和城乡建设厅 福建省文物局	西藏自治区
第 14 组	江西省住房和城乡建设厅 江西省文物局	福建省
第 15 组	山东省住房和城乡建设厅 山东省文物局	湖南省
第 16 组	河南省住房和城乡建设厅 河南省文物局	安徽省
第 17 组	湖北省住房和城乡建设厅 湖北省文物局	吉林省
第 18 组	湖南省住房和城乡建设厅 湖南省文物局	四川省
第 19 组	广东省住房和城乡建设厅 广东省文物局	湖北省
第 20 组	广西壮族自治区住房和城乡建设厅 广西壮族自治区文物局	江西省
第 21 组	海南省规划委员会 海南省文物局	甘肃省
第 22 组	重庆市规划局 重庆市文物局	上海市

续表

组别	牵头单位	检查地区
第 23 组	四川省住房和城乡建设厅 四川省文物局	山西省
第 24 组	贵州省住房和城乡建设厅 贵州省文物局	河北省
第 25 组	云南省住房和城乡建设厅 云南省文物局	青海省
第 26 组	西藏自治区住房和城乡建设厅 西藏自治区文物局	海南省
第 27 组	陕西省住房和城乡建设厅 陕西省文物局	广东省
第 28 组	甘肃省住房和城乡建设厅 甘肃省文物局	贵州省
第 29 组	青海省住房和城乡建设厅 青海省文物局	广西壮族自治区
第 30 组	宁夏回族自治区住房和城乡建设厅 宁夏回族自治区文物局	新疆维吾尔自治区
第 31 组	新疆维吾尔自治区住房和城乡建设厅 新疆维吾尔自治区文物局	云南省

附件 2

国家历史文化名城保护评估基础数据表

城市名称：　　　　省（自治区、直辖市）　　　　市（县）

填表人及电话：　　　填表时间（盖章）：

<table>
<tr><td rowspan="5">不可移动文物</td><td>城市或县域内不可移动文物等级</td><td colspan="2">数量</td><td colspan="2">名称</td></tr>
<tr><td>国家级</td><td colspan="2"></td><td colspan="2">全国重点文物保护单位名录</td></tr>
<tr><td>省级</td><td colspan="2"></td><td colspan="2">省级文物保护单位名录</td></tr>
<tr><td>市县级</td><td colspan="2"></td><td colspan="2">市县级文物保护单位名录</td></tr>
<tr><td>登记</td><td colspan="2"></td><td colspan="2">登记不可移动文物名录</td></tr>
<tr><td rowspan="3">历史建筑</td><td>历史建筑数量</td><td colspan="2"></td><td colspan="2">历史建筑名录</td></tr>
<tr><td>历史建筑总建筑面积</td><td colspan="4"></td></tr>
<tr><td>历史建筑与不可移动文物双重身份对象数量</td><td colspan="2"></td><td colspan="2">历史建筑与不可移动文物双重身份名录</td></tr>
<tr><td rowspan="3">世界文化遗产</td><td>世界文化遗产总数</td><td colspan="2">名称</td><td colspan="2">保护状况简介</td></tr>
<tr><td></td><td>1</td><td></td><td colspan="2"></td></tr>
<tr><td></td><td>2</td><td></td><td colspan="2"></td></tr>
<tr><td rowspan="4">非物质文化遗产</td><td>非物质文化遗产总数</td><td colspan="2">非物质文化遗产等级</td><td>数量</td><td>名称</td></tr>
<tr><td rowspan="3"></td><td colspan="2">世界级</td><td></td><td></td></tr>
<tr><td colspan="2">国家级</td><td></td><td></td></tr>
<tr><td colspan="2">省级</td><td></td><td></td></tr>
</table>

续表

<table>
<tr><td rowspan="4">历史城区</td><td colspan="3">历史城区数量</td><td colspan="2"></td><td>历史城区总面积（平方公里）</td><td></td></tr>
<tr><td colspan="3">历史城区名称</td><td colspan="3">历史城区范围</td><td>历史城区面积（平方公里）</td></tr>
<tr><td>1</td><td colspan="2"></td><td colspan="3"></td><td></td></tr>
<tr><td>2</td><td colspan="2"></td><td colspan="3"></td><td></td></tr>
<tr><td rowspan="7">历史文化街区保护情况</td><td colspan="3">经省级人民政府公布的历史文化街区数量</td><td colspan="2"></td><td rowspan="2">全部历史文化街区保护范围占地总面积（公顷）</td><td rowspan="2"></td></tr>
<tr><td colspan="3">2011年至今新划定历史文化街区数量</td><td colspan="2"></td></tr>
<tr><td colspan="3">2011年至今已消失的历史文化街区数量</td><td colspan="2"></td><td>历史文化街区消失的原因</td><td></td></tr>
<tr><td colspan="2">历史文化街区名称</td><td>历史文化街区内不可移动文物数量</td><td>历史文化街区内历史建筑数量</td><td>历史文化街区内50米以上历史街巷的数量</td><td>历史文化街区保护范围内户数及人口</td><td>历史文化街区主要出入口是否设置标志牌</td></tr>
<tr><td>1</td><td></td><td></td><td></td><td></td><td></td><td></td></tr>
<tr><td>2</td><td></td><td></td><td></td><td></td><td></td><td></td></tr>
<tr><td>3</td><td></td><td></td><td></td><td></td><td></td><td></td></tr>
<tr><td rowspan="5">历史建筑保护利用情况</td><td colspan="3">经城市、县人民政府确定公布的历史建筑数量</td><td colspan="2"></td><td colspan="2">建档挂牌的历史建筑数量</td></tr>
<tr><td colspan="3">2011年至今新确定的历史建筑数量</td><td colspan="2"></td><td colspan="2">2011年至今修缮的历史建筑数量</td></tr>
<tr><td colspan="3">2011年至今已消失的历史建筑数量</td><td colspan="2"></td><td colspan="2">历史建筑消失的原因</td></tr>
<tr><td colspan="3">历史建筑活化利用情况</td><td colspan="4"></td></tr>
<tr><td colspan="3">历史建筑与不可移动文物双重身份保护管理情况</td><td colspan="4"></td></tr>
</table>

续表

<table>
<tr><td rowspan="2">名城保护规划</td><td>规划名称</td><td></td><td>规划批准部门</td><td></td><td>规划批准时间</td><td></td></tr>
<tr><td colspan="2">保护规划的实施情况，有无违反保护规划行为，是否造成新的破坏（可附照片）</td><td colspan="4"></td></tr>
<tr><td>保护管理机构</td><td colspan="2">保护管理机构简介</td><td colspan="4"></td></tr>
<tr><td rowspan="2">法制建设</td><td colspan="2">保护管理条例或办法名称</td><td colspan="2"></td><td>颁布单位</td><td></td></tr>
<tr><td colspan="2">颁布时间</td><td colspan="2"></td><td>颁布文件编号</td><td></td></tr>
<tr><td rowspan="2">保护资金</td><td colspan="2">2011 年至今历史文化街区基础设施改造资金数额（万元）及使用情况</td><td colspan="4"></td></tr>
<tr><td colspan="2">2011 年至今历史建筑修缮经费数额（万元）及使用情况</td><td colspan="4"></td></tr>
<tr><td>社会监督</td><td colspan="2">保护规划公示、实施监督、意见反馈的公众参与机制建设情况简介</td><td colspan="4"></td></tr>
</table>

填表说明：1. 不得拆除建筑是指不可移动文物中的建筑物、历史建筑和其他不得拆除建筑的统称。

2. 文字要求：填写基础数据表应使用 Word 编辑，宋体 5 号字，单倍行距。

3. 图片要求：附图均采用 JPEG 格式，分辨率不小于 300dpi。

4. 表格根据填报内容可自行增加。

附件3

中国历史文化名镇名村基础数据表

名称：　　　省（自治区、直辖市）　　　　县（市、区）　　　　镇（村）

填表人及电话：　　　　　　　　　填表时间（盖章）：

项目	等级	数量（处）	名称（公布时间）
1. 镇或村庄不可移动文物	国家级		
	省级		
	市县级		
	登记		

项目	数量	序号	名称	建筑面积	序号	名称	建筑面积	序号	名称	建筑面积
2. 镇或村庄历史建筑数量及建筑面积（平方米）		1			2			3		
		4			5			6		

项目	名称		等级		占地面积（平方米）		建筑面积（平方米）	
3. 反映重要职能特色的建筑保存完好情况								

项目		其中：核心保护范围的历史建筑和不可移动文物面积（平方米）	
4. 镇或村庄历史建筑与不可移动文物面积（平方米）			

项目	数量	序号	名称（年代）	序号	名称（年代）	序号	名称（年代）	序号	名称（年代）
5. 体现传统特色和典型特征的环境要素数量		1		2		3		4	
		5		6		7		8	

项目	总条数（处）				总长度（米）			
6. 拥有形态完整、传统风貌连续的历史街巷（河道）数量、总长度（米）	序号	名称	长度	简介及主要特色	序号	名称	长度	简介及主要特色
	1				2			
	3				4			
	5				6			
	街巷之间相交情况（要注明相交街道名称）：							

续表

<table>
<tr><td rowspan="2">7. 聚落与自然环境完整度</td><td colspan="3">类别：</td><td colspan="4">分两类：完整优美；一般。</td></tr>
<tr><td colspan="7">反映聚落与周围自然环境的完整状况，要综合评价自然环境完整性、生态环境质量、人工建筑物的和谐程度</td></tr>
<tr><td rowspan="3">8. 空间格局及功能特色</td><td colspan="3">空间格局完整情况（指十分完整或较为完整）</td><td colspan="4"></td></tr>
<tr><td colspan="3">有何明显特殊功能（指消防、给排水、防盗、防御等）</td><td colspan="4">需注明相应史志资料的名称、著者、年代和原文</td></tr>
<tr><td colspan="3">反映何种规划布局特色理论（指八卦、五行、风水、象形等）</td><td colspan="4">需注明相应史志资料的名称、著者、年代和原文</td></tr>
<tr><td>9. 核心保护范围用地面积规模</td><td colspan="2">核心保护范围用地面积（公顷）</td><td></td><td colspan="2">保护范围用地面积（公顷）</td><td colspan="2"></td></tr>
<tr><td>10. 核心保护范围内历史建筑、不可移动文物用地面积比例</td><td colspan="2">核心保护范围内历史建筑、不可移动文物用地面积（公顷）</td><td></td><td colspan="2">核心保护范围内历史建筑、不可移动文物用地面积占核心保护范围全部用地面积比例（%）</td><td colspan="2"></td></tr>
<tr><td rowspan="3">11. 核心保护范围内历史建筑数量</td><td>数量</td><td>序号</td><td>名称</td><td>序号</td><td>名称</td><td>序号</td><td>名称</td></tr>
<tr><td rowspan="2"></td><td>1</td><td></td><td>2</td><td></td><td>3</td><td></td></tr>
<tr><td>4</td><td></td><td>5</td><td></td><td>6</td><td></td></tr>
<tr><td>12. 核心保护范围内原住居民人口规模及比例情况</td><td>原住居民人口规模（人）</td><td></td><td>全部常住人口人口规模（人）</td><td></td><td>原住居民占全部常住人口比例（%）</td><td>每公顷面积常住人口数</td><td></td></tr>
<tr><td rowspan="3">13. 传统节日、手工艺和风俗类型，源于本地的诗词、传说、戏曲、歌赋的数量</td><td>数量</td><td>序号</td><td>名称</td><td>序号</td><td>名称</td><td>序号</td><td>名称</td></tr>
<tr><td rowspan="2"></td><td>1</td><td></td><td>2</td><td></td><td>3</td><td></td></tr>
<tr><td>4</td><td></td><td>5</td><td></td><td>6</td><td></td></tr>
<tr><td rowspan="3">14. 非物质文化遗产</td><td rowspan="3">最高等级</td><td>等级</td><td colspan="2">数量（处）</td><td colspan="3">名称（公布时间）</td></tr>
<tr><td>国家级</td><td colspan="2"></td><td colspan="3"></td></tr>
<tr><td>省级</td><td colspan="2"></td><td colspan="3"></td></tr>
<tr><td>15. 保护规划编制情况</td><td>编制单位名称</td><td></td><td>资质等级编号</td><td></td><td>保护规划批准部门时间</td><td colspan="2"></td></tr>
</table>

续表

16. 历史建筑、环境要素登记建档并挂牌保护情况	已经登记建档的历史建筑、环境要素数量（处）		已经挂牌保护的历史建筑、环境要素数量（处）		已经挂牌保护的历史建筑、环境要素比例（%）	
17. 建立保护规划及修复建设公示栏情况			18. 对居民和游客建立警醒意义的保护标志数量			
19. 保护管理办法的制定情况	保护管理办法名称		批准或公布单位时间			
20. 保护机构及人员	保护专门机构名称		保护管理人员数量（人）			
21. 保护维修资金的情况	近三年村镇建设资金总额（万元）		年		年	年
	近三年保护维修资金总额（万元）	年度	基础设施改造资金	历史建筑修缮、环境整治资金	日常管理经费	总额

说明：1. 历史建筑是经城市、县人民政府确定公布的具有一定保护价值，能够反映历史风貌和地方特色，未公布为文物保护单位、也未登记为不可移动文物的建筑物、构筑物。历史建筑以院落为单位填报。

2. 体现传统特色和典型特征的环境要素是指城墙、城（堡、寨）门、牌坊、古塔、园林、古桥、古井、100年以上古树等。

3. 保护范围是指保护规划确定的核心保护范围和建设控制地带的总和。

4. 反映重要职能特色的建筑是指历史上曾作为区域政治中心、军事要地、交通枢纽和物流集散地；少数民族宗教圣地；传统生产、工程设施建设地；集中反映地区建筑文化和传统风貌；重大历史事件发生地或名人生活居住地。保存等级分为三级。一级：历史建筑（群）及其建筑细部乃至周边环境基本上原貌保存完好。二级：历史建筑（群）及其周边环境虽部分倒塌破坏，但“骨架”尚存，部分建筑细部亦保存完好，依据保存实物的结构、构造和样式可以整体修复原貌。三级：因年代久远，历史建筑（群）及周边环境虽曾倒塌破坏，但已按原貌整修恢复。

5. 表格根据填报内容可自行增加。

参考文献

〔1〕王军．采访本上的城市［M］．北京：生活·读书·新知三联书店，2016，5（2）．

〔2〕孔庆普．城：我与北京的八十年［M］．北京：人民东方出版传媒、东方出版社，2016，5（1）．

〔3〕［美］约翰·H. 斯塔布斯，艾米莉·G. 马卡斯．欧美建筑保护经验与实践［M］．申思，译．北京：中国工信出版集团，电子工业出版社，2015，10（1）．

〔4〕［美］Theodore·H. M. Prudon. 现代建筑保护［M］．永昕群、崔屏（译）．，中国工信出版集团，电子工业出版社，2015（7）．

〔5〕［美］安东尼·滕．世界伟大城市的保护—历史大都会的毁灭与重建［M］．郝笑丛，译．北京：清华大学出版社，2014（8）．

〔6〕［日］黑川雅之．依存与自立［M］．石家庄：河北美术出版社，2014（5）．

〔7〕［法］索朗索瓦丝·萧伊．建筑遗产的寓意［M］寇庆民，译．北京：清华大学出版社，2013（1）．

〔8〕［加拿大］简·雅各布斯．美国大城市的死与生［M］．金黄山，译．苏州：凤凰传媒集团，译林出版社，2006（8）．

〔9〕［英］尼格尔·泰勒著·1945 年后西方城市规划理论的流变［M］．李白玉，陈贞译．北京：中国建筑工业出版社，2006（6）．

〔10［美］刘易斯·芒福德．城市发展史——起源、演变和前景［M］．宋俊玲，倪文彦，译．北京：中国建筑工业出版社，2005（2）．

〔11〕［美］布伦特．C. 布罗林．建筑与文脉——新老建筑的配合

[M]．翁致祥，叶伟，石永良，张洛先，译．中国建筑工业出版社，1988（9）．

〔12〕单霁翔．历史文化名城保护［M］．天津：天津大学出版社，2015（6）．

〔13〕阮仪三．留住乡愁［M］．上海：华东师范大学出版社，2015（5）．

〔14〕冯斐菲．旧城谋划［M］．北京：中国建筑工业出版社，2014（12）．

〔15〕温宗勇．规划的炼成——传统与现代在博弈中平衡［M］．北京：中国建筑工业出版社，2014（12）．

〔16〕邹德慈．新中国城市规划发展史研究——总报告及大事记［M］．北京：中国建筑工业出版社，2014（10）．

〔17〕阮仪三，袁菲，葛亮．新场古镇——历史文化名镇的保护与传承［M］．北京：中国出版集团，东方出版中心，2014（9）．

〔18〕大同市旅游局．文化古都 大美大同［M］．北京：中国大地出版社，2013（7）．

〔19〕国家文物局．海峡两岸及港澳地区建筑遗产再利用研讨会论文集及案例汇编（上、下）［M］．北京：文物出版社，2013（1）．

〔20〕阮仪三．古城笔记［M］．上海：同济大学出版社，2013（3）．

〔21〕邵甬．法国建筑·城市·景观遗产保护与价值重现［M］．上海：同济大学出版社，2010（1）．

〔22〕李嘉所，胡志刚．梁思成的前世今生［M］．北京：东方出版社，2010（1）．

〔24〕刘建勋．大同——福地宝城［M］．北京：中国旅游出版社，2010（6）．

〔23〕王红军．美国建筑遗产保护历程研究——对四个主题性事件及其背景的分析［M］．上海：东南大学出版社，2009（2）．

〔24〕曹昌智．大同历史文化名城保护与发展战略规划研究［M］．北

京：中国建筑工业出版社，2008（7）.

〔25〕张松．历史城市保护学导论——文化遗产和历史环境保护的一种整体性方法［M］．上海：同济大学出版社，2008（3）.

〔26〕阮仪三，王景慧，王林编．历史文化名城保护理论与规划［M］．上海：同济大学出版社 1999（8）.

〔27〕王军．城记［M］．北京：生活．读书．新知三联书店，2003（10）.

〔28〕侯佑彬，李婉贞．中国古代建筑历史图说［M］．北京：中国建筑工业出版社，2002（11）.

后 记

书稿完成了，内心是平静的，只是这种平静中略微融入了许多小小的喜悦，犹如春天刚至，我看到了树枝上那嫩嫩的小绿芽，桃树杏树上那含苞待放的小花苞，心里荡漾出的那种与春天久别重逢的欣喜之情，虽不是大喜却漾满心怀，精神抖擞。只是自觉还不是很完美，也知道自己才疏学浅，只能达到这种抛砖引玉的地步，后续我还会不断努力完善自己的理论，愿有新知。

学术与写作相似，是一件非常私人化的事情，许多时候为了想清楚一个问题需要花费很久的时间才能将其中的逻辑关系与所谓的“创新点”想得明明白白。在一次交谈的过程中，柯华庆先生曾经给了我偌大的启示，他认为我们所做的“学术问题”首先应该是一个“待解决的问题”，在你所给出的学术成果中有对这个问题的较为完整的解决方案，并能够给以圆满的自圆其说的理论构架。他还对我说，作为一名知识分子应该能够不定期地给出“新的知识”，唯有此，才能真正尽到一名知识分子对于社会应尽的责任。生活中我们会遇到许多人，和许多人会成为朋友，而这些朋友所带给我们的其实是一扇门，打开这扇门之后你将获得一种新的观望世界的角度。

学术同时又是一件极其耗费时间、精力甚至金钱的事情，在快节奏的现代社会生活中当大家都急着盛产“快餐学术”的时候，你还想静下心来做些你认为有益的事情，甚至还要将其形成一个新的完整的理论结果，这是需要有后盾的，不仅是物质上的，还有精神上的。在此我从内心深深地感谢我的人生伴侣方水华先生，他宽容厚重的呵护、不顾一切的支持以及耐心倾听和陪伴，在相濡以沫的岁月中让我成长、成熟，并且促进我不停地向理想的未来奔跑着。学术最大的价值就是可以从理论上对人类的实践活动给出一种建议或是方案，学术甚至应该是一种纯粹的精神活动，有时还是一种非常孤独的精神活动。正是因为有了家人的陪伴，有着父亲母亲及姐姐无条件的关心爱护，在前进的路途上我才有着无比坚强的动力和力量。在我人生的路途中，我的儿子是我最珍贵的人生礼物，他带给了我无尽的欢乐与智慧的源泉，在我们共享的欢乐时光中，我陪伴了他的婴儿、童年、少年时期，而他也陪伴我渐渐进入到人生最宁静的中年时代，我们彼此相爱相惜，不可分离。

或许在未来的日子中，我还会有更多的著作问世，但此时这本专著却是我所珍惜的挚爱，虽有万般的不完美，可我却发自内心地爱惜它，更期待它不断地完善，尽善尽美。

或许大家都不知道，在准备书稿的过程中我经常光顾北京建筑大学西城校区图书馆四层的中国建筑图书馆，在这里我仿佛又回归到了十几年前的学生时代，我与研究生们共享着图书资源，更共享着这片难得的清净。在这里我似乎可以感觉到曾经在这所院校拼搏奋斗的建筑界的老前辈们曾经的点点滴滴，更为他们曾经为首都的建设做出的贡献敬佩不已。历史的车轮滚滚向前，你我都无力阻拦，我们或者心甘情愿、或者身不由已地卷入其中，不断地向前向前再向前，可总是需要留下一些记忆，唯有这些记忆才足以让我们有勇气继续前行，唯有这些记忆才会成为美的源头。保护历史文化名城曾经可以作为一个保护历史遗产的开端，现在更应该被作为一个保护历史遗产不可忽视的进程不断地进行下去。

重要术语索引表